A toda máquina

DAN WANG

A TODA MÁQUINA

China y la gran carrera por el futuro

TRADUCCIÓN DE
GONZALO TORRALBA

PRINCIPAL

Primera edición: marzo de 2026
Título original: *BREAKNECK: China's Quest to Engineer the Future*

© Daniel Wang, 2025
© de la traducción, Gonzalo Torralba, 2026
© de esta edición, Futurbox Project, S. L., 2026

Diseño de cubierta: Taller de los Libros
Imagen de cubierta: Freepick - infosamdong
Corrección: Javier Traité

Publicado por Principal de los Libros
C/ Roger de Flor, n.º 49, escalera B, entresuelo, oficina 10
08013, Barcelona
info@principaldeloslibros.com
www.principaldeloslibros.com

ISBN: 978-84-10424-47-0
THEMA: KCG
Depósito Legal: B 4057-2026
Preimpresión: Taller de los Libros
Impresión y encuadernación: Liberdúplex
Impreso en España — *Printed in Spain*

A mis padres

Índice

Introducción

Cada vez que veo un titular anunciando nuevos choques entre responsables de Estados Unidos y China, tengo la sensación de que la situación es más que trágica: es también cómica, porque estoy convencido de que no hay dos pueblos más parecidos que el estadounidense y el chino.

Una vena materialista recorre ambos países, una vena a menudo burda, que a veces desemboca en veneración por los empresarios de éxito y otras genera muestras de un gusto extraordinariamente dudoso, y que en conjunto contribuye a un espíritu de fuerte competencia. Tanto los chinos como los estadounidenses son pragmáticos: tienen una actitud resolutiva que en ocasiones da lugar a trabajos demasiado apresurados. Ambos países están llenos de buscavidas que venden atajos, sobre todo para obtener salud y riqueza. Sus pueblos sienten fascinación por la grandiosidad tecnológica, asombro ante grandes proyectos que expanden los límites físicos. Las élites estadounidenses y chinas suelen sentirse incómodas con las opiniones políticas de la población en general. Sin embargo, las masas y las élites coinciden en la fe de que su país posee un poder singular, y que podría imponer su peso si los países más pequeños no se alinearan. A esta forma de ver las cosas llego como canadiense que ha vivido el mismo tiempo en Estados Unidos y en China. Para mí, estos dos países son emocionantes, exasperantes y, sobre todo, profundamente extraños. Canadá es ordenado. A veces noto cómo me relajo en cuanto cruzo sus fronteras. Conducir por Estados Unidos y China, en cambio, significa encontrarse con personas y lugares absolutamente desquiciados. No es un reproche. Estos dos países son caóticos en parte porque ambos son un motor del cambio global. Los europeos solo mantienen cierta sensación de optimismo por su pasado, atrapados en su economía-mausoleo porque son demasiado remilgados para adoptar prácticas estadounidenses o chinas. Y el resto del mundo es o demasiado maduro o demasiado joven para igualar el impacto de estas dos superpotencias. Los estadounidenses y los chinos —Silicon Valley, Shenzhen, Wall Street y Pekín— son los que determinarán lo que la gente de todo el mundo pensará y comprará.

No son los dos únicos países que importan en el mundo, ni mucho menos. Pero si no entendemos cómo funcionan e interactúan Estados Unidos y China, en gran medida no comprenderemos muchos de los cambios más importantes del mundo. Ambos países están reconfigurando el orden internacional y transformándose mutuamente. Tener una visión más clara de China —de sus deslumbrantes fortalezas, sus espantosas debilidades y todo lo que hay entre medias— también nos ayuda a tener una visión más clara de Estados Unidos.

Y para entender China, debemos empezar por la ciudad más fascinante del país: Pekín.

Pekín no cautiva porque sea agradable, sino precisamente porque no lo es. Desde casi todos los puntos de vista, la vida en Pekín es deprimente. Se encuentra en el árido norte de China, donde las tormentas de polvo descienden de vez en cuando sobre los sinuosos callejones de casas que datan de la época imperial o sobre bloques de apartamentos grises al estilo soviético. Aproximadamente en la última década, el Estado ha tapiado muchos de sus espacios más animados, incluidos sus numerosos bares y barbacoas callejeras, y ha convertido la ciudad en un espacio sin diversión. ¿Quieres jugarte la vida? Intenta cruzar entre los coches que circulan a toda velocidad por las gigantescas avenidas de Pekín. Al igual que Moscú o Pyongyang, sus vías parecen diseñadas para los desfiles militares más que para la vida cotidiana. En realidad, casi todo lo que puede salir mal en el diseño urbano, en Pekín ha salido mal.

Pero la capital también es una ciudad con sustancia y su propia gravedad. Pekín atrae a muchas de las mentes más brillantes de China, incluidos científicos, líderes tecnológicos y quienes buscan prosperar en el Partido Comunista. Los adustos miembros del Politburó no se andan con tonterías. Para ellos, la grandeza no es solo un eslogan: es una empresa total, de vida o muerte. Pekín, a lo largo de este libro, representa al Partido Comunista y al Gobierno central. A los dirigentes de China los impulsa una paranoia intensa, y hacen todo lo posible por controlar el futuro.

Mis padres y yo emigramos de China a Canadá cuando yo tenía siete años. Cuando estaba en el instituto nos trasladamos a los suburbios arbolados de Filadelfia (donde aún viven mis padres). Tras ir a Nueva York para la universidad y a Silicon Valley por trabajo, regresé a China para investigar sus desarrollos tecnológicos. Allí aprendí a apreciar algo fundamental: el país está siempre en movimiento. Vivir en Hong Kong, Pekín y después en Shanghái fue una gran escuela, no solo porque fueran las zonas económicas más prósperas de China. Durante seis años viví un periodo de dinamismo económico que dio paso a una asfixiante represión política. Experimenté la movilización continua del país por parte del líder supremo Xi Jinping para la competición entre grandes potencias. Seguí la expansión de la red de restricciones estadounidenses a las empresas tecnológicas chinas, así como los esfuerzos de estas por escapar de las limitaciones impuestas por Estados Unidos. Y soporté los tres años completos de la política de COVID cero de Xi, que comenzó de forma impresionante y acabó sumiendo al país en una miseria generalizada.

El Estado chino construye relucientes obras públicas y no titubea a la hora de encerrar a las minorías étnicas o confinar ciudades enteras. Demasiados observadores externos ven solo el enriquecimiento o la represión. Vivir allí te pone cara a cara tanto con un aumento sostenido del nivel de vida como con los impulsos autoritarios que exige Pekín. Para mí dejó de ser una contradicción apreciar que las cosas mejoraban y empeoraban a la vez. Vi cómo China está hecha de emprendedores fuertes y de un Gobierno fuerte, con un Estado que actúa rápido y rompe cosas y, al mismo tiempo, también actúa rápido y rompe personas.

Yo era analista de sistemas en Gavekal Dragonomics, una firma de investigación de inversiones orientada a un público financiero. Éramos un equipo pequeño de analistas gestionado por editores que habían sido periodistas de economía. Mi trabajo consistía en escribir informes de investigación para fondos de cobertura, fondos y otros gestores de activos hambrientos de análisis sobre China. La investigación de Dragonomics no se centraba en empresas concretas, sino en macropreguntas más ambiciosas sobre la dirección que estaba tomando China y lo que eso significaba para el mundo. Los gestores de cartera, que no se cortan a la hora de ir al meollo de la cuestión, me preguntaban: ¿de verdad el sistema político de China puede engendrar gigantes tecnológicos? ¿Tendrá éxito la manufactura avanzada cuando el resto del mundo levanta barreras comerciales? ¿Cómo afecta una economía tambaleante a los planes de Pekín sobre Taiwán?

Si no ofrecía buenas respuestas, las conversaciones podían parecer una paliza socrática más que una charla entre colegas. Aunque los gestores de fondos de cobertura pueden ser insoportables, para mí era muy valioso conversar con ellos. La gente de las finanzas se vuelve filosófica con facilidad, y eso me empujaba a afinar mis ideas sobre cuestiones importantes. Trabajé duro para descifrar hacia dónde llevaba Xi a China, lo que implicaba leer textos del partido, por arcanos que fueran, y visitar regiones diversas, por oscuras que resultaran.

Al viajar tan a menudo como podía a ciudades pequeñas (algunas son poco más que parques industriales urbanizados) capté algo que la mayoría de los estadounidenses, e incluso muchos chinos, no entienden: visitar ciudades poco conocidas de China es *divertido*. Dondequiera que iba encontraba comida increíble, escenas extrañas y gente memorable. Vi que China tenía más dinamismo del que reconocen la mayoría de los titulares sobre el país, que se obsesionan con las maquinaciones políticas de Pekín. Imagina lo que el resto del mundo se perdería si entendiera Estados Unidos exclusivamente a través de lo que ocurre en Washington D.C.

En todas partes sentía la velocidad jadeante y, a veces, temeraria de China. Traté de capturar los cambios y forcejeos del país, zarandeado por una pandemia y un contexto internacional cada vez más sombrío, escribiendo una carta anual. Eran una especie de diario para registrar todo lo que observaba y sentía. En 2020 escribí sobre leer todos los discursos de Xi Jinping en *Qiushi,*[*] la revista teórica insignia del Partido Comunista; en 2021, sobre las diferencias entre Hong Kong, Pekín y Shanghái; y en 2022, sobre lo que se siente al vagar por las montañas de la provincia de Yunnan (cuyo norte es el Tíbet histórico y que al sur parece Tailandia) durante el peor periodo de la política de COVID cero.

Pensaba todo el rato en Estados Unidos. No solo porque la Administración Trump estuviera librando una guerra comercial y tecnológica: Pekín mantiene a Estados Unidos firmemente en su punto de mira. Los dirigentes chinos están dispuestos a aprender de Europa, Japón, Singapur y muchos otros, desde luego. Pero han admirado a Estados Unidos más que a cualquier otro país, y se miden con ellos porque son la potencia preeminente del mundo.

Resulta casi inquietante lo complementarios que han sido Estados Unidos y China. No es casualidad que los dos países establecieran, durante unas décadas, una asociación económica que funcionó extraordinariamente bien para los consumidores estadounidenses y los trabajadores chinos. Pero, en el plano político, estos dos sistemas son un estudio de contrastes. Mientras Estados Unidos refleja las virtudes del pluralismo y la protección del individuo, China ha mostrado las ventajas y los peligros que conlleva moverse a gran velocidad para lograr mejoras tangibles y rápidas.

Durante las últimas cuatro décadas, China se ha enriquecido, ha aumentado su capacidad tecnológica y se ha vuelto más asertiva en el exterior. China aprendió tan bien de Estados Unidos que empezó a ganarle en su propio terreno: el capitalismo, la industria y la canalización de las ambiciones y la inquietud de su población. Si quieres sentir cómo era vivir en

* Que significa 'En busca de la verdad'. *(N. del T.)*

Detroit durante su apogeo, probablemente estarás mejor en Shenzhen que en cualquier lugar de Estados Unidos.

Mientras China emulaba los éxitos pasados de Estados Unidos, el Gobierno estadounidense se afanó en socavar sus propias fortalezas. Una izquierda obsesionada con el procedimiento conspiró con una derecha irreflexivamente destructiva para constreñir al Estado. Ni la izquierda ni la derecha permiten que el Estado suministre los bienes esenciales que espera la ciudadanía. La Administración Biden pudo sacar adelante leyes históricas de política industrial, pero las agencias ejecutivas estaban tan obsesionadas con las preocupaciones procedimentales que apenas se construyó nada antes de que los votantes reeligieran a Donald Trump, quien ha amenazado con cancelar muchos de esos proyectos. Estados Unidos sigue siendo una superpotencia capaz de superar a China en muchas dimensiones. Pero también está atrapado en el marco de un Estado ineficaz, en el que la gente se preocupa cada vez más por salvaguardar una forma de vida cómoda.

Antes, los estadounidenses amaban la gran oportunidad que representaba China. Hace casi un siglo, fueron aliados en tiempos de guerra, con lazos cimentados por conexiones culturales y relaciones empresariales. Hoy, la desconfianza mutua ha desplazado esa afinidad natural. Pekín y Washington compiten entre sí en los planos económico, tecnológico y diplomático, ensombreciendo el panorama a quienes estamos conectados con ambos países. En 2022, los censores de Pekín bloquearon el blog personal donde publico mis cartas anuales. El Gran Cortafuegos tiende a bloquear el acceso a grandes plataformas como *The New York Times,* no a webs pequeñas como la mía. Aquella semana tuve que buscar al cónsul general canadiense para preguntar si necesitaba organizar mi salida de China. Pekín ya había detenido a dos canadienses en respuesta a la detención en Canadá de una destacada empresaria china. A muchos estadounidenses que antes viajaban a China por negocios o por placer ya no les entusiasman las visitas.

Ahora nos encontramos en una era en la que los dos países se miran con suspicacia y, a menudo, con animadversión. Al igual que China, Estados Unidos es capaz de moverse rápido y romper personas, y de ejercer una brutalidad enorme dentro y fuera de sus fronteras cuando se siente amenazado. Una cuestión capital de nuestro tiempo es si la hostilidad entre China y Estados Unidos puede mantenerse a fuego lento, bajo control. Porque, si hierve, no solo se devastarán mutuamente, sino que devastarán el mundo entero.

El mejor antídoto que se me ocurre contra el aumento de las tensiones entre las dos superpotencias es la curiosidad mutua. Cuanto más informados estén los estadounidenses sobre los chinos, y viceversa, más probable será que mantengamos alejados los problemas. El contraste más marcado entre ambos países es la competición que definirá el siglo XXI: una élite estadounidense, compuesta sobre todo por abogados, que destaca en la obstrucción, frente a una clase tecnocrática china, formada principalmente por ingenieros, que destaca en la construcción. Esa es la gran idea de este libro. Ha llegado el momento de mirar a través de una nueva lente para entender a las dos superpotencias: China es un *Estado ingenieril,* que construye a gran escala a una velocidad de vértigo, en contraste con la *sociedad de abogados* de Estados Unidos, que bloquea todo lo que puede, lo bueno y lo malo.

Este libro es la historia del Estado chino que arrastró a su pueblo hacia la modernidad —una acción que gran parte del mundo envidia, con razón— mediante medios que se llevaron a muchos por delante —un enfoque que gran parte del mundo desprecia, con razón—. También es un recordatorio de que Estados Unidos conoció en otro tiempo las virtudes de la velocidad y de la construcción ambiciosa. Mientras recorremos metrópolis deslumbrantes y fábricas gigantescas, en *A toda máquina* pondré el foco en el asombroso progreso y el lado oscuro del Estado ingenieril. La sociedad de abogados también tiene virtudes que enseñar a China. Cada superpotencia ofrece una visión de cómo la otra puede ser mejor, si tan solo sus dirigentes y sus pueblos, en vez de echar un vistazo superficial, se molestaran en mirar al otro de verdad.

CAPÍTULO 1

Ingenieros contra abogados

Silicon Valley puede llegar a ser un lugar sorprendentemente anodino. La península situada al sur de San Francisco tiene una indudable belleza natural, con colinas onduladas y vistas costeras, pero cuesta apreciarlas entre tantos aparcamientos corporativos. Mountain View y Menlo Park están llenas de tiendas de alfombras, a saber por qué, así que cuando camino por las ciudades que albergan las sedes de los líderes de la inteligencia artificial y de algunas de las empresas más ricas del mundo, a menudo me descubro pensando: «¿Este es el corazón de nuestra civilización tecnológicamente acelerada?».

Cada vez que volaba de California a Hong Kong o Shanghái, me desconcertaba encontrar infraestructuras que funcionaban. Pasar del aeropuerto al metro (en vez de a un Uber) es un recibimiento magnífico en Asia. Me detenía un momento a saborear una estación limpia, bien iluminada, con trenes que pasaban cada pocos minutos y me dejaban en un centro urbano lleno de zonas comerciales vibrantes, otra característica de la que carece San Francisco. La vida en el área de la Bahía, un motor económico en el estado más rico de Estados Unidos, es terriblemente disfuncional. San Francisco ha sido incapaz de atender a su población sin hogar, e incluso muchas personas adineradas tienen que tener un generador para su casa hipercara porque el Estado no consigue que no se vaya la luz.

La contradicción del Bay Area, este centro al rojo vivo de creación de valor corporativo envuelto en fría disfunción, nu-

16

tre la investigación de este libro. Cuando dejé Silicon Valley para irme a China en 2017, parecía evidente que Estados Unidos había perdido algo especial en las últimas cuatro décadas. Mientras China estaba construyendo el futuro, Estados Unidos se había vuelto físicamente estático; todas sus innovaciones habían quedado reducidas, en gran medida, al mundo virtual y financiero.

Al observar estos dos países, comprendí la insuficiencia de las etiquetas del siglo XX, como capitalista, socialista o, peor aún, neoliberal. Ya no sirven para ayudarnos a entender el mundo, si es que alguna vez lo hicieron. El Estados Unidos capitalista interfiere en el libre mercado con un denso programa de regulación y de impuestos, al tiempo que ofrece políticas redistributivas sustanciales, aunque imperfectas. La China socialista detiene a organizadores sindicales, aplica impuestos bajos y ofrece una red de seguridad social raquítica. El mejor truco que jamás logró el Partido Comunista fue hacerse pasar por izquierdista. Mientras Xi Jinping y el resto del Politburó recitan letanías marxistas, el Estado aplica una agenda de derechas ante la que muchos conservadores occidentales salivarían: administrar un bienestar limitado, levantar enormes barreras a la inmigración y hacer cumplir roles de género tradicionales, donde los hombres deben ser machos y las mujeres deben dedicarse a los hijos.

China es un Estado de ingenieros, incapaz de dejar de construir, que se enfrenta a la sociedad leguleya de Estados Unidos, que bloquea todo lo que puede.

Los ingenieros han gobernado, literalmente, la China moderna. Como medida correctiva frente al caos de los años de Mao, Deng Xiaoping colocó a ingenieros en los rangos más altos del Gobierno chino a lo largo de las décadas de 1980 y 1990. En 2002, los nueve miembros del Comité Permanente del Politburó (la cúspide del Partido Comunista) tenían formación en ingeniería. El secretario general Hu Jintao estudió ingeniería hidráulica y pasó una década construyendo presas. Sus otros ocho colegas podrían haber dirigido un conglomerado soviético de industria pesada: con especialidades en ingeniería de vacío e ingeniería térmica, procedentes de centros como el Instituto del Acero y el Hierro de Pekín y el Instituto de Tecnología de Harbin, y con experiencia laboral en el Primer Ministerio de Construcción de Maquinaria y en la Fábrica de Maquinaria de Tableros Artificiales de Shanghái.

Xi Jinping estudió ingeniería química en Tsinghua, la principal universidad científica de China. Para su tercer mandato como secretario general del Partido Comunista, iniciado en 2022, Xi llenó el Politburó de directivos procedentes del ministerio aeroespacial y el de armamento del país. En Estados Unidos, sería como si el director ejecutivo de Boeing se convirtiera en gobernador de Alaska, el jefe de Lockheed Martin en secretario de Energía y el responsable de la NASA en gobernador de un estado tan grande como Georgia. Las élites gobernantes chinas tienen experiencia práctica en la gestión de megaproyectos, lo que sugiere que China redobla su apuesta por los ingenieros —y prioriza la defensa— más que nunca.

¿Qué les gusta hacer a los ingenieros? Construir. Desde la Antigüedad, los emperadores han tratado de domesticar los poderosos ríos que arrasan no solo tierras de cultivo, sino también reinados imperiales. En la actualidad, las nuevas obras públicas (carreteras, puentes, túneles, presas, centrales eléctricas, ciudades enteras) son la solución del Estado ingenieril a todo tipo de dilemas. Desde 1980, tras el inicio de las reformas de Deng, China ha construido una red de autopistas equivalente al doble de la longitud de la red estadounidense, una red ferroviaria de alta velocidad veinte veces más extensa que la de Japón y casi tanta capacidad de energía solar y eólica como el resto del mundo junto. No solo el Gobierno está obsesionado con la producción; el sector corporativo también está compuesto por productores hiperactivos. Como regla general, a ojo de buen cubero, China produce entre un tercio y la mitad de casi cualquier producto manufacturado, ya sea acero estructural, buques portacontenedores, paneles solares fotovoltaicos o cualquier otra cosa.

Cuando los chinos ponen el foco en sus nuevas ciudades que brillan en la noche con las exhibiciones de drones, o en las metrópolis conectadas entre sí por una reluciente red ferroviaria de alta velocidad, su orgullo es real. Llámese «propaganda por el hecho» o como se prefiera, pero lo cierto es que una buena forma de impresionar a más de mil millones de personas consiste en verter mucho hormigón.

Estados Unidos, por el contrario, tiene un gobierno de abogados y para abogados. Cinco de los diez últimos presidentes estudiaron Derecho. En cualquier año, al menos la mitad del Congreso estadounidense tiene el título de Derecho, mientras que, en el mejor de los casos, solo un puñado de miembros ha estudiado ciencias o ingeniería. De 1984 a 2020, todos y cada uno de los candidatos demócratas a la presidencia y vicepresidencia fueron a la facultad de Derecho, pero también abundan entre las élites del Partido Republicano y en los niveles superiores del funcionariado. En cambio, solo dos presidentes estadounidenses trabajaron como ingenieros: Herbert Hoover hizo fortuna en la minería, y Jimmy Carter sirvió como oficial de ingeniería en un submarino nuclear. Hoover y Carter son recordados por muchas cosas, en especial por su desastroso instinto político, que produjo contundentes derrotas electorales.

Los abogados disponen de innumerables herramientas para retrasar o impedir la construcción. No solo se percibe la diferencia al pasar de la sociedad leguleya al Estado ingenieril: se pasea, se pisa y se deambula sobre sus obras. Los estadounidenses ya no fabrican bien ni llevan a cabo obras públicas en plazos razonables. La infraestructura estadounidense se encuentra en un estado lamentable, mientras China construye nuevos sistemas de metro, puentes y autopistas. En las últimas tres décadas, mientras los fabricantes chinos no han dejado de fortalecerse, los fabricantes de automóviles y de chips estadounidenses… bueno, digamos que no se han cubierto de gloria, precisamente. El sistema político chino está orientado a entregar proyectos monumentales, de modo que el más leve temblor económico basta para que Pekín anuncie un nuevo plan mastodóntico de obra pública. Esa es una de las razones por las que, en los últimos años, la expresión «crisis de la vivienda» ha evocado un desplome de los precios inmobiliarios en China, mientras que para los estadounidenses significa entrar en la espiral de la inasequibilidad.

Los abogados permiten parte del éxito de Silicon Valley. No se pueden construir empresas valoradas en billones sin una buena protección legal. Sin embargo, los abogados también son en parte la razón por la que el área de la Bahía y gran parte del país están hambrientos de vivienda y de transporte público masivo. Estados Unidos antes era, como China, un Estado de ingenieros. Pero en la década de 1960, las prioridades de los abogados de élite dieron un giro brusco. A medida que los estadounidenses se empezaban a alarmar por los desagradables subproductos del crecimiento (destrucción medioambiental, construcción excesiva de autopistas, intereses corporativos por encima del interés público), la atención de los abogados se desplazó hacia el litigio y la regulación. La misión pasó a ser detener tantas cosas como fuera posible.

Mientras Estados Unidos perdía el entusiasmo por los ingenieros, China abrazaba la ingeniería en todas sus dimensiones. Sus dirigentes no son solo ingenieros civiles o eléctricos. Son, fundamentalmente, ingenieros sociales. Los emperadores no dudaban en reestructurar por completo la relación de las personas con la tierra, ordenando migraciones masivas hacia territorios recién abiertos y reclutando a la población para construir grandes murallas o majestuosos canales. Los gobernantes modernos, en esto también, son mucho más ambiciosos que los emperadores del pasado. La Unión Soviética inspiró a muchos líderes de Pekín con un amor por la industria pesada y un entusiasmo por convertirse en ingenieros del alma (una expresión de Iósif Stalin repetida por Xi Jinping), impulsando a la población china hacia la modernidad y más allá.

La China moderna dispone de muchas herramientas de control social. En la memoria viva, la mayoría de los residentes chinos trabajaban en el seno de una unidad de trabajo llamada *danwei,* que regulaba el acceso a los bienes esenciales como el arroz, la carne, el aceite para cocinar y la bicicleta. Muchas personas siguen viviendo bajo las restricciones del *hukou,* o registro domiciliario, cuyo objetivo es impedir que la población rural emigre a las ciudades restringiendo las prestaciones educativas y sanitarias a su localidad de origen. Los controles son mucho peores para las minorías etnorreligiosas: a los tibetanos se les prohíbe rendir culto al Dalái Lama, y quizá más de un millón de uigures han pasado por campos de detención que intentan inculcarles valores chinos en lugar de su fe musulmana.

El Estado ingenieril puede ser terriblemente literal. A veces da la sensación de que la dirigencia china está compuesta en su totalidad por ingenieros hidráulicos, que conciben la economía y la sociedad como un flujo líquido, como si toda actividad humana —desde la producción en masa hasta la reproducción— pudiera dirigirse, restringirse, incrementarse o bloquearse con la misma facilidad con que se gira una serie de válvulas.

¿Puede un gobierno ser demasiado eficiente? Seis años en China me enseñaron que la respuesta es sí, cuando no está limitado por la participación ciudadana. Hay muchos autolimitadores en un sistema que toma decisiones fulminantes con tan poco respeto por las personas. Este libro revela cosas buenas que hace el Estado ingenieril: gestionar ciudades funcionales, reforzar su base manufacturera y distribuir los beneficios materiales de forma bastante amplia en la sociedad. Pero también viví situaciones que no se habrían dado en ningún otro Estado, como mantener una estrategia de COVID cero hasta llevar al país a la locura. El principio fundamental del Estado ingenieril es considerar a las personas como agregados, no como individuos. El Partido Comunista se concibe a sí mismo como un gran maestro que coordina acciones unificadas entre el Estado y la sociedad, capaz de lanzar maniobras estratégicas más allá de lo que sus ciudadanos llegan a comprender. Su filosofía consiste en maximizar la discrecionalidad del Estado y minimizar los derechos de los individuos.

Los ingenieros suelen tratar los problemas sociales como ejercicios matemáticos. ¿Tiene el país demasiada gente? La solución de Pekín fue prohibir a las familias tener más de un hijo (esto lo trataremos en el cuarto capítulo) mediante campañas masivas de esterilización y aborto, ordenadas por el Gobierno central en 1980. ¿Se propaga demasiado rápido el nuevo coronavirus? Construir nuevos hospitales a una velocidad vertiginosa, sí, pero también confinar a la gente en sus casas, como hicieron Wuhan, Xi'an y Shanghái con millones de personas durante semanas, algo que trato en el quinto capítulo. No hay dudas sobre el propósito del COVID cero o de la política de hijo único: está bien claro ahí mismo, en el nombre.

La economía china tampoco es inmune a la ingeniería. Cuando a Pekín le incomodaron los niveles de deuda de los promotores inmobiliarios en 2021, el Estado forzó a tantos de ellos a la insolvencia que desencadenó un prolongado desplome de la confianza de los compradores de vivienda. Más o menos al mismo tiempo, Xi lanzó una serie de misiles regulatorios contra las florecientes empresas tecnológicas chinas, entre ellas Didi, la mayor compañía de transporte con conductor del país, y Ant Financial, la empresa de pagos propiedad de Jack Ma, el empresario más conocido de China. Los empresarios tecnológicos chinos, y sus inversores, se quedaron atónitos al descubrir que Xi Jinping podía borrar un billón de dólares de las valoraciones corporativas en el transcurso de solo unos meses. La dirigencia del país pensó que sería sencillo reorientar las prioridades tecnológicas nacionales, alejándolas de las plataformas de consumo y acercándolas a las industrias basadas en la ciencia, como los semiconductores y la aviación, que sirven a las necesidades estratégicas de China. A Pekín le llevó años entender hasta qué punto sus acciones habían dado un susto de muerte a los empresarios y los inversores.

Cuando uno viaja por China, resulta asombroso ver todo lo que el enfoque ingenieril ha logrado en las últimas cuatro décadas. Luego está la parte que no se ve. Por impresionantes que sean los ferrocarriles y los puentes chinos, arrastran niveles enormes de deuda que lastran el crecimiento general. Los fabricantes producen tantos bienes que los socios comerciales de China empiezan ahora a quejarse y a pedir protección. El experimento de ingeniería social conocido como la política de hijo único ha acelerado el declive demográfico del país. La economía china estaría en mejor forma si Pekín no hubiera provocado el colapso de su sector inmobiliario, asfixiado a muchas de sus empresas más dinámicas y e intentado acabar de raíz con el coronavirus.

Los profesionales acomodados que se creían seguros en su empleo en las finanzas o en Internet de consumo se llevaron una desagradable sorpresa cuando la hostilidad de Xi hacia estos sectores provocó una cascada de despidos. Ningún presidente de Estados Unidos ha tenido tanta capacidad para trastocar la vida de los ricos. En cambio, en China, muchos pilares de la sociedad pueden venirse abajo cuando los vientos de Pekín cambian de dirección, contribuyendo a una sensación de precariedad incluso entre las élites del país. Como China no tiene mucha protección legal, ni siquiera sus ricos están bien protegidos.

Los ingenieros avanzan con fuerza en una dirección y, si perciben que algo no funciona, cambian hacia otra sin perder velocidad. No sufren las críticas de los humanistas blandengues. El cambio en China puede ser tan drástico porque muy pocas voces participan en el proceso político. En una primera aproximación, los veinticuatro hombres que componen el Buró Político (el nivel más alto del Partido Comunista, normalmente conocido como Politburó) son las únicas personas a las que se les permite hacer política. Una vez que han resuelto las cuestiones estratégicas, la única tarea restante es que la burocracia se ocupe de los detalles. Pero cuando comete errores, puede arrastrar a casi toda la población a una crisis.

Para captar tanto los aspectos traumáticos del Estado ingenieril como su capacidad para generar un gran orgullo, me hago una pregunta hipotética: ¿cuál fue el peor año para nacer en la China moderna?

Un candidato fuerte, en mi opinión, es 1949, el año en que Mao Zedong fundó la República Popular. Una persona nacida ese año —llamémosla Lu— viviría varias de las utopías chinas, que se agriaron hasta convertirse en campañas de terror dirigidas por el Estado. Lu habría nacido en un país destrozado por la invasión japonesa y una guerra civil, pero esperanzado gracias a la promesa comunista de Mao. Hacia los diez años, Lu sufriría cierto grado de escasez alimentaria al vivir el plan de Mao para industrializar el país a gran velocidad. Fue el Gran Salto Adelante, cuando decenas de millones perecieron por la colectivización agrícola, la charlatanería agronómica, los desastres naturales y la orden de Mao de fundir los utensilios domésticos para obtener metal, todo lo cual condujo a una hambruna masiva que obligó a la gente a recolectar corteza de árbol para sobrevivir. A los dieciocho años, Lu estuvo a punto de perder la oportunidad de ir a la universidad cuando Mao clausuró la educación superior. «La rebelión está justificada», dijo a los estudiantes al lanzar la Revolución Cultural. «Bombardead los cuarteles generales», instruyó a los jóvenes mientras los enviaba al campo.

Si Lu decidiera tener un hijo después de los treinta años, se habría topado con la política del hijo único. A lo largo de las tres décadas y media de duración de la política, las cifras oficiales de aborto en China casi equivalen a la población actual de Estados Unidos. Si Lu hubiera dado a luz a los veinte años, su hijo podría haber ido a la universidad en 1989. Aquella primavera y aquel verano, los estudiantes lideraron protestas en todo el país, de forma más destacada en Pekín. En junio, Deng Xiaoping declaró la ley marcial y desplegó al ejército para aplastar a los estudiantes de las universidades más elitistas del país. Unos años después de las matanzas en torno a la plaza de Tiananmén, el auge económico de China comenzó en serio. Pero cuando Lu cumpliera setenta años y entrara en el ocaso de la vida, sentiría un último espasmo de una campaña de terror dirigida por el Estado: los confinamientos con el objetivo del COVID cero. Si Lu viviera en una de las ciudades más desafortunadas, podría no haber podido salir de su hogar durante semanas.

Pero basta cambiar el año de nacimiento una década para que los resultados se alteren de forma espectacular.

Alguien nacido en 1959 no tendría recuerdo alguno de la hambruna. Llamemos Yao a este ciudadano más afortunado. Cuando cumpliera dieciocho años, Mao ya habría muerto, y Yao podría haber conseguido una plaza en la universidad justo cuando Deng reabría las escuelas. Al cumplir cuarenta años, ya en la cima de su carrera, podría haber creado una empresa que se beneficiara de la entrada de China en la Organización Mundial del Comercio. También por entonces, si viviera en una ciudad, Yao se beneficiaría de la privatización de la vivienda en China. A medida que el Estado desmantelaba el socialismo, ofreció viviendas a los trabajadores urbanos por una miseria. Fue una de las mayores transferencias de riqueza de la historia: si Yao se encontraba entre las élites que poseían bienes inmuebles en Pekín y Shanghái, que se convirtieron en dos de las ciudades más caras del mundo, podría haberse vuelto prodigiosamente rico.

No todos los nacidos en 1949 sufrieron terriblemente ni todos los nacidos en 1959 vivieron con comodidad. Pero el Estado ingenieril se caracteriza por llevar ritmos extrañamente bruscos, en los que la década de nacimiento puede determinar si una persona tropieza con una gran riqueza o con una fosa común.

La generación de chinos nacidos en la década de los 2000 se sitúa en algún punto intermedio entre estos extremos. Los graduados universitarios han tenido que enfrentarse en los últimos años a una tasa récord de desempleo juvenil, mientras sus padres lamentan la caída del valor de las propiedades. Para un grupo de nacionalistas en Internet, apodados «pequeños rosas», China no deja de ganar. El colapso del sector inmobiliario fue bueno y necesario, sostienen, porque la inversión se dirige a la manufactura. Y si la economía china en general es débil, dicen que Estados Unidos causa los males económicos de China.

El segundo argumento es sencillamente ridículo. Sí, los aranceles y los controles tecnológicos han perjudicado a las empresas chinas. Pero ¿qué daño inflige el gobierno estadounidense a la economía china comparado con las tácticas de choque del Politburó? Que Estados Unidos sea capaz de lastrar el crecimiento de China solo resulta creíble dentro del entorno informativo altamente censurado del país.

Sin embargo, los pequeños rosas tienen una línea argumental que me divierte. «Mirad a esos estadounidenses», dicen algunos, «que no tienen trenes de alta velocidad ni rascacielos relucientes como nosotros. Solo saben bloquearse a sí mismos, y ahora nos lo están haciendo a nosotros». Los pequeños rosas se equivocan al decir que Estados Unidos es lo bastante poderoso como para hundir la economía china, pero no al afirmar que Estados Unidos se bloquea a sí mismo.

El año 2008 nos permite una comparación directa entre la velocidad de California y la velocidad de China. Ese año, los votantes californianos aprobaron una proposición estatal para financiar una línea ferroviaria de alta velocidad entre San Francisco y Los Ángeles; ese mismo año, China inició la construcción de su línea de alta velocidad entre Pekín y Shanghái. Ambas líneas tendrían unos mil trescientos kilómetros de longitud una vez terminadas.

China inauguró la línea Pekín–Shanghái en 2011, con un coste de 36 000 millones de dólares.[1] En su primera década de funcionamiento, completó 1350 millones de viajes de pasajeros.[2] California ha construido, diecisiete años después de la proposición en las urnas, un pequeño tramo de vía para conectar dos ciudades del Valle Central, y ninguna de ellas está cerca de San Francisco o de Los Ángeles.

La última estimación para la línea californiana es de 128 000 millones de dólares.[3] ¿Por qué cuesta tanto? En parte porque algunos políticos han exigido que el tren añada una parada en su distrito, obligando a la línea a tomar una ruta más tortuosa a través de una cadena montañosa adicional,[4] y en parte porque la autoridad ferroviaria de California prefiere alardear del número de empleos bien remunerados que está creando antes que de la cantidad de vía que ha tendido.[5] El primer tramo del tren californiano empezará a operar, según las estimaciones oficiales, entre 2030 y 2033. Lo que significa que el margen de error para calcular cuándo se inaugurará un tramo parcial del tren de alta velocidad de California es el mismo que el tiempo que tardó China en construir la línea completa Pekín–Shanghái.

Estados Unidos no siempre fue así. A los alcaldes y gobernadores estadounidenses les encantaba asistir a las inauguraciones y cortar la cinta. Hoy son escasas. Las ciudades estadounidenses han fracasado de forma generalizada a la hora de construir viviendas e infraestructuras adecuadas.[6] Lo que sí completan (un baño público, una parada de autobús o, Dios mío, una estación de metro) llega con un retraso vergonzoso o fuera de presupuesto. Los estadounidenses viven hoy entre las ruinas de una civilización industrial, cuya infraestructura apenas se mantiene y rara vez se amplía.

Hubo un tiempo en que Estados Unidos también tenía la musculatura de un Estado ingenieril; construía grandes obras por todo el país: largas vías férreas, puentes hermosos, bellas ciudades, armas de guerra con un poder terrible y misiones a la Luna. George Washington fue general, el primero de muchos dirigentes de seguridad nacional que apreciaron el valor de construir. Como joven oficial del ejército, Dwight Eisenhower pasó dos meses conduciendo (o más bien dando botes) de costa a costa por carreteras sin pavimentar. Como presidente, construyó el Sistema de Autopistas Interestatales. Cuando Estados Unidos experimentó un fuerte crecimiento demográfico y económico a lo largo del siglo xix, las élites políticas coincidieron en que sus vastos territorios necesitaban canales, ferrocarriles y carreteras. Algunas de las figuras destacadas de la Era Progresista abrazaron la ingeniería social (y para demostrarlo llevaron a cabo un montón de experimentos eugenésicos).

China hoy se asemeja a los Estados Unidos de hace un siglo, cuando demostraba ser una superpotencia. Pero el auge constructivo estadounidense se ralentizó después de la década de 1960. ¿Qué ocurrió a partir de aquel momento? Llegaron los abogados.

En la década de 1960, algunas partes de Estados Unidos se habían convertido en un lugar espantoso. Las plataformas petrolíferas vertían petróleo al mar, una espesa niebla de esmog se instaló sobre las ciudades y las fábricas filtraban tantos productos químicos que incluso los ríos llegaban a arder. Los urbanistas trazaban autopistas a través de barrios residenciales. La discriminación legal segregaba a las personas por raza y les impedía ejercer el derecho al voto. El público se desencantó con la idea de una amplia deferencia hacia los tecnócratas y los ingenieros estadounidenses: urbanistas (que estaban arrasando barrios enteros), responsables de defensa (que estaban llevando a cabo la guerra de Vietnam) y reguladores industriales (que confraternizaban con las empresas).

Los estudiantes de las facultades de élite de Derecho, especialmente en Yale y en Harvard, se levantaron para actuar. Fundaron organizaciones medioambientales en torno al grito de guerra «¡Demandad a esos bastardos!»,[7] en referencia a las agencias gubernamentales. A lo largo de la década de 1970, tanto la izquierda como la derecha trabajaron de forma sorprendentemente armoniosa para limitar la eficacia del gobierno. Activistas liberales como Ralph Nader se declararon vigilantes del gobierno, y presentaban demandas de forma constante. Ronald Reagan devolvió el cumplido cuando replicó: «El gobierno es el problema, no la solución». La sociedad leguleya surgió como un correctivo necesario a los problemas de Estados Unidos en la década de 1960. Por desgracia, se ha convertido en la causa de muchos de sus problemas actuales.

Como investigador en el Centro Paul Tsai sobre China de la Facultad de Derecho de Yale, observé la sociedad leguleya desde dentro de uno de sus grandes templos. Los estudiantes de Derecho que conocí son inteligentes, amables y, sobre todo, ambiciosos. Se les da bien escalar en prestigio (entrar en el consejo de una revista jurídica como estudiantes y ejercer de asistente de un juez federal tras graduarse). Los estudiantes de Derecho de Yale tienden en su mayoría a la izquierda, pero también hay muchos conservadores entre ellos. Un ejemplo claro: J. D. Vance. Aunque las opiniones políticas de los estudiantes de Derecho puedan girar en direcciones inesperadas, conviene no perder de vista que están entrelazadas con firmeza en torno a un pilar de ambición personal.

Más que cualquier otro grupo en Estados Unidos, los abogados tienen licencia para ser generalistas, con permiso para irrumpir en cualquier ámbito intelectual que les plazca. «La aristocracia estadounidense»,[8] escribió Alexis de Tocqueville, «no está compuesta por los ricos [...] sino que ocupa el estrado judicial y el colegio de abogados». Los abogados se han vuelto aún más poderosos desde que Tocqueville escribió esas palabras en 1833. En las últimas décadas, los abogados han sido capaces de arrinconar incluso a los economistas en la formulación de la política económica. La Administración Biden estuvo compuesta por muchos graduados de la Facultad de Derecho de Yale, dispuestos a ignorar la lógica de la mano invisible. En su lugar, se remangan para hacer cirugía en la economía estadounidense, caso por caso, diseñando un esquema de subsidios para una empresa o presentando un caso antimonopolio contra otra. Los abogados crean tantas complicaciones que las normas que rigen desde la sanidad y la vivienda hasta la banca se han vuelto incomprensibles.

Los tribunales estadounidenses son un frente de batalla para resolver cuestiones políticas, en el que los jueces se pronuncian sobre asuntos que casi todos los demás países dejan en manos de los votantes o de los reguladores. Cuando una causa política no puede ganarse mediante el proceso electoral, los abogados a veces buscan la victoria en los tribunales. Desde mediados del siglo XX, la izquierda estadounidense ha seguido una estrategia de «democracia por demanda judicial» que los conservadores han demostrado ser capaces de practicar con la misma solvencia.

Hay razones para alegrarse de que los abogados tengan una presencia desproporcionada en la sociedad estadounidense. Son interlocutores solventes en los cócteles, por ejemplo, mucho mejores que los ingenieros o los economistas. Bueno, ya en serio, ayudan a mantener el civismo estadounidense y su compromiso con las leyes. Muchos de ellos llevan a cabo un trabajo importante: facilitar el acceso de las personas a servicios de quiebra, divorcio o inmigración; ayudar a garantizar los derechos civiles; y trabajar para proteger la vida silvestre y el agua limpia. Cuando la Casa Blanca se extralimita, el poder judicial ha de contenerla.

Pero, aunque la sociedad de abogados corrigió los problemas del pasado, ha producido dos patologías que debilitan hoy a Estados Unidos.

La primera es la elevación del proceso por encima de los resultados. En el gobierno y la sociedad estadounidenses, diseñar nuevas normas y comités se ha convertido con demasiada frecuencia en el sustituto de pensar con seriedad sobre la estrategia y los fines.

Mientras los ingenieros imaginan puentes, los abogados imaginan procedimientos. En un artículo fundamental titulado «El fetichismo del procedimiento», el profesor de Derecho de la Universidad de Míchigan Nicholas Bagley describe cómo el gobierno federal exige a una agencia «realizar todos los estudios concebibles, ventilar todas las opciones, involucrar a todas las partes interesadas identificables y superar el escrutinio judicial más estricto antes de que cualquiera de sus acciones, por trivial que sea, pueda entrar en vigor».[9] En la sociedad leguleya, la solución para cualquier tipo de dilema es un proceso más riguroso. Para abordar un nuevo problema, se diseña otro procedimiento, que suele implicar deliberaciones burocráticas más largas, mayor debate público y una revisión judicial más intensa.

A los abogados el Derecho les da mucho más margen para detener algo que para crearlo. Antes de que una agencia gubernamental pueda construir cualquier cosa, desde algo tan simple como un carril bici hasta proyectos más complejos como el tren de alta velocidad de California, se ata a sí misma con montañas de procedimientos. La agencia tiene que marcar tantas casillas porque sabe que una demanda podría acabar con ese carril bici si la gente consigue convencer a un juez de que no se estudiaron lo suficiente los problemas medioambientales. Tras una investigación y una revisión exhaustivas, no es de extrañar que al final se construya poco. Los estadounidenses se quedan con infraestructuras en decadencia, poca construcción nueva y una profunda sensación de que nada funciona.

No se trata solo del gobierno. El problema de Estados Unidos es la sociedad leguleya. Estados Unidos es inusual entre los países occidentales por tener tantos abogados: cuatrocientos por cada cien mil habitantes, una cifra tres veces superior a la media de los países europeos. Dado que los abogados están por todos lados, el procedimentalismo ha llegado a todas partes, incluidas las universidades y las empresas. Cualquiera que trabaje hoy en ellas ha visto cómo los procedimientos se convierten en un fin en sí mismos, hasta el punto de que la gente se obsesiona con su lógica y se olvida del resultado. Porque ¿quién puede mantener un objetivo claro después del séptimo comité del mes?

El otro problema de la sociedad leguleya es un sesgo sistemático a favor de los acomodados. Con demasiada frecuencia, los abogados sirven a los ricos. Ayudan a propietarios adinerados a bloquear proyectos de construcción o a ser creativos con los impuestos. A veces resulta desconcertante seguir los casos de propiedad intelectual; muchos parecen un emocionante juego inventado para abogados. Los jueces estadounidenses tienen que lidiar con disputas desconcertantes, como fondos de cobertura que persiguen a gobiernos soberanos por el pago de deudas. El litigio ofrece posibilidades muy tentadoras para saldar las cuentas. Y las partes motivadas están dispuestas a pagar sumas astronómicas por abogados estrella. Los abogados no son solo defensores de los ricos; muchos de ellos son los ricos. «En Wall Street, los abogados ganan ahora más que los banqueros» fue un titular del *Wall Street Journal* en 2023.[10] «El salario de los abogados es tan alto que la gente lo compara con la NBA», *afirmaba The New York Times* en 2024.[11]

Las disfunciones de Estados Unidos no son un obstáculo para los ricos. Aunque la ciudad de Nueva York apenas ha logrado ampliar su sistema de transporte público de masas, los promotores inmobiliarios han podido construir esbeltos rascacielos para los ricos. Aunque California no puede dominar los incendios forestales, los ricos quizá puedan permitirse sus propios servicios privados de extinción. Los pobres (enterrados bajo el papeleo para solicitar prestaciones alimentarias, que tienen que usar un transporte público ruinoso y que son los que más se beneficiarían de las nuevas construcciones) son quienes más sufren los fracasos de la sociedad leguleya.

No estoy diciendo, como bromea Dick el Carnicero en *Enrique VI, parte 2,* que «lo primero que haremos será matar a todos los abogados». El sistema de frenos y contrapesos ha sido y es fundamental para el éxito de Estados Unidos. Dado que el gobierno es capaz de ejercer un poder terrible, los jueces y el Derecho son a menudo la última y la mejor esperanza contra los abusos. Pero Estados Unidos no seguirá siendo una gran potencia si atiende de forma primordial a los ricos. Su incapacidad para construir lo suficiente ha perjudicado a la gente trabajadora y hace que el país se sienta como una sociedad pasiva.

El Estado ingenieril es algo más que autocracia o alta modernidad tecnocrática. China ha tenido más éxito que cualquier otro país autoritario de la historia al combinar el crecimiento económico con el control político. El Partido Comunista ha desmantelado de forma implacable intereses enquistados, en parte para impedir que los ricos adquieran poder político y en parte para difundir beneficios materiales por todo el país. Su ascenso sugiere que un país puede volverse poderoso cuando forma a muchos ingenieros y los pone a trabajar, incluso bajo arreglos institucionales que no son precisamente ideales. En palabras de un artículo de 1991 que escribieron tres economistas: «Nuestra evidencia muestra que los países con una mayor proporción de titulados universitarios en ingeniería crecen más rápido; mientras que los países con una mayor proporción de estudiantes de Derecho crecen con más lentitud».[12]

Los ingenieros son parte de la razón por la que China se ha vuelto mucho más rica, a pesar de su compromiso vacilante con la seguridad de los derechos de propiedad. Una mentalidad ingenieril es también parte de la razón por la que el Estado rozó tan de cerca el apocalipsis —en el caso de la Revolución Cultural— antes de lograr el milagro del crecimiento.

La sociedad leguleya no presenta cambios tan dramáticos. Está compuesta de democracia, pluralismo y vetocracia, pero no solo por estas cosas. La sociedad leguleya incluye también un compromiso con el procedimentalismo y la protección de la riqueza. Desde el punto de vista económico, Estados Unidos ha experimentado un fuerte crecimiento en comparación con otros países occidentales, combinado con una creación de valor corporativo sorprendentemente exitosa. Pero, en términos políticos, esta obsesión por el proceso frente a los resultados ha hecho que los estadounidenses pierdan la fe en que el gobierno pueda mejorar su vida de forma significativa. Quiero que el gobierno estadounidense recupere esa fe. Para hacerlo, necesitará recuperar parte de su destreza ingenieril y dejar espacio a los no abogados entre sus élites gobernantes. Este esfuerzo exigirá que Estados Unidos vuelva a construir, crear ese impulso y esa sensación de optimismo por el futuro que muchos chinos han sentido durante las dos últimas décadas.

La razón por la que debemos ser más inteligentes a la hora de comprender tanto a Estados Unidos como a China no es que sean fascinantes rompecabezas intelectuales en sí mismos. Es que las dos superpotencias están orbitando una alrededor de la otra con incomodidad, y están reorientando sus economías y sus aparatos de seguridad nacional para prepararse para el conflicto.

A medida que China y Estados Unidos se posicionan para la competencia y el conflicto, necesitamos nuevas formas de pensar cómo funcionan ambos países y cómo fracasan, mediante términos que no sean amalgamas de manuales de ciencia política. El Estado ingenieril y la sociedad leguleya no son las únicas maneras de entenderlos; etiquetas antiguas como «autocrático» o «capitalista» siguen teniendo cierta utilidad, por supuesto. Quiero ser inventivo e incluso lúdico con estos términos con ánimo de fomentar la curiosidad mutua entre ambos países.

Estados Unidos tiene enormes ventajas sobre China: un crecimiento económico robusto, una población en expansión y más joven, innovación en tecnologías digitales, una red de alianzas más amplia, y más. Pero debemos reconocer que el Estado ingenieril tiene una ventaja gigantesca: China puede construir. Eso importará si los dos países deciden alguna vez, en un escenario apocalíptico, ir a la guerra. Ningún ejército puede funcionar solo con inteligencia artificial; necesitará drones y munición. Y el Estado ingenieril está mejor preparado para producirlos en cantidades abrumadoras.

Durante la última década, Estados Unidos llevó a los abogados a una pelea tecnológica. La primera Administración Trump incluyó en una lista negra a decenas de empresas tecnológicas chinas. En la Administración Biden, las filas del Consejo de Seguridad Nacional y del Departamento de Comercio se llenaron de graduados de facultades de élite de Derecho, incluidos sus jefes de departamento. Los abogados han diseñado exquisitas redes de control tecnológico, atrapando a fabricantes chinos de chips, empresas de telecomunicaciones y a cualquier compañía que aspire a desplegar inteligencia artificial. En lugar de detener en seco a los líderes tecnológicos chinos, estos controles legales los han enfurecido. Cuando Xi inició su tercer mandato en 2022, no llenó el Politburó de abogados ingeniosos capaces de ofrecer una réplica brillante. Lo llenó de científicos e ingenieros. Ellos ayudarán a diseñar el Decimoquinto Plan Quinquenal, que pondrá aún más énfasis en la construcción de una fortaleza tecnológica.

Un enfrentamiento entre un dragón de mentalidad literal y unos enclenques leguleyos no sería una pelea justa. La contienda es más compleja que eso. Que resista más que el otro dependerá no solo del dinamismo físico o de la destreza tecnológica, sino de la gobernanza: de qué país gestione mejor sus asuntos a lo largo del próximo siglo.

Por lo que alcanzo a ver, tanto Estados Unidos como China están compitiendo por erosionar sus capacidades de gobernanza. Xi Jinping ha centrado con firmeza el proceso de toma de decisiones políticas en su persona, demostrando que pretende gobernar el Partido Comunista hasta que le plazca. El gobierno estadounidense, por su parte, se ha visto atrapado en la ineficacia. Durante décadas, la derecha estadounidense conspiró para ahogar al gobierno en una bañera, mientras la izquierda lo estrangulaba con normas y demandas. La izquierda apenas ha mostrado determinación para reformar instituciones anquilosadas, y la segunda Administración Trump actúa como si tuviera que destruir el gobierno para salvarlo.

Pero hay esperanza para todos. Lo más importante que comparten China y Estados Unidos es un compromiso con la transformación. China está dirigida por un partido leninista cuyo objetivo central es movilizar a la sociedad hacia la modernización. Sus órganos de propaganda organizan campañas centralizadas de inspiración hacia el objetivo centenario de lograr, para 2049, «un país socialista moderno» y «el gran rejuvenecimiento de la nación china». El compromiso estadounidense es más abierto, inherente al experimento de mantener viva la democracia. En parte se ha deformado, pero deberíamos reavivar el sueño de que un gobierno del pueblo, por el pueblo y para el pueblo no perezca.

No es que sea yo un gran fan de la gobernanza de California. Pero quiero revelar que hay un aspecto de la actitud californiana que sí comparto: soy un optimista que ve un futuro soleado, con la fe de que ambas sociedades pueden cambiar para mejor. Ambos países están en estado de transformación, lo que significa que cualquiera de las dos superpotencias puede alejarse de sus actuales y malas trayectorias.

Si los estadounidenses miran con atención a China, encontrarán reflejos de sus poderes perdidos. China, ahora mismo, está en medio de la búsqueda de su propia Gran Sociedad, donde incluso sus provincias más pobres presentan niveles impresionantes de dinamismo físico. Cumplir con lo prometido es parte de la razón por la que el consentimiento de los gobernados sigue siendo bastante fuerte en China. Yo mismo lo vi cuando pasé cinco días pedaleando enérgicamente por las escarpadas montañas de Guizhou.

CAPÍTULO 2

Construir a lo grande

Mi encuentro más vívido con el Estado ingenieril se produjo, al más puro estilo chino, mientras iba en bicicleta.

En el verano de 2021 viajé con dos amigos al corazón del suroeste de China. Durante cinco días, pedaleamos casi seiscientos cincuenta kilómetros por la provincia de Guizhou y llegamos a la ciudad de Chongqing. En lugar de montar una Flying Pigeon —la cómoda aunque monomarcha bicicleta de la era maoísta, disponible solo en color negro— yo avanzaba a toda velocidad sobre una bicicleta de carreras de la marca Giant, muy rápida y resistente.

Durante ese largo trayecto empecé a comprender hasta qué punto examinar los problemas de China deja claros y meridianos los problemas de Estados Unidos. Cada vez que salía de Pekín o Shanghái para adentrarme en zonas más remotas del país, me asombraba comprobar que incluso las provincias más pobres de China cuentan con infraestructuras mejores que las de los estados más ricos de Estados Unidos. El rasgo esencial del Estado ingenieril es construir grandes obras públicas, sin importar demasiado el coste financiero o humano. Para muchas personas de Guizhou, ello ha generado entusiasmo y expectativas de cambio físico, una sensación que hoy apenas se encuentra entre los estadounidenses.

Las montañas dominan el paisaje de Guizhou. Son de piedra kárstica, complejas y enrevesadas. Apenas diez años atrás, un viaje en bicicleta por Guizhou (pronunciado *Güéi-chou*) habría sido una temeridad: no había suficientes carreteras en condiciones aceptables. Es la cuarta provincia más pobre de China y está lejos de las costas más prósperas; según el dicho popular, es una tierra en la que «no hay ni tres pies de terreno llano, no pasan ni tres días sin llover y ni una familia tiene tres monedas de plata».

En el siglo XIX, uno de los cartógrafos imperiales enviados por el emperador Qing para cartografiar el territorio acabó exasperado por la tarea. «El sur de Guizhou tiene una multitud de picos montañosos amontonados», se lamentaba. «Es desesperante lo numerosos e indisciplinados que son». A los visitantes, los habitantes locales tampoco les parecían demasiado hospitalarios. Gran parte de Guizhou está poblada por la minoría miao, que a lo largo de la historia ha tenido que soportar la intrusión del grupo étnico han, mayoritario en China.

El aislamiento y el misterio de Guizhou forman parte de la leyenda. Un viajero del siglo IX relató una experiencia inquietante: mientras exploraba la provincia se topó con un elegante monasterio. Diez alegres monjas salieron de inmediato a su encuentro y lo invitaron a entrar en sus cabañas de techo de paja. Fueron unas anfitrionas excelentes; lo trataron muy bien y le ofrecieron frutas secas. Cuando la escena empezó a parecerle ya demasiado fantástica, el viajero se armó de valor y, para disgusto de las monjas, se marchó a toda prisa. Al regresar a su barca, la tripulación confirmó sus temores: aquellas monjas eran en realidad monos embaucadores, que a veces adoptaban forma humana para atraer a las personas a su territorio.[1]

En el presente siglo, el gobierno central ha atendido mucho a Guizhou. Varios de sus secretarios del partido han acabado ocupando cargos de alto nivel en Pekín, incluido Hu Jintao, secretario general del Partido Comunista antes de Xi Jinping. De los dirigentes chinos suele esperarse que administren una provincia pobre antes de poder aspirar a la cúspide política del país. En Estados Unidos sería como si los políticos tuvieran que adquirir experiencia previa en el Rust Belt o en las regiones mineras antes de poder acercarse siquiera a un puesto de gabinete.

El caso es que Guizhou ha recibido varios grandes proyectos: el gobierno central construyó allí el mayor radiotelescopio del mundo, con una apertura de quinientos metros de diámetro, bautizado como el Ojo del Cielo, en un rincón remoto de la provincia. La destilería estatal que produce el *maotai*, el licor de sorgo de cincuenta grados, se ha convertido en una de las empresas más valiosas de China. Y su capital, Guiyang, alberga ahora varios de los mayores centros de datos del país.

Fui a Guiyang con mis amigos Christian Shepherd, periodista británico que entonces trabajaba para el *Financial Times*, y Teng Bao, criado en Florida y fundador de una empresa tecnológica en Shanghái. Hace un siglo, el viaje desde Shanghái hasta Guiyang habría llevado semanas por carreteras tortuosas. A nosotros nos bastaron siete horas en tren de alta velocidad.

Guizhou fue una de las últimas provincias en conectarse a la red nacional de alta velocidad. Para cuando se inauguró la primera estación en 2016, los ingenieros habían tenido que volar un montón de largos túneles a través de las montañas y levantar suficientes puentes robustos para salvar los desfiladeros. En el tren, Christian, Teng y yo viajábamos reclinados en cómodos asientos, con las bicicletas desmontadas en la parte trasera del vagón, y tomábamos aperitivos o agua del carrito de la azafata cuando nos apetecía algo. Al mirar por la ventana, el paso ocasional por largos túneles daba una idea de la complejidad de la obra.

Christian es un gran ciclista; Teng y yo teníamos más entusiasmo que experiencia. Cada uno de nosotros llevaba una muda limpia, un botiquín, cámaras de repuesto por si pinchábamos, y poco más. Metimos el equipo en unas elegantes alforjas de cuero sujetas a la parte trasera de las bicicletas. Y arrancamos. El plan era llegar cada día a nuestro alojamiento antes del anochecer, lavar la ropa en el lavabo, colgarla para que se secara y levantarnos al día siguiente para repetir la operación.

Cada jornada de ciclismo traía nuevas emociones: paisajes espectaculares, puentes y gargantas que superaban todo lo anterior, cascadas donde a veces nos deteníamos. El viaje era duro, pero no porque tuviéramos que enfrentarnos a unas carreteras impracticables o a los monos embaucadores, sino porque cada día exigía el esfuerzo constante de subir pendientes que parecían no tener fin. La infraestructura de Guizhou era un sueño para cualquier ciclista. El primer día pedaleamos por una autopista recién construida que aún no estaba abierta al tráfico. Fue nuestro momento favorito: lanzarnos cuesta abajo a una velocidad vertiginosa entre montañas de un verde exuberante envueltas en bancos de niebla.

Esta ruta en bicicleta supuso el mayor esfuerzo físico de mi vida y, al mismo tiempo, el más gratificante. Disfrutamos no solo de las vistas, sino también de la comida. Cada pocas horas nos deteníamos en la cuneta. En bicicleta se quema una cantidad enorme de energía, así que pedíamos cuencos de fideos (con los pepinillos picantes que hacen tan estimulante la cocina de Guizhou) y luego comprábamos un helado de vainilla antes de volver a montar. Por la noche pedíamos platos locales: estofado de pescado con encurtidos agrios, cabra estofada, ensalada de hierbas y raíces locales, y bolas de arroz del tamaño de una lima, rellenas de sésamo dulce, fritas, con encurtidos salados a modo de acompañamiento.

¡Ojalá aquel cartógrafo Qing pudiera ver hoy Guizhou! Todo tipo de nuevas infraestructuras se han incrustado en aquel paisaje rural. El tercer día nos topamos con una escena casi tan extraña como la de los monos fantasmales. Teng iba en cabeza cuando gritó: «¡Guitarras!». Al alzar la vista vi grandes decoraciones con forma de guitarra colgando de las farolas. A lo lejos, en lo alto de una colina, se alzaba una gigantesca guitarra de piedra. Resulta que estábamos atravesando el distrito de Zheng'an, zona autoproclamada capital mundial de la guitarra. Según los medios estatales, una de cada siete guitarras fabricadas en el mundo se produce en este municipio por el que pasamos casi por casualidad.[2]

Ese es otro rasgo del Estado ingenieril: los polos manufactureros están por todas partes, a menudo produciendo bienes inesperados.

Los habitantes de Guizhou quizá estén tan sorprendidos como cualquiera de albergar la capital mundial de la guitarra. No muchos de ellos tocan ese instrumento. Zheng'an se convirtió en centro guitarrero porque muchos de sus residentes emigraron a la provincia costera de Guangdong para trabajar, y una parte nada desdeñable de ellos encontró empleo, por pura coincidencia, en fábricas de guitarras. Después, el gobierno local hizo un gran esfuerzo por atraerlos de vuelta a Guizhou como parte de una política de desarrollo del interior. Ese esfuerzo coincidió con una directiva de 2012 del Consejo de Estado —el órgano ejecutivo del gobierno central— que animaba a los fabricantes a trasladarse de las provincias costeras a las interiores. El documento sugería que Guizhou apostara por industrias tecnológicamente intensivas, como la aeroespacial o la fabricación de vehículos eléctricos. En su lugar, Guizhou construyó algo más acorde con la realidad de su mano de obra menos cualificada: el Parque Industrial de la Cultura de la Guitarra.

Zheng'an no fabrica las mejores guitarras del mundo. En general, abastece a la mitad inferior del mercado. Pero sus fabricantes están mejorando a medida que las marcas locales aspiran al reconocimiento global. Una de ellas experimenta incorporando bambú a sus guitarras. Muchas intentan darse a conocer por la calidad, no solo por el bajo precio. Sospecho que muchas lo conseguirán. Los fabricantes chinos ganan reconocimiento de forma constante por producir cuchillos, sistemas de sonido, vehículos eléctricos, drones de consumo y muchos otros productos de calidad. ¿Por qué no iban a conseguirlo con las guitarras también?

Tras cuatro días pedaleando por Guizhou llegamos al municipio de Chongqing. El núcleo urbano se articula en torno a dos ríos —el Yangtsé y el Jialing—, con un perfil dominado por altos edificios que brotan de las laderas empinadas. Parecen apilarse unos sobre otros: se puede entrar al bajo de un edificio, subir más de diez plantas en ascensor y salir de nuevo a nivel del suelo. Chongqing es mi ciudad china favorita para visitar porque posee, quizá, el entorno urbano más espectacular del país, y tal vez del mundo. Autopistas y puentes se entrelazan entre enormes edificios que parecen tallados en la montaña, conectados por sistemas de escaleras, escaleras mecánicas y pasarelas. La ciudad está llena de diseños delirantes, como una línea de metro que atraviesa el interior de un edificio de apartamentos asentado en una colina.

Chongqing fue la capital de China durante la Segunda Guerra Mundial, cuando se la conocía como Chungking. Allí se refugiaron, en túneles antiaéreos excavados en las colinas, las fuerzas nacionalistas de Chiang Kai-shek junto con comunistas y el general estadounidense Joseph Stilwell, para protegerse de los bombarderos japoneses. Chongqing es un municipio que iguala en extensión territorial a Austria (y es igual de montañoso) y en población a Texas (y es igual de bulliciosa). Los puentes que en el campo de Guizhou resultaban elegantes, crecían hasta dimensiones monstruosas al aproximarnos a la ciudad. Todo es más grande en Chongqing. Es una ciudad ruidosa, llena de lugares inesperados, una ciudad que hierve de vida. Con su estética *Blade Runner*, Chongqing es la encarnación del *cyberpunk*. O, más apropiadamente dados sus ríos, del *hidropunk*.

Las montañas que protegieron a la ciudad de los bombarderos japoneses también crean una trampa de calor, convirtiendo a Chongqing en uno de los «cuatro hornos» de China. Para rematarlo, la comida favorita de sus habitantes es un caldo de chiles rojos, sebo de buey y granos de pimienta de Sichuan —que producen un hormigueo vibrante en la lengua— en el que se sumergen finas láminas de carne y verduras. Algunos de los túneles antiaéreos se han transformado en restaurantes de *hot pot,** populares porque el aire fresco de los túneles ayuda a sobrellevar el sabor picante de la comida. Chongqing también

---

* Un tipo de platos típicos de la gastronomía china, que en general consisten en un caldo caliente ubicado en el centro de la mesa, y rodeado por una variedad de verduras y carnes cortadas bien finas, que se cocinan rápidamente en el caldo y luego se untan en alguna salsa. *(N. del T.)*

planea reconvertir algunos de esos refugios en salas de exposición, o bodegas.[3]

Al llegar a la ciudad, a los tres el cuerpo nos pedía marcha. Tras cuatro días pedaleando en plena naturaleza, resultaba fantástico lanzarse al espectacular escenario urbano de Chongqing. Por la noche, los rascacielos cobran vida con luces brillantes que recorren sus fachadas. Mientras veíamos ponerse el sol, la gente se reunía alrededor de mesas bajas con ollas humeantes de caldo carmesí en el centro.

Casi nunca bebo alcohol. Pero si había una ocasión, pensé, era el final de aquel viaje en bicicleta. Los tres brindamos con cerveza fría y pedimos comida tan picante que incluso me alteró la capacidad auditiva. Bajo nosotros, barcos de recreo avanzaban con lentitud por el Yangtsé, algunos en dirección a la presa de las Tres Gargantas. Al día siguiente regresé en el tren de alta velocidad a Shanghái para volver al trabajo.

Después empecé a apreciar lo extraño de cuanto había visto durante mi recorrido en bicicleta. Había atravesado una región pobre a la que el Estado ingenieril ha dedicado recursos enormes para modernizarla. Guizhou comprimió en dos décadas el siglo entero de inversiones que Estados Unidos realizó entre el ferrocarril transcontinental y el sistema de autopistas interestatales.

Tras pedalear por Guizhou llegué a entender de otra manera el término «socialismo con características chinas».

China redistribuye poco de los ricos a los pobres; en su lugar aplica una agenda leninista en la que el Estado conserva una enorme discrecionalidad para comandar recursos económicos con el fin de mantener el control político y avanzar hacia un mundo de posescasez. Examinando el desarrollo de Guizhou, así como el de otros lugares que quiero que conozca el lector, podemos entender qué significan en realidad esas «características chinas».

En Guizhou están cuarenta y cinco de los cien puentes más altos del mundo. Tiene once aeropuertos, y otros tres en construcción. Cuenta con ocho mil kilómetros de autopistas, lo que la sitúa en cuarto lugar entre las provincias chinas en cuanto a la longitud, y con unos mil seiscientos kilómetros de vías de alta velocidad.[4] Pero su infraestructura no se limita al acero y el hormigón del siglo xx. Guiyang se promociona como un «valle del *big data*», destacando que su clima fresco reduce los costes de refrigeración. Los enormes complejos de servidores hacen de Guizhou un emblema de la infraestructura moderna que también alimenta la inteligencia artificial.

Los habitantes de Guizhou con los que charlamos estaban más orgullosos de sus puentes que de cualquier otra cosa. Cruzamos en bicicleta puentes suspendidos sobre barrancos vertiginosos. Los medios estatales presumen de que Guizhou se ha convertido en un «museo de puentes», algunos de los cuales aspiran a convertirse en atracciones turísticas: el décimo puente más alto de la provincia —vigésimo tercero del mundo— alberga el salto de *bungee* más alto del planeta. Cada vez que los ingenieros construyen un puente, inevitablemente anuncian que el tiempo de viaje entre dos localidades se ha reducido de muchas horas a apenas unos minutos. Eso proporciona una comodidad y una conexión de verdad para la población rural. Algunos de estos son puentes hacia ninguna parte, pero con los años se convierten en puentes hacia algún sitio.

Aun así, bajo las proezas de ingeniería de Guizhou hay comarcas estancadas en la pobreza. Con ocho mil dólares por habitante, la provincia tiene la renta de Botsuana, un cuarenta por ciento por debajo de la media nacional china y menos de un tercio de la de las ricas ciudades costeras como Pekín y Shanghái. Un día, Christian comentó los pocos adultos en edad de trabajar que veíamos en Guizhou: quienes no trabajaban fabricando guitarras, en su mayoría habían emigrado a otras provincias y habían dejado a los niños pequeños al cuidado de los abuelos. En 2010, solo la mitad de los niños de Guizhou asistía a la secundaria: la tasa más baja del país.[5] Los reportajes a menudo contaban historias de niños que tenían que levantarse al alba y recorrer espantosos senderos de montaña, algunos con escaleras de cuerda, para poder ir a la escuela.[6]

A pesar de los retos de un aislamiento rural profundo, la cuarta provincia más pobre de China, donde la renta familiar es una quinceava parte de la del estado de Nueva York, tiene una infraestructura infinitamente superior: el triple de kilómetros de autopistas que Nueva York, además de una red ferroviaria funcional de alta velocidad. Y Guizhou no es precisamente una provincia china excepcional. En todo el país, el Estado ingenieril ha construido obras públicas sin tregua, de modo que Guizhou es un caso extremo de la estrategia de crecimiento de China, más que una desviación de esta.

La China moderna ha estado construyendo como si no hubiera un mañana. Empezó en los años noventa, tras la reapertura económica, y recibió otro impulso en 2008, cuando el gobierno central aprobó un paquete inmenso de obras públicas para responder a la crisis financiera mundial.

La primera autopista interprovincial de China se inauguró en 1993 y conectó Pekín con la cercana ciudad portuaria de Tianjin. Y, muy pronto, las autopistas llegaron a todas partes. Una ciudadana china nacida el año en que el país completó su primera autopista — cuando alcanzó la edad legal de conducir, a los dieciocho años, en 2011 — podía circular por una red viaria que ya superaba en longitud al sistema de autopistas interestatales de Estados Unidos. Para 2020, China había construido una segunda hornada de autopistas que, otra vez, sumaba en total la longitud del sistema estadounidense.[7] La primera expansión de autopistas llevó dieciocho años; la segunda, la mitad.

Esas carreteras enseguida se llenaron de coches. En 1990 había medio millón de automóviles en el país;[8] en 2024 había 435 millones, muchos de ellos eléctricos.[9] Pero China no se limitó a construir coches y autopistas. También construyó transporte colectivo. Entre 2003 y 2013, Shanghái añadió tantos kilómetros de metro como todo el sistema de la ciudad de Nueva York. En 2025, cincuenta y una ciudades chinas cuentan con líneas de metro, once de las cuales son más largas que la de Nueva York. China dispone hoy de una red de alta velocidad ferroviaria más extensa que la del resto del mundo junto, diez veces mayor que la de España y Japón (segundo y tercer puesto mundial, respectivamente). Los estilizados trenes plateados que se deslizan a toda velocidad sobre los viaductos elevados son muy fotografiables; sus imágenes adornan las vallas publicitarias y las cubiertas de libros. Este sistema realiza alrededor de dos mil millones de viajes de pasajeros al año.

Al Estado le encanta mostrar imágenes de enormes portacontenedores atracando bajo grúas gigantescas, que extraen contenedores que forman un mosaico multicolor. A medida que las exportaciones se disparaban, los puertos chinos se volvieron los más activos del mundo. Solo Shanghái movió en 2022 más contenedores que todos los puertos de Estados Unidos juntos.[10] El motor exportador de China dio algunos trompicones a comienzos de la década de 2000, no por falta de puertos, sino por falta de electricidad en Guangdong. Así que el Estado invirtió en una red de nuevas centrales eléctricas, en su mayoría alimentadas por carbón. Además de usar combustibles fósiles, China construye cada año entre un tercio y la mitad de la nueva capacidad eólica y solar del mundo. Está enviando energía renovable desde sus provincias despobladas occidentales hacia las provincias orientales industrializadas.

En 1957, la primera central nuclear comercial del mundo empezó a producir electricidad en Pensilvania. En China, esa primera central nuclear comercial abrió en 1991. Pero, a fecha de 2025, China ya ha alcanzado a Estados Unidos en número de centrales nucleares: tiene cincuenta y cinco, frente a las cincuenta y cuatro estadounidenses. Aunque Estados Unidos podría reactivar algunos reactores clausurados, solo tiene uno en construcción. Mientras tanto, en China hay treinta y uno. La única central nuclear construida en Estados Unidos en el siglo XXI tardó quince años y costó treinta mil millones de dólares. En agosto de 2024, la autoridad nuclear china aprobó la construcción de once nuevos reactores, cuyo coste conjunto se prevé equivalente a esa misma cifra.[11]

Pero, por encima de todo, China construyó vivienda. Su población urbana ha crecido a un ritmo medio de dieciséis millones de personas al año desde 1978, lo que equivale, en la práctica, a que el Estado haya levantado cada año, durante treinta y cinco años, una ciudad nueva del tamaño del área metropolitana de Nueva York y Boston juntas.[12] Aunque en Pekín, Shanghái y Shenzhen el precio de la vivienda está disparado, las elevadas tasas de construcción, junto con el aumento de los salarios, han mejorado de forma general la asequibilidad. Entre 2007 y 2018, el precio medio de un piso en una ciudad pasó de ser la renta media de los hogares multiplicada por nueve a serlo por siete.[13] Este frenesí constructor consume cantidades colosales de acero, aluminio, cobre, cemento y vidrio. Según Vaclav Smil, los cuatro mil cuatrocientos millones de toneladas de cemento que China produjo entre 2018 y 2019 casi igualan la cantidad de cemento que Estados Unidos produjo a lo largo de todo el siglo xx.[14]

Este *boom* de la construcción fue a la vez causa y efecto del creciente enriquecimiento de China. Estimuló directamente la actividad económica: la construcción de viviendas, autopistas, metros y centrales eléctricas impulsó la demanda de materiales y empleo, con efectos que se extendieron más allá de la obra inmediata. También facilitó la urbanización del país, lo que atrajo a la población del campo a las ciudades, donde su productividad era mucho mayor. En un periodo crucial, mientras la fuerza laboral china se expandía, esta infraestructura sentó las bases de la estrategia manufacturera orientada a la exportación.

La mayor parte del enriquecimiento de China lo ha impulsado la propia población, al fin liberada de las restricciones maoístas, en busca de una vida mejor. Al mismo tiempo, la manía del Estado por la obra pública ha ayudado al país a crecer más deprisa. Basta comparar China con India, Indonesia y otros países en desarrollo, donde el crecimiento es menor en parte porque el Estado no ha construido suficientes viviendas e infraestructuras para sus ciudadanos.

Claro que, mientras China comprimía en unas pocas décadas más de un siglo de construcción estadounidense, también incorporó muchos de sus problemas.

Las autopistas han destrozado demasiadas ciudades chinas, igual que ocurrió en Estados Unidos. Los chinos ya han mostrado un entusiasmo enorme por destruir el patrimonio físico de la nación en el pasado reciente: fue especialmente visible durante la Revolución Cultural, cuando Mao ordenó a los Guardias Rojos saquear templos budistas, destrozar estatuas confucianas y profanar tumbas ancestrales. En décadas más recientes, la destrucción ha sido más sistemática que la vandalización de tesoros culturales particulares: barrios enteros han desaparecido bajo la excavadora. En su lugar han surgido amplias avenidas y supermanzanas de hormigón. Por desgracia, no mucha de la nueva construcción en China está pensada en función del encanto y la belleza.

El Estado ingenieril está diseñado para ser contemplado a vista de pájaro. La geometría de los enlaces de autopistas, las filas interminables de paneles solares fotovoltaicos e, incluso, con la iluminación adecuada, una planta química humeante pueden producir un estremecimiento estético positivo cuando se observan desde lo alto y a distancia. Abajo, a ras de suelo, el entorno urbano no siempre resulta agradable para vivir. Grandes ciudades como Pekín y Shenzhen están mal diseñadas, sin grandes zonas caminables. Cruzarlas de una punta a otra lleva una eternidad.

Yo era bastante más feliz en Shanghái, donde muchas calles han conservado una escala humana en lugar de estar construidas para los coches. La Concesión Francesa, donde vivía, sigue siendo frondosa y sigue estando llena de cafés. Shanghái es muy caminable, y rara vez se está a más de quince minutos a pie de una de las muchas estaciones de metro de la ciudad. Shanghái se ha comprometido a abrir ciento veinte nuevos parques cada año hasta 2025; la ciudad alcanzará los mil espacios verdes.[15] La ciudad de veinticinco millones de habitantes funciona de forma notablemente eficaz. Al igual que Tokio, cuenta con vibrantes espacios comerciales, donde hay pequeñas tiendas de *dumplings* incluso dentro de estaciones de metro. Y Shanghái está conectada de forma magnífica por tren de alta velocidad con ciudades cercanas (como Hangzhou, sede de empresas tecnológicas como Alibaba, y Suzhou, donde operan muchas multinacionales), que son a su vez algunas de las ciudades más exitosas de China.

Aunque China ha adoptado la cultura automovilística estadounidense, todavía es fácil moverse en bicicleta por Shanghái. En los últimos años, la ciudad ha remodelado un tramo de la ribera y lo ha convertido en una sucesión de parques húmedos unidos por un carril bici de veinticuatro kilómetros por el que puedes circular entre antiguos almacenes de ladrillo y esos rascacielos de cristal que hacen que la ciudad recuerde bastante a Nueva York. Me encantaba recorrer el río con mi Giant, y pasar como una bala frente al recinto de la Exposición Universal, del Mercedes-Benz Arena, por puentes lo bastante altos como para permitir el paso de barcazas y entre todo tipo de hermosos edificios industriales muy bien conservados.

La construcción compulsiva tiene beneficios. Aunque la gente de Guizhou no ha dejado de ser pobre, aquellos con los que nos encontramos en nuestro viaje en bicicleta nos dijeron que estaban encantados de tener nuevos puentes y trenes. Para los chinos que han experimentado tasas de crecimiento económico del diez por ciento anual, su país parece renacer aproximadamente cada siete años (ese es el tiempo que tarda una economía en duplicarse a ese ritmo). Eso se traduce en coches mejores, más líneas de metro, calles más limpias, más parques y un montón de otras mejoras.

Antes, Estados Unidos realizaba enormes inversiones para modernizar sus regiones más pobres. Hoy, los estadounidenses rara vez sienten ese entusiasmo por los grandes proyectos de construcción, porque se asocian al daño ambiental, porque tardan muchísimo en completarse, y porque son tan escasos que la gente ya no se acuerda de hasta qué punto pueden mejorar la vida.

Los estadounidenses ya no son capaces de apreciar que un paisaje físicamente dinámico crea una sensación de progreso.

Quienes viven en Texas, Arizona y los estados del sur, que han levantado nuevos perfiles urbanos y una enorme cantidad de vivienda, quizá entiendan esa sensación. Pero en las grandes ciudades del nordeste y de California se tiende por defecto a la rigidez. Un edificio nuevo aquí y allá, quizá una tienda o un café bonitos, un baño que costó más de un millón de dólares: todo ello inspira poco entusiasmo por el cambio físico.

Ese sentimiento refuerza uno de los puntos ciegos de los estadounidenses respecto a China: quienes no saben apreciar los beneficios de las mejoras materiales tampoco entienden cómo estas generan orgullo y satisfacción. La transformación de China ha proporcionado a la población agua corriente y retretes, transporte colectivo y autopistas, hermosos parques y centros comerciales modernos. La mayoría de la gente puede recordar un pasado muy reciente en el que no disponía de estas cosas. Esta sensación de progreso importa. Los rascacielos relucientes y las líneas ferroviarias constituyen un pilar central de la legitimidad del Partido Comunista. Aunque el crecimiento chino se ha ralentizado de forma sustancial bajo el mandato de Xi, la gente conserva la esperanza de seguir mejorando. Las mejores infraestructuras que se han construido ayudan a que la población sienta que el progreso sigue fluyendo por todo el país.

En 2008, cuando Pekín inició la construcción de su programa ferroviario de alta velocidad, los críticos acusaron al gobierno de insensato por dotarse de un tipo de infraestructura de lujo fuera del alcance incluso de muchos países ricos. «La inversión en infraestructura puede ser excesiva para el nivel de desarrollo de un país», concluía el economista Michael Pettis, una opinión bastante habitual.[16] Pero los ferrocarriles chinos estaban abarrotados, y los trenes de pasajeros compartían vías con los de mercancías, lo que provocaba retrasos interminables. La creación de esta red rápida y dedicada a los pasajeros alivió la congestión para todos.

Un estudio realizado por el Banco Mundial en 2019 concluyó que el sistema chino de alta velocidad es viable desde el punto de vista económico, y los ingresos que genera la venta de billetes son capaces de recuperar los costes.[17] China ha podido construir alta velocidad a bajo precio porque ha estandarizado diseños y cuenta con una gestión de proyectos excelente. El coste medio de construir una línea de alta velocidad en China ronda los treinta y tres millones de dólares por milla, un cuarenta por ciento más barato que en Europa y un ochenta por ciento más barato que el proyecto de California, cuyos costes se han disparado hasta los ciento noventa y dos millones de dólares por milla.[18] Además, y con una visión más amplia, el Banco Mundial sugiere que la alta velocidad china ha generado beneficios sustanciales más allá de los ingresos por la venta de billetes, entre ellos el ahorro de tiempo para los usuarios, el aumento de los intercambios intelectuales y empresariales,[19] la reducción de accidentes de tráfico[20] y de la congestión vial, y la disminución de las emisiones de carbono.[21]

En lugar de redistribuir recursos de los ricos entre los pobres, el Estado construye infraestructuras en Guizhou. Lenin utilizó la expresión «los puestos de mando de la economía» para referirse a sectores estratégicos como la generación eléctrica y el transporte. En Guizhou, estos puestos de mando bien pueden ser contemplados desde sus altísimos puentes.

El Estado ingenieril, invocando el socialismo con características chinas, está diseñado para ofrecer a la población principalmente una cosa: mejoras materiales, sobre todo mediante obras públicas. El Estado ingenieril construye a lo grande en parte porque está formado por comunistas declarados que crecieron admirando a la Unión Soviética. Dirigentes del Partido Comunista como Xi Jinping se formaron en un sistema educativo empapado de marxismo. Para ellos, la producción era un acto noble para avanzar hacia el comunismo, mientras que el consumo era un acto despreciable del capitalismo. Este partido cree que solo el Estado posee la sabiduría necesaria para invertir en megaproyectos estratégicos, mientras que los consumidores malgastarán el dinero en sí mismos. Es hostil a que la gente corriente controle muchos recursos, porque eso fortalece la agencia individual en lugar de la del Estado.

El Partido Comunista celebra el cumpleaños de Karl Marx; para clausurar su Congreso del Partido, que se celebra dos veces por década, la banda militar interpreta el himno socialista «La Internacional» dentro del Gran Palacio del Pueblo. Pero, como dije en la introducción, China es también un país gobernado por conservadores que se hacen pasar por izquierdistas. Quizá ningún otro país que se proclame socialista esté tan poco gravado fiscalmente como China. Casi tres cuartas partes de la población china están exentas de pagar el impuesto sobre la renta.[22] China tampoco ha logrado implantar un impuesto amplio sobre la propiedad, lo que deja intacta la mayor parte de la riqueza de los habitantes urbanos más acomodados. Depende en mayor medida de los impuestos al consumo, que son regresivos porque gravan más a los pobres que a los ricos.

Pekín ha anunciado en varias ocasiones que impondría un impuesto sobre la propiedad. Todas esas veces ha acabado reculando. Uno de los motivos políticos es que los dirigentes chinos conocen bien el eslogan estadounidense «no hay impuestos sin representación». Dado que el Estado recauda impuestos relativamente bajos, y lo hace de manera poco visible para los ciudadanos, reduce el riesgo de que la población empiece a preguntarse qué hace el Estado con el dinero que tanto le cuesta ganar y si el pago de impuestos debería dar derecho a una mayor participación política.

Los impuestos bajos hacen que China sea cicatera en materia de bienestar social. Tan solo destina alrededor del diez por ciento de su PIB a gasto social, frente al veinte por ciento de Estados Unidos y el treinta por ciento en los estados europeos más generosos.[23] El gasto chino en pensiones y sanidad es muy inferior al de otros países ricos. Es especialmente tacaña con el seguro de desempleo: solo alrededor de una décima parte de los desempleados chinos tiene derecho a prestaciones modestas.[24] En ocasiones, sectores de la izquierda china han protestado contra esta situación. Pero, en vez de responder con un mayor bienestar, el Estado ha detenido a los estudiantes que intentaban organizar grupos de lectura marxista.[25]

Xi ha rechazado con firmeza la idea de que China necesite un sistema de bienestar más generoso. En un discurso importante pronunciado en 2021, afirmó: «Incluso cuando alcancemos un nivel de desarrollo más alto [...] no debemos excedernos con las transferencias sociales. Porque debemos evitar que la gente se vuelva perezosa por un sentimiento de derecho adquirido al bienestar».[26] Cuando los dirigentes del Partido Comunista se preocupan por que el bienestar haga perezosa a la población se parecen bastante a Ronald Reagan.

Lo cierto es que el modelo económico chino no es una aplicación simplista del marxismo. El Partido Comunista diría que su sistema está modulado por determinadas características chinas. El tipo de planificación central que forma parte de los Estados marxista-leninistas guarda ciertas resonancias con las predisposiciones seculares del Estado ingenieril chino, en especial en lo relativo a la construcción y al control. Pero China también incorpora elementos capitalistas, lo que explica por qué ha creado un modelo económico mucho más duradero que el de los estados fallidos de corte soviético.

Construcción, control y capitalismo. Estos elementos están a veces en tensión. Después de que las plataformas digitales chinas crecieran y se volvieran poderosas y rentables, el Partido Comunista las frenó (tema que trataré en el sexto capítulo). Encontró muchas cosas que detestaba en los magnates tecnológicos y en sus modelos de negocio. Empresas y particulares realizaban transacciones —compraban bienes, pedían préstamos, contrataban servicios— sin mediación del Estado. Y las plataformas digitales crearon multimillonarios incapaces de resistirse a exhibir su riqueza o su sabiduría, del mismo modo que sus homólogos de Silicon Valley. Posteriormente, el Partido Comunista aplastó muchos de sus negocios antes de que llegaran a ejercer un poder real. El Estado quiere tener el control de las relaciones económicas en toda la sociedad.

La ausencia de una red de seguridad es una de las razones por las que los hogares chinos ahorran una gran parte de sus ingresos para contingencias. Al Estado ingenieril le parece estupendo. La generación de Xi creció en la década de 1950, cuando China imitó un programa estalinista de control intensivo de las empresas, junto con un énfasis en la industrialización y la industria pesada. Durante mucho tiempo, el Partido Comunista ha defendido que, si la gente puede soportar algunas penurias ahora y ahorrar, la vida será mejor en el futuro.

Xi nació en 1953, el año en que Pekín presentó su Primer Plan Quinquenal, que concentró los recursos del Estado para construir setecientos proyectos industriales. Inspirado directamente en las prácticas soviéticas, el plan contó también con una ayuda sustancial de la Unión Soviética, que proporcionó asesoramiento técnico para los proyectos que incluían plantas metalúrgicas, instalaciones químicas y proyectos de defensa. En 2020, Xi anunció el XIV Plan Quinquenal, cuyas ambiciones son más sobrecogedoras que cualquier cosa que intentaran los soviéticos.

El Estado ingenieril no se ha cansado de construir a lo grande. «Llevaremos a cabo investigación científica básica sobre el origen y la evolución del universo; exploraremos el espacio, nos pondremos en la órbita de Marte e inspeccionaremos asteroides», dice el apartado inicial del XIV Plan Quinquenal dedicado a la ciencia y la tecnología. Y a partir de ahí, el texto va aún más lejos: «Construiremos dispositivos láser de rayos X duros de electrones libres, estaciones de observación de rayos cósmicos de gran altitud, dispositivos experimentales integrales de condiciones extremas, e instalaciones experimentales físicas de vanguardia en el subsuelo con una radiación de fondo muy baja». China no solo quiere explorar el espacio profundo, sino también utilizar «rompehielos pesados» para la exploración polar en las profundidades del océano.

«Añadiremos tres mil kilómetros de transporte ferroviario urbano», afirma la sección dedicada al transporte colectivo. El plan especifica los tramos de autopistas y de líneas de alta velocidad que se construirán. Fija grandes objetivos energéticos: «Construiremos centrales hidroeléctricas en el curso bajo del río Yarlung Tsangpo», con una capacidad de generación que triplicará a la de la presa de las Tres Gargantas, y líneas de transmisión de ultraalta tensión para conectar la energía del oeste del país con el este. Incluye un plan para el cambio climático, especialmente en lo relativo a la gestión del agua. Pekín trabajará en el Proyecto de Desvío de Aguas del Sur al Norte, que recuerda al Gran Canal del siglo VII d. C. Se trata de un esfuerzo gigantesco para llevar agua desde los ríos del sur de China hasta las resecas ciudades del norte a través de tres sistemas de canales; el objetivo es que esté acabado en 2050. El plan prevé la creación de grandes embalses por todo el país y la construcción de importantes proyectos de control de inundaciones.

El XIV Plan Quinquenal traza las líneas maestras de la investigación interestelar y otros megaproyectos dirigidos por el Estado. Pero también ofrece algo para el consumidor corriente, aunque ni de lejos tan emocionante. Para fomentar el consumo, el plan sugiere medidas como «ampliar la cobertura del comercio electrónico en las zonas rurales», «mejorar la retirada de productos» y «mejorar las tiendas libres de impuestos dentro de las ciudades». Son buenas medidas, pero insignificantes en comparación con entrar en la órbita de Marte. Es evidente que los planificadores económicos han volcado su entusiasmo en los proyectos científicos, mientras que las medidas de estímulo al consumo parecen un añadido apresurado. Cuando los funcionarios chinos hablan de promover el consumo, a menudo se refieren a construir nuevos centros comerciales o a sustituir equipamiento industrial antiguo. En otras palabras, sigue tratándose más de invertir para construir cosas que de cambiar la propensión al ahorro de los hogares para empujarlos a gastar una mayor parte de sus ingresos.

Con Mao, China practicó una forma más literal de marxismo, con un control estatal total de los medios de producción. Deng Xiaoping apartó al país de aquel experimento fallido. Como le gustaba decir a Deng, el rasgo definitorio del socialismo no era la redistribución económica, sino «concentrar recursos para acometer grandes tareas». Esa definición flexible permitió una mayor adaptabilidad, generó un crecimiento más elevado y sostuvo al régimen hasta el siglo XXI. Si seguimos la definición de Deng, podríamos decir que Estados Unidos también ha practicado bastante el socialismo. El Proyecto Manhattan, el Sistema de Autopistas Interestatales y el Programa Apolo concentraron recursos para acometer grandes tareas. Quizá incluso la Iniciativa de Defensa Estratégica de Reagan podría haberse entendido como socialismo.

Cuando el Estado ingenieril funciona, puede producir ciudades hermosas como Shanghái. Pero Shanghái es un caso excepcional: ha sido la ciudad más rica y más occidentalizada de China durante casi todo un siglo. El Estado ingenieril también genera un montón de problemas. Para verlos, debemos regresar una vez más a Guizhou.

Bajo los puentes nuevos y relucientes no solo acecha la pobreza, sino también una carga masiva de deuda. Las esperanzas están puestas en que la construcción de infraestructuras en Guizhou atraerá actividad económica duradera. Parte de eso ha funcionado: los ingresos en Guizhou han aumentado casi un diez por ciento anual entre 2011 y 2022, impulsados en parte por la urbanización y por el turismo que facilita la nueva infraestructura.

Pero la mayor parte del gasto en infraestructuras de Guizhou resulta dudoso. Sus puentes superaltos no están generando los ingresos necesarios para recuperar ni de lejos sus costes. De los once aeropuertos de Guizhou, cinco tienen menos de una docena de vuelos por semana, y hay otros tres todavía en construcción.[27] Guizhou se ha convertido en una de las provincias más endeudadas de China, y empieza a sentir una auténtica angustia fiscal. De forma muy inusual, la oficina de finanzas de Guiyang pidió ayuda a gritos, y en público, en 2022: decía que había llegado al límite de su capacidad para lidiar con la deuda. Poco después, el gobierno borró su propia confesión.[28]

La deuda de Guizhou ha desatado la ira de Pekín. En China, las únicas personas que dan más miedo que los cobradores son los inspectores políticos del gobierno central. El Partido Comunista ha desplegado equipos de oficiales de la Comisión Central de Inspección Disciplinaria para que examinen lo que ocurre en Guizhou. No están sujetos ni siquiera a los modestos niveles de formalidad legal que se conceden en China. En vez de investigar delitos penales, su misión es encontrar «violaciones de la disciplina del partido», una acusación nebulosa que incluye no solo la corrupción, sino también el mal uso de fondos públicos y la deslealtad política al Partido Comunista. Eso convierte a la comisión en una especie de Inquisición, que impone doctrina y disciplina a sus miembros.

Los inquisidores financieros encontraron algo en Liupanshui, la ciudad más occidental de Guizhou, donde está el puente más alto del mundo. Li Zaiyong, de sesenta y dos años, era un hombre apuesto con grandes planes para su ciudad. En los tres años en que fue secretario del partido en Liupanshui, autorizó veintitrés proyectos turísticos, incluidos elegantes templos chinos y réplicas de plazas europeas, que de lejos se veían bonitas pero de cerca estaban mal pintadas. Li aspiraba a transformar la ciudad en una estación de esquí, aunque Liupanshui tendría suerte si recibiera unos pocos centímetros de nieve al año. Para atraer esquiadores, construyó un teleférico que declaró el más largo de Asia, además de decenas de cañones de nieve artificial para rociar las pistas para principiantes. También cubrió las laderas con plantaciones de rosa castaña, un arbusto de fruto amarillo y abultado, lleno de pinchos, que tiene un aspecto un poco pesadillesco pero que los lugareños adoran por su pulpa dulce. Li creyó que, con suficiente voluntad y suficientes cañones de nieve, podía crear de la nada un centro turístico.

Los habitantes de Liupanshui, en general, recibieron los planes de Li con escepticismo. Aunque su región alberga cascadas, cuevas kársticas y montañas de tonos verdes deslumbrantes, la ciudad en sí tiene poco que admirar. La industria local se basaba en la minería de carbón y hierro. Un hombre se preguntaba ante unas cámaras de televisión: «No hay mucho que ver aquí. ¿Cuánto dinero tendríamos que gastar para crear algo que valga la pena?». Li Zaiyong creía que muchísimo, y movilizó muchísimo dinero para hacer que las cosas sucedieran. Como era el principal cargo de la ciudad, a los bancos locales les resultaba difícil decirle que no.

Pero los esfuerzos de Li no dieron ningún fruto.

Liupanshui nunca llegó a convertirse en un destino atractivo de esquí: los esquiadores chinos se iban al nordeste en invierno, donde hay pendientes y nieve de verdad. Los turistas ricos de Pekín y Shanghái ignoraron las horteras imitaciones europeas de Li para buscar lo auténtico en Venecia y Viena. Las falsas plazas europeas han sido tomadas por cabras negras locales, que pastan por el césped. Incluso las plantas de rosa castaña murieron.

Todo lo que la ciudad obtuvo por sus desvelos fueron veintiún mil millones de dólares de deuda nueva, una cifra enorme para una ciudad pobre en una provincia pobre. La Comisión Central de Inspección Disciplinaria denunció las inversiones de Li como «proyectos vanidosos» y lo metió en sus procedimientos judiciales secretos. En 2024, los medios estatales lo convirtieron en escarmiento público en un documental que se emitió en horario de máxima audiencia.[29] Incluso en prisión conservaba aún su atractivo, si bien la detención le había hecho encanecer, ya fuera por el estrés o por no tener acceso a tinte. Mientras hablaba en una sala con iluminación tenue, Li explicó su temerario gasto: «Era el dinero de la nación, no el mío».

Li malgastó fondos públicos. Pero también estaba jugando a un juego político que a cualquier otro secretario del partido no le costaría reconocer. Una de las prácticas de personal del Partido Comunista (heredada de tiempos imperiales) consiste en rotar a los cargos por distintas jurisdicciones, obligándolos a adquirir amplia experiencia e impidiéndoles formar una base de poder en su provincia de origen. China tiene pocos funcionarios con una trayectoria como la de Joe Biden, que, antes de ser vicepresidente y luego presidente, pasó toda su vida política representando a Delaware. Li Zaiyong había sido funcionario por todo Guizhou antes de aterrizar en Liupanshui. La manera de alcanzar un cargo aún más alto era demostrar un historial de crecimiento.

El sistema político del Estado ingenieril recompensa la construcción. Al fin y al cabo, los dirigentes políticos chinos son seleccionados, no elegidos. Para acceder a puestos superiores, se someten a minuciosas evaluaciones del Departamento de Organización, que, junto con el Departamento de Propaganda y la Comisión Central de Inspección Disciplinaria, es uno de los instrumentos de gobierno más importantes del Partido Comunista. El Departamento de Organización evalúa a los dirigentes locales según unas pocas métricas laxas, como liderazgo, lealtad y resistencia a la corrupción. También valora si un funcionario es capaz de estimular el crecimiento económico a la vez que suprime la disidencia política.

Pero pocos secretarios del partido tienen grandes ideas para hacer crecer la comarca o la provincia en la que han recalado. Además, como los gobiernos locales no tienen impuestos sobre la propiedad, se financian principalmente vendiendo suelo a promotores inmobiliarios. Esta combinación de política de personal y rarezas fiscales produce funcionarios como Li Zaiyong, que invierten en proyectos vistosos y cuyos fracasos solo se vuelven evidentes una vez han dejado el cargo.

El mayor objetivo de Li era impresionar a sus superiores, y en eso tuvo éxito durante un tiempo. El partido lo ascendió a vicegobernador de Guizhou, cargo que ocupó cinco años antes de su caída. Cuando llegó el vencimiento de la deuda, su carrera se acabó. Unos meses después de su confesión televisada, un tribunal provincial condenó a muerte a Li, con suspensión de la pena durante dos años.[30]

Li no fue el único funcionario de Guizhou detenido. Pekín investigó a un número enorme de funcionarios provinciales de rango medio y alto en 2023, y atrapó incluso a un antiguo secretario del partido, el máximo cargo de Guizhou. De nuevo, la situación de Guizhou no era una anomalía dentro de la estrategia de crecimiento china. En todo el país se encuentran proyectos dudosos, porque casi todas las provincias tienen réplicas ridículas de plazas europeas que no atraen turistas, infraestructuras infrautilizadas que no pueden pagar a los tenedores de bonos, y ciudades sobredimensionadas que luchan por alejarse de la extracción de recursos.

Li imaginó planes de desarrollo disparatados. Es lo que habría hecho cualquier funcionario del partido si lo hubieran soltado en una tierra tan poco prometedora como el oeste de Guizhou. Pero fue demasiado osado en un juego político diseñado, en gran medida, por el gobierno central en Pekín.

El Estado ingenieril no es solo el brillo de Shanghái. A veces es Liupanshui, una ciudad que hizo todas las inversiones equivocadas. A veces es Tianjin, que fue un éxito hasta que construyó de más. Cuando vivía en Pekín, oía el nombre de la cercana Tianjin usado como sinónimo de exceso. Un día, me hice un viaje de treinta minutos en tren desde Pekín para verla con mis propios ojos.

Tianjin es relativamente rica. En los años 2000 gastó a lo grande para construir un distrito financiero, vendiéndose como «el Manhattan de China». Era un ejercicio de marca fantasioso, aunque la ciudad sí logró importar una institución real de Manhattan: la escuela Juilliard abrió allí su primer campus internacional en 2020. Tianjin antes estaba entre las ciudades más industrializadas de China, cuando el país tenía como modelo para todas sus ideas económicas a la Unión Soviética. Ahora es emblema del cinturón de óxido chino y no se parece en nada a una auténtica zona financiera. Los rascacielos de Binhai, la zona que Tianjin ha designado como el distrito financiero, están casi vacíos. El día laborable en que la visité, en 2020, en el principal centro comercial de Binhai había unas pocas personas paseando, pero casi ninguno de los edificios comerciales parecía ocupado. El Manhattan de China estaba hueco.

En Tianjin no solo está el tercer rascacielos más alto de China (noventa y siete plantas, con poca ocupación), sino también una de sus bibliotecas más fotogénicas. Los arquitectos neerlandeses responsables de la Biblioteca de Binhai en Tianjin colocaron una esfera blanca y brillante en el centro; a su alrededor, curvas ondulantes forman las estanterías. Solo que muy pocas tenían libros. Cuando me acerqué, vi que las hermosas estanterías solo mostraban impresiones digitales de lomos. A mi alrededor, la gente se hacía selfis en lugar de curiosear o leer.

A veces pienso la biblioteca de Tianjin como una metáfora de la economía china: un magnífico envoltorio, que impresiona desde lejos, pero que no está lleno de todo aquello que en realidad importa. Tianjin podría haberse centrado en llenar sus asombrosos rascacielos con empresas mejores. En su lugar, solo supo levantar más cascarones vacíos, mientras acumulaba una deuda considerable.

Moody's, la agencia de calificación crediticia estadounidense, situó a Tianjin y Guizhou como las dos regiones más endeudadas de China. Ambas presentan una ratio de deuda sobre PIB que se aproxima a la de Italia.[31] En 2018, Tianjin reconoció que el crecimiento de Binhai se había exagerado de forma masiva, lo que la obligó a revisar a la baja su PIB en casi un veinte por ciento.[32] Es raro que el gobierno chino admita un fraude en los datos. Por eso resulta aún más curioso que el gobierno central esté intentando sacar adelante otro gran plan de desarrollo no muy lejos de allí. Cerca de Tianjin se encuentra una de las nuevas iniciativas emblemáticas de Xi Jinping: la Nueva Área de Xiong'an. Xi ha declarado que Xiong'an será la ciudad más moderna del país y un elemento central de la «estrategia de China para el próximo milenio». Es probable que Xiong'an reciba nuevas y cuantiosas inversiones porque Xi le ha prestado tanta atención personal… a menos que esa atención se desvíe, o que Xi ya no esté, en cuyo caso Xiong'an podría convertirse en otro Binhai.

La creación de megaenclaves urbanos, como la zona que conecta Pekín con Tianjin y Xiong'an, forma parte de una apuesta. El gobierno central ha designado una docena de regiones urbanas para recibir inversiones concentradas. Las cinco mayores —Pekín en el norte; Shanghái-Hangzhou-Suzhou en el este; Shenzhen-Hong Kong-Guangzhou en el sur; Wu-han-Changsha en el centro de China; y Chongqing-Chengdu en el oeste— suman, de media, ciento diez millones de personas cada una, casi la población de Japón. El Estado está invirtiendo en ferrocarriles, metros, autobuses y autopistas para tejerlas como polos regionales. Alain Bertaud, antiguo urbanista principal del Banco Mundial, ha explicado a *The Economist* que estas aglomeraciones pueden alcanzar niveles de productividad nunca vistos, comparables a la diferencia entre Inglaterra y el resto del mundo durante la Revolución Industrial.[33]

Forma parte de esa estrategia de crecimiento que implica construir un montón de cosas. Y no es algo que haga solo el gobierno chino. Sus empresas también lo hacen. Estados Unidos y Europa han abierto guerras comerciales basadas tan solo en la sobreproducción de las empresas chinas, presentan protestas diplomáticas e imponen aranceles compensatorios contra el acero, el aluminio, los paneles solares fotovoltaicos y los vehículos eléctricos. El Estado ingenieril está mucho más interesado en promover la construcción y la manufactura que los servicios.

China tiene ahora capacidad para producir alrededor de sesenta millones de coches al año (un tercio eléctricos, dos tercios de combustión), en un mercado global anual de alrededor de noventa millones de automóviles vendidos.[34] El mercado interno chino absorbe menos de la mitad de esa producción. China produce tanto, en parte, porque cada provincia quiere convertirse en un polo de fabricación de automóviles. El país cuenta con más de un centenar de marcas de coches, la mayoría pequeñas, todas luchando por vender. La competencia es tan feroz, en parte, porque las empresas automovilísticas reciben amplio apoyo de los gobiernos locales, que intentan promover a su campeón mediante crédito barato y reembolsos al consumo para las empresas locales. Shanghái, por ejemplo, está llena de coches SAIC-Volkswagen producidos allí, mientras que Shenzhen está dominada por su propio campeón, BYD.

A veces, ni siquiera la quiebra consigue detener la producción de un fabricante. Zhido, productor de pequeños vehículos eléctricos, quebró en 2019; cinco años después se había reestructurado —con ayuda del gobierno— y había reiniciado sus líneas de producción.[35] NIO Inc. estuvo al borde de la quiebra en 2020 hasta que su gobierno local, el de Hefei, la rescató; desde entonces la empresa ha revertido la situación y vuelve a producir vehículos eléctricos. Estados Unidos ofreció rescates extraordinarios a los fabricantes de Detroit tras la crisis financiera. En China, los gobiernos locales ayudan a las empresas cada día. Como resultado, pocas marcas consiguen alcanzar una escala grande de verdad, y China tiene que depender de las exportaciones para absorber todos los vehículos que los consumidores nacionales no están comprando.

El gobierno chino se centra mucho más en conseguir un funcionamiento fluido de la economía por el lado de la oferta, que no en ayudar al consumidor para aumentar la demanda. Esto se vio muy claro en 2020. Mientras los gobiernos occidentales reaccionaron a la pandemia global enviando pagos en efectivo a los hogares —en Estados Unidos, tres rondas por un total de tres mil doscientos dólares—, Pekín ofreció poco apoyo financiero a la población. Solo aprobó aumentos exiguos del seguro de desempleo, que solo una fracción de los millones de trabajadores desempleados pudo llegar a cobrar.[36]

Pekín decidió, en cambio, que la mejor forma de ayudar a los trabajadores era devolverlos al trabajo. En la práctica, eso significó ayudar a las empresas a reanudar la producción en lugar de enviar dinero a los hogares. Lo hizo persiguiendo la estrategia de COVID cero, que implicó medidas drásticas para cerrar el país a los viajeros extranjeros e imponer confinamientos prolongados allí donde se detectaba el virus SARS-CoV-2. Pekín quería, sobre todo, que los fabricantes mantuvieran la actividad. Mientras el resto del mundo tenía dificultades para producir cualquier cosa (desde mascarillas y bastoncillos de algodón, hasta piezas electrónicas para el teletrabajo) y los consumidores extranjeros contaban con dinero de estímulo para gastar, las fábricas chinas estaban en posición de satisfacer la demanda mundial.

Durante un tiempo, el plan funcionó. El superávit comercial chino alcanzó un máximo histórico en 2021 y luego volvió a hacerlo en 2022, acercándose al billón de dólares. Pese a los aranceles que Donald Trump impuso a enormes categorías de productos fabricados en China, Estados Unidos y China vivieron su récord comercial en 2022.[37] Sin embargo, el auge manufacturero de China no pudo compensar las pérdidas creadas por el confinamiento en otros sectores de la economía. Aun así, la actitud de Pekín era que, mientras los fabricantes pudieran seguir sacando mercancía, la economía sería sólida y habría poca necesidad de repartir cheques u ofrecer cualquier otra forma de bienestar.

Y sin duda los fabricantes estaban sacando una enorme cantidad de productos. En el otoño de 2020, recuerdo haber visitado las instalaciones de un fabricante tecnológico a las afueras de Shanghái. Un directivo me invitó a conocer su nueva línea de producción. Era un ciudadano chino que había trabajado sobre todo para empresas estadounidenses y todavía viajaba entre ambos países. Después de la visita, mientras tomábamos té en su despacho, hablamos de por qué Estados Unidos estaba entonces empantanado en dificultades productivas, incapaz de fabricar buena parte del material de protección individual que la gente quería. «Los fabricantes estadounidenses se preguntaban constantemente si fabricar mascarillas y bastoncillos de algodón formaba parte de su "competencia distintiva". La mayoría decidió que no». Dejó la taza y me miró. «Las empresas chinas decidieron que su competencia distintiva es ganar dinero; por eso se ponen a fabricar mascarillas, o cualquier cosa que el mercado necesite».[38]

En 2020 yo podía haber comprado mascarillas con marcas como Foxconn (la mayor empresa de subcontratación de electrónica del mundo), BYD (el mayor fabricante de vehículos eléctricos del mundo) o JD.com (la segunda mayor plataforma de comercio electrónico de China). Las empresas reacondicionaron algunas de sus líneas de producción para entrar en el negocio de las mascarillas y del dinero. Los conglomerados chinos rara vez dudan a la hora de ir a por las líneas de negocio principales de los otros. Huawei, por ejemplo, se expandió desde la fabricación de equipos de infraestructuras de telecomunicaciones para pisar a empresas como Xiaomi, que fabrica teléfonos inteligentes. Y ambas han dado ahora el salto al negocio del automóvil. Este tipo de expansión está impulsado tanto por entornos de mercado ferozmente competitivos como por las subvenciones públicas, que facilitan que las empresas prueben suerte fabricando productos nuevos.

Esto les permite inundar el mercado de productos poco diferenciados, pujar a la baja sin piedad y rezar para que sus competidores se queden sin dinero antes que ellas. China domina ahora la industria solar, pero casi ninguna empresa está satisfecha debido a la sobrecapacidad. Muchas de estas compañías chinas acabarán quebrando de forma inevitable, después de haber arrastrado a sus competidores en todo el mundo a brutales guerras de precios. Esta tendencia ha producido una anomalía frustrante en los mercados bursátiles chinos. Los inversores financieros han observado que no hay ninguna relación entre el rendimiento de la bolsa china y el crecimiento del PIB. Aunque la economía se multiplicó por ocho en términos reales entre 1992 y 2018, el índice compuesto de Shanghái ha sido uno de los grandes índices con peor desempeño. En China, por diversas razones —entre ellas una gobernanza corporativa débil—, las acciones domésticas bailan a su propio compás.[39] Parte de la razón es que, incluso en tecnologías que dominan las empresas chinas, como los paneles solares fotovoltaicos, pocas compañías logran obtener grandes beneficios.

Los inversores financieros, sin embargo, no necesitan nuestra compasión. Hay víctimas mucho mayores del socialismo con características chinas.

El medioambiente es una víctima destacada de toda esta pasión constructiva. Las evaluaciones ambientales de China no son ninguna broma, pero casi siempre están subordinadas al desarrollo económico. Todas esas autopistas están hechas de cantidades enormes de acero y hormigón, que han pulverizado muchos hábitats. Su construcción también requiere cantidades enormes de energía: China quema ahora más carbón que el resto del mundo junto.[40] Aunque en la última década ha mejorado la calidad del aire, esta obsesión con la industria pesada explica por qué aún desciende sobre muchas ciudades un esmog lúgubre y gris.

China no busca proteger el medioambiente. Intenta diseñar soluciones para apartar los problemas. En los últimos cinco años, el país ha sufrido de forma repetida tragedias relacionadas con el clima, y es difícil demostrar que las inversiones que China ha hecho para el control de las inundaciones y los megaproyectos de desvío de agua hayan mejorado la situación. En el verano de 2022, un año después de mi viaje en bicicleta a Chongqing, regresé y me encontré con una sequía histórica en la ciudad. Me dejó atónito ver que uno de sus dos ríos, el Jialing, casi se había secado; incluso el imponente Yangtsé tenía zonas secas muy visibles. La gente intentaba evitar el calor quedándose en casa. Pero muchos no podían encender el aire acondicionado porque los ríos habían perdido tanto caudal que incluso la hidroelectricidad fallaba.

Otros desastres climáticos de China han incluido grandes inundaciones en la provincia de Henan (en las que catorce personas se ahogaron en un vagón de metro, según cifras oficiales), cortes de electricidad en el centro del país durante el invierno de 2022 e inundaciones que desplazaron a más de cien mil personas en Guangdong en 2024. Quizá los megaproyectos hayan aliviado lo que ya eran condiciones desastrosas; quizá no tuvieron impacto alguno. Pero los científicos ambientales suelen cuestionar que este tipo de ingeniería no haya empeorado las cosas. La construcción de una presa puede proporcionar alivio frente a las inundaciones, o puede agravar una sequía al reducir el caudal aguas abajo y aumentar las pérdidas por evaporación.

Cuando el Estado construye grandes presas, inunda ecosistemas y expulsa a los residentes. La presa más grande del mundo es la de las Tres Gargantas, no lejos de Chongqing. Su construcción ha exigido el reasentamiento de hasta un millón y medio de personas. La compensación gubernamental por el reasentamiento suele ser generosa. Pero el Estado tiene poca paciencia con los residentes que bloquean el desarrollo con su sufrimiento (ya sea una nueva autopista o un nuevo centro comercial) y al final se quita de en medio a los que se resisten, por las buenas o por las malas.

Las personas más afectadas son las minorías, que están señaladas, obligadas a soportar la ingeniería social de Pekín. El Estado ha seleccionado, por ejemplo, a los tibetanos, y los fuerza a reubicarse desde lo alto de sus montañas, donde pueden pastorear yaks y caballos, a granjas de menor altitud, en parte para vigilarlos con más facilidad. ¿Qué se supone que debe hacer un pastor de yaks en un bloque de apartamentos? La gente rural que solo conoce la vida agrícola o pastoril a menudo se desorienta cuando el gobierno los reasienta en hileras interminables de rascacielos. Dos investigadores de la Universidad de Colorado han documentado las tácticas coercitivas de China para obligar a los vecinos a abandonar su hogar. Es un proceso que llaman «trabajo de pensamiento», que va desde presentar el reasentamiento como una elección voluntaria y feliz hasta celebrar reuniones intensivas, cara a cara, con quienes se resisten y no quieren marcharse. Los funcionarios mezclan incentivos con amenazas hasta desgastar a los campesinos. Así, el Estado ha logrado tasas de reasentamiento «voluntario» del cien por cien.[41]

La construcción temeraria también ha producido, a menudo, una calidad pésima. Los constructores usaron materiales baratos incluso para levantar escuelas. El terremoto de 2008 que asoló Sichuán también destrozó miles de aulas, y mató a cinco mil niños (según cifras oficiales). Los padres en duelo que intentaron investigar por su cuenta la corrupción oficial acabaron detenidos. Las obras públicas otorgan a los funcionarios un margen enorme de discrecionalidad sobre cómo construir un proyecto, lo que les ofrece muchas oportunidades para aceptar comisiones. Aunque los funcionarios sean íntegros, el promotor puede subcontratar la construcción a un constructor más barato que se quede un margen y vuelva a subcontratar, y así de forma sucesiva, hasta que el encargo llega a alguien dispuesto a recortar al máximo los costes. Los padres llamaron a las escuelas derrumbadas de Sichuán «casas de tofu», por su fragilidad. Construir a lo grande, en otras palabras, no siempre significa construir bien.

Muchos proyectos de construcción representan un despilfarro enorme de acero y de cemento producido al quemar tanto carbón. Hay mejores usos para esos recursos: preocupaciones más enfocadas a los servicios, la salud y la educación, no el escaparate gigantesco de más autopistas.

Aunque los estudiantes ricos de Shanghái obtienen resultados espléndidos en los exámenes internacionales, la educación en las zonas rurales de China sigue siendo a menudo lamentable. La pandemia de COVID reveló que el sistema sanitario del país es débil: faltan médicos y enfermeras, y hay seis veces menos camas de cuidados intensivos per cápita que en Estados Unidos.[42] A un funcionario como Li Zaiyong puede interesarle más construir un hospital reluciente, lleno de equipamiento sofisticado. Se distrae cuando llega el momento de dotarlo de los técnicos formados capaces de hacerlo funcionar, ya que el Partido Comunista recompensa mejor la obra nueva que los resultados sanitarios. El Estado ingenieril se centra sobre todo en el monumentalismo. Aunque hay muchos baños públicos, el suministro de papel higiénico depende del día. Y en ningún lugar de China es aconsejable beber agua del grifo, ni siquiera en Shanghái.

El Estado ingenieril ha atravesado ataques salvajes de construcción durante las últimas cuatro décadas. Eso ha logrado maravillas considerables y un grado nada desdeñable de daño. El futuro sería mejor si China pudiera aprender a construir menos, mientras Estados Unidos aprende a construir más.

He llegado a comprender que China y Estados Unidos son una imagen invertida el uno del otro en muchos aspectos distintos. En China, los hogares ahorran una gran parte de sus ingresos, mientras que en Estados Unidos es muy fácil pedir dinero prestado o gastar a crédito. En términos de política nacional, China está mucho más centrada en el lado de la oferta de la economía: suprime el consumo y favorece a los fabricantes con financiación preferente y todo tipo de apoyos políticos. Estados Unidos, en cambio, se centra en regular la demanda, por ejemplo, imponiendo el control de los alquileres en ciudades caras o enviando cheques a los consumidores durante la pandemia.

Ambos enfoques se están dando de frente con problemas varios. China no se convertirá en la mayor economía del mundo a base de construir más puentes altísimos. Tampoco puede seguir fabricando más del doble de coches de los que vende en casa. Y Estados Unidos empieza a darse cuenta de los problemas de estar demasiado centrado en la demanda. Cuando el gobierno federal ofrece, por ejemplo, ayudas al alquiler en ciudades con escasez de vivienda, los caseros pueden subir el precio, dejando a los inquilinos igual de mal. Cuando aumenta la ayuda financiera para tasas universitarias desbocadas, las universidades pueden quedarse con parte de eso subiendo el precio de las matrículas. Bajo banderas como «agenda de la abundancia», «progresismo por el lado de la oferta» y «estudios sobre el progreso», varios movimientos intentan aflojar las restricciones de oferta en Estados Unidos. Son ideas excelentes que espero que se adopten de manera amplia.

La asociación económica entre Estados Unidos y China mejoró la situación de muchos grupos, pero también exacerbó los problemas inherentes a los sistemas económicos de ambos países. La dependencia excesiva de la fabricación china aceleró el descuido estadounidense por la oferta. Mientras tanto, China no ha sentido la necesidad de reducir su dependencia de las exportaciones porque los consumidores estadounidenses siempre están ahí para comprar sus bienes. A medida que estos países se distancian, tendrán que hacer algo difícil: Estados Unidos deberá recuperar todo el músculo que ha perdido para construir obra pública, y también capacidad manufacturera, y

China tendrá que empoderar a los consumidores y superar su miedo a volver perezosa a la gente.

A ninguno de los dos países le resultará sencillo llevar a cabo estas cosas. Cada vez que la economía china flaquea, el acto reflejo de Pekín es anunciar otro paquete gigantesco de obra pública. Tras un año de crecimiento apagado a finales de 2023, Pekín anunció que gastaría la friolera de un billón de renminbis (o ciento cuarenta mil millones de dólares) para la prevención de inundaciones y la resiliencia frente a desastres naturales.[43] Su instinto sigue siendo construir, como revelan todos sus planes quinquenales. Los ministerios y las empresas estatales siempre están trazando planes para la siguiente extensión ferroviaria, el siguiente puente, el siguiente conjunto de líneas de metro. Como la planificación ya está hecha, una nueva inyección de fondos puede tener un impacto rápido en el crecimiento: el gasto en un puente nuevo deja huella en las estadísticas económicas de inmediato. Da igual que China haya logrado menos crecimiento por cada unidad de inversión nueva desde su gran atracón de infraestructuras de 2008.[44] El Partido Comunista sigue construyendo porque está lleno de ingenieros y también porque los marxistas-leninistas no quieren ceder agencia económica a la gente.

A China le iría mejor si construyera menos y construyera mejor. Pero también deberíamos resistirnos a juzgarla en base a los estándares de Estados Unidos, que, francamente, está escaso de infraestructura pública. Porque quizá hay una cosa peor que un Estado hiperactivo que no puede dejar de moverse... y es un Estado que no puede moverse en absoluto.

Cuando miro a Estados Unidos, me sorprende tanto lo mucho que construyó antes de 1970 como lo poco que construyó después. China gastó el 13,5 por ciento de su PIB en inversiones en infraestructura en 2016, mientras que el gasto medio en los Estados Unidos en las últimas tres décadas se acerca al 3 por ciento.[45] ¿No podrían ambos países acercarse unos pocos puntos porcentuales el uno al otro?

Escribo gran parte de este libro en mi despacho en la Facultad de Derecho de Yale. New Haven está bien conectada con la ciudad de Nueva York por los trenes Metro-North, que son cómodos y fiables, pero algo lentos. Un día me encontré un horario de Metro-North de 1915. Revelaba que el tren exprés desde la Grand Central Terminal de Nueva York a New Haven tardaba lo mismo entonces que en 2025: unas dos horas. La comparación no es del todo justa, porque hoy los trenes hacen más paradas que antes. Pero creo que es razonable que los habitantes de Connecticut exijan un servicio más rápido que el que existía hace un siglo. Todo el noreste de Estados Unidos necesita desesperadamente un servicio ferroviario mejor. En la actualidad, su único tren de alta velocidad (el Acela) perdería esa etiqueta si operara en cualquier lugar de Europa o Asia.

Uno podría pensar que no es el fin del mundo que Estados Unidos construya con cautela y a un coste extravagante: al fin y al cabo, es un país rico. Pero la lentitud de hoy entraña el riesgo de un desastre global. No hay manera de lograr una descarbonización a gran escala sin construir a gran escala, sin la clase de proyectos solares, eólicos y de transmisión eléctrica que China ha llevado a cabo tan bien.

Aunque la Administración Biden comprometió fondos enormes para abordar el cambio climático, el país se mueve con demasiada lentitud a la hora de construir cosas. Un cuento con moraleja: la historia de Cape Wind, el primer intento de Estados Unidos de desarrollar aerogeneradores eólicos marinos. Un promotor trató de construir unas turbinas frente a la costa de Massachusetts para aprovechar los vientos marinos, más suaves y rápidos que los de tierra. Por desgracia, Cape Wind estaba en el estrecho de Nantucket, hogar de algunos de los ciudadanos más ricos y, en su mayoría, liberales de Estados Unidos, como la familia Kennedy, cuyo complejo está en Hyannisport. Esos residentes se unieron, formaron una organización sin ánimo de lucro y reclutaron abogados, entre ellos uno de los profesores de derecho constitucional más conocidos de Harvard, para impugnar el proyecto. Tras dieciséis años de litigios, el promotor tiró la toalla.

Las evaluaciones ambientales siguen retrasando proyectos de energías renovables. En 2024, Estados Unidos tenía 42 megavatios de eólica marina operativa, 932 megavatios en construcción y la asombrosa cifra de 20 978 megavatios en revisión de permisos, la mayoría esperando a que se completaran análisis ambientales.[46] Mientras tanto, China está construyendo para generar la mayor parte de la energía renovable del mundo. En 2023, mientras Estados Unidos añadió seis gigavatios de nuevas instalaciones eólicas,[47] China añadió setenta y seis.[48] Ese año, China construyó dos tercios de las plantas eólicas y solares del mundo, además de cuatro veces más que el resto del grupo G-7 de países ricos juntos.[49]

A la sociedad de abogados se le da muy bien proteger a los ricos. El Estado ingenieril tiene una tolerancia limitada a cuánto tiempo se pueden bloquear las infraestructuras. Es casi inimaginable que un grupo de gente rica pudiera usar medios legales para forzar la cancelación de proyectos de energía limpia en China. Si de verdad va a haber una emergencia climática, entonces el resto del mundo tendrá que moverse tan rápido como el Estado ingenieril.

Los estadounidenses están empezando a recuperar la conciencia de las virtudes de construir. Esta conciencia política ha brotado en la izquierda, que ha tendido a favorecer la inmovilidad física en nombre de la protección ambiental o de la preservación de los barrios. Ezra Klein, del *New York Times,* ha señalado que es más difícil construir en los lugares con mayor inclinación demócrata: la alta velocidad en California, el metro de la Segunda Avenida en Nueva York y la vivienda en prácticamente todas las grandes ciudades.[50] En *Abundance,* Klein y Derek Thompson abogan por desbloquear restricciones y lograr un progresismo por el lado de la oferta.[51]

Aquí es donde el socialismo con características chinas puede brillar. Construir a lo grande a veces puede desbloquear el poder del mercado. La gente de Guizhou quizá no tenga mucho. Pero sí señalan con orgullo los nuevos puentes, al tiempo que usan carreteras nuevas y trenes de alta velocidad para llegar a los mercados y las ciudades. Las infraestructuras que no pueden recuperar sus ingresos quizá enfaden a los tenedores de bonos y a los bancos, pero representan subsidios a beneficios sociales que disfruta la gente corriente.

¿Ha estado China practicando ya el progresismo del lado de la oferta? No, porque no hay nada «progresista» a ojos de la izquierda estadounidense. Los medios de construcción de China implican desalojar a la gente de sus tierras, adoptar un enfoque relativamente laxo hacia la protección ambiental y la seguridad laboral, e interpretar el interés público sin un compromiso sustancial con la propia gente.

La sobreconstrucción de China ha provocado profundos costes sociales, financieros y ambientales. Estados Unidos no debería emularla sin espíritu crítico. Pero la experiencia china sí ofrece lecciones políticas para Estados Unidos. China ha demostrado que las restricciones financieras son menos vinculantes de lo que se dice. Como dijo John Maynard Keynes: «Cualquier cosa que en realidad podamos hacer, podemos permitírnosla». Para un lugar hambriento de infraestructuras como Estados Unidos, la construcción puede generar beneficios a largo plazo gracias a una actividad económica más elevada que, a la postre, supere los costes inmediatos de construir. Y la experiencia de construir a lo grande en zonas desatendidas es un modo de redistribución que hace felices a los vecinos, mientras satisface a los conservadores fiscales, que normalmente desconfían de los pagos del Estado del bienestar.

En vez de preocuparse por los vigilantes de los bonos, el Estado ingenieril se ha centrado en entregar mejoras materiales a la gente. La población rural de Guizhou ha mejorado de manera inconmensurable sus condiciones materiales de vida en las últimas décadas. La mezcla de permitir la libre empresa mientras se construyen grandes infraestructuras es parte de la razón por la que el Partido Comunista ha mantenido el consentimiento de los gobernados.

Los responsables políticos chinos han rechazado quedar atados a algunos de los principios fundamentales de los inversores de Wall Street (reducir la inversión, encoger los activos, producir rentabilidad), todos ellos centrados en la eficiencia. Quizá eso desencadene dificultades financieras en el futuro. Por ahora, sin embargo, construir a lo grande ha mejorado la vida de la gente corriente, no solo la de una reducida élite. Esta falta de énfasis en la eficiencia ha sido clave para otro de sus éxitos: China domina las tecnologías de fabricación avanzada en parte porque tolera beneficios más bajos mientras cultiva una gran fuerza laboral.

Capítulo 3

Poder tecnológico

En 1980, Shenzhen era conocida sobre todo por las ostras. Durante siglos había estado poblada por personas que se ganaban la vida en el mar: pescadores de perlas, salineros y recolectores de ostras. Los aldeanos colocaban jaulas a lo largo de la costa, donde las mareas cambiantes llevaban agua salina, calentada por el sol, a encontrarse con las corrientes frías procedentes de las montañas, lo que producía unos moluscos célebres en toda la región por ser especialmente suculentos. Pero eso pertenece al pasado. Desde hace tres décadas, las aguas de Shenzhen ya no producen ostras: la industrialización arrasó su hábitat.

Shenzhen fue la ciudad con mayor crecimiento de China y, por lo tanto, del mundo. Su población pasó de trescientas mil personas en 1980 a siete millones en el año 2000, y a dieciocho millones en 2020.[1] Para muchos chinos, que son juzgados atentamente en sus regiones de origen, Shenzhen era una tierra de oportunidades donde nadie era originario del lugar. Uno de los lemas de la ciudad, que aún puede verse de forma ocasional en vallas publicitarias, dice: «Eres de Shenzhen desde el momento en que llegas». Es una pulla dirigida a Pekín y Shanghái, ciudades donde las familias antiguas mantienen cierto aire de exclusividad (como ocurre en París o Londres).

En 1980, cuando Deng Xiaoping proclamó Shenzhen como «zona económica especial», la ciudad tenía poco que ofrecer más allá de su ubicación, justo al lado de Hong Kong, entonces bajo dominio británico. Deng apostó a que el éxito

74

de Shenzhen podría derribar las restricciones socialistas sobre la economía china que el resto de la cúpula dudaba en desmantelar. Colmó a la ciudad de políticas favorables y escribió editoriales para atraer allí a personas con ambición.

Quienes respondieron a la llamada fueron los campesinos que nunca habían gozado de grandes oportunidades económicas, así como los habitantes urbanos a los que les frustraba trabajar en empresas estatales rígidas. Estos migrantes se convirtieron en las tropas de choque de la incursión china en el capitalismo. En los años ochenta se lanzaron a fabricar juguetes, ropa y otros bienes de consumo, y ampliaron sus capacidades año tras año. En los años dos mil, Shenzhen ya era un gran centro de producción electrónica. Su fuerza laboral se convertiría en la punta de lanza de la mayor empresa comercial de comienzos del siglo XXI: la campaña para poner un teléfono inteligente en manos de casi toda la humanidad.

Cuando Steve Jobs presentó el iPhone en 2007, Shenzhen era el mejor lugar para producirlo en masa. Ya unos años antes se había escalado allí la fabricación del iPod. Apple decidió que Shenzhen era la ciudad adecuada para fabricar el producto más audaz jamás concebido por Jobs.

El iPhone se ha convertido en uno de los productos de consumo más raros: a la vez omnipresente y deseado como objeto de estatus. Es también el mayor éxito de la relación comercial entre dos países, en la que la inspiración estadounidense y su pericia en *marketing* se unieron a los millones de trabajadores chinos, gestionados por subcontratas como la taiwanesa Foxconn, para producir electrónica de vanguardia. No fue fácil organizar una fuerza laboral capaz de ensamblar miles de componentes en el producto de consumo más complejo que el mundo haya conocido. Dominar esta hazaña impulsó a Apple a convertirse en la primera empresa valorada en un billón de dólares.

China, si acaso, obtuvo algo aún mayor de esta asociación. Mientras la empresa veía dispararse su valoración en bolsa, el país experimentó un aumento de su poder, fruto de la colaboración internacional necesaria para formar, cada año, a cientos de miles de trabajadores chinos en la fabricación de electrónica sofisticada. Después, las empresas chinas aprovecharon esa fuerza laboral para liderar el mundo en otros sectores con epicentro en Shenzhen, como los vehículos eléctricos, los sistemas de baterías y los drones para particulares.

Al hacerlo, China adoptó una visión de la tecnología radicalmente distinta de la de Silicon Valley: la apuesta por tecnologías físicas e industriales, en lugar de tecnologías virtuales como las redes sociales o las plataformas de comercio electrónico. En China, la tecnología no se representa mediante objetos brillantes; más bien se encarna en comunidades de práctica ingenieril como Shenzhen, donde la tecnología reside en la cabeza y en las manos de su fuerza laboral. Este capítulo muestra cómo una ciudad ascendió por la escalera tecnológica, y pasó de fabricar camisas y juguetes en los años ochenta a producir, tres décadas después, la electrónica más sofisticada del mundo.

China, como dije en la introducción, es un país caótico en muchos aspectos, pero en algunos lugares tiene un funcionamiento impecable. Los espacios más ordenados que he visitado allí son las plantas de fabricación que producen para Apple. Cada trabajador está siempre en su sitio. El rango se distingue por el uniforme: un jefe de línea, por ejemplo, puede vestir de verde entre operarios de montaje vestidos de azul. Las mujeres y los hombres con el pelo largo llevan redecillas. A los trabajadores no se les permite cruzar a líneas de montaje que fabrican productos para otras empresas. Al final de la jornada laboral, pasan por quizá media docena de escáneres para asegurarse de que no se llevan ningún producto. A determinadas horas, oleadas de personas salen de los comedores o entran en los dormitorios. Hay autobuses lanzadera que llevan a los trabajadores a restaurantes o salas de karaoke donde, por fin, pueden relajarse sin seguir un régimen impuesto.

Es fácil perderse en las zonas industriales porque muchos edificios son idénticos. El iPhone disparó los complejos fabriles a una escala colosal: el campus de fabricación de Foxconn en el norte de Shenzhen ocupa más de doscientas hectáreas. El recinto alberga fábricas, por supuesto, y dormitorios. También cuenta con supermercados, cafeterías, un parque de bomberos, un hospital, cines, piscinas y restaurantes gestionados por terceros. La fábrica tiene el tamaño de una ciudad. La población alcanza su apogeo a comienzos del otoño, cuando la producción se intensifica para satisfacer la demanda de la temporada navideña. Entonces los dormitorios se llenan, con hasta seis hombres o mujeres hacinados en una sola habitación. Las líneas de montaje funcionan en tres turnos de ocho horas al día; no hay ni un minuto en que las fábricas no estén produciendo iPhones. En los momentos de máxima producción, el campus de Foxconn en Shenzhen emplea a trescientas mil personas, lo que equivale aproximadamente a la población de Pittsburgh o St. Louis. Un informe chino de 2009 estimaba que el campus consumía cada día cuarenta toneladas de arroz, veinte toneladas de cerdo, diez toneladas de harina y quinientos barriles de aceite de cocina.[2]

En 2020, Foxconn empleaba a casi un millón de trabajadores en todo el mundo.[3] Cuando la producción del iPhone alcanzó su pleno rendimiento en Shenzhen hace una década, a veces veías a gente desplazándose por el campus en un carrito de golf. Una de esas personas podía ser Terry Gou, fundador de Foxconn (también conocida como Hon Hai Precision Industry). Gou podía empezar la mañana nadando unos largos en la piscina de la empresa y luego recorrer las instalaciones en su propio carrito de golf (equipado con un timbre de bicicleta) hasta bien entrada la noche, supervisando la producción.[4] En su Taiwán natal es una figura legendaria por su dedicación al trabajo. Gou cortejó de forma agresiva a empresas estadounidenses como Dell y Apple para obtener contratos de fabricación, y se ganó su confianza al guardar bien los secretos técnicos y entregar los productos a tiempo, garantizando alta calidad y volúmenes masivos.

Terry Gou también tiene un lado extravagante. En 2019 afirmó que la diosa budista del mar se le apareció en sueños para decirle que debía presentarse a la presidencia de Taiwán.

En las primarias de su partido celebradas ese mismo año, quedó en segundo lugar.

Gou creó la Universidad Foxconn, que tiene acreditación oficial, dentro del campus de Shenzhen, con veinticinco especialidades, la mayoría relacionadas con la ingeniería.[5] Se rodeó de lugartenientes que trabajaban casi con la misma intensidad que él, y llevaba a los ejecutivos de Foxconn a las fábricas seis días a la semana y después a sesiones de estudio los domingos. En años anteriores estudiaban principios de ingeniería. Un antiguo empleado me contó que en los últimos tiempos la formación política había adquirido mayor protagonismo, lo que significaba estudiar las palabras del máximo dirigente de China. El plan de estudios pasó del «pensamiento Steve Jobs», cuando Shenzhen era más libre hace una década, al «pensamiento Xi Jinping» en el presente más disciplinado.

En el mejor de los casos, el ensamblaje de productos electrónicos es abrumadoramente repetitivo. Los directivos valoran a los trabajadores que tengan los dedos más finos, y suelen preferir a las mujeres, a las que se supone más ágiles. Cuando pregunté a algunos supervisores de fábrica por qué los iPhones no se fabrican en Estados Unidos, siempre mencionaban los dedos. «Mira esas manos carnosas de los estadounidenses», me decían los directivos taiwaneses, «¿cómo van a montar algo tan delicado como un iPhone?».

Es difícil decir qué resultaba más repetitivo: estudiar los discursos de Xi o ensamblar productos electrónicos. Ambas actividades te dejan la mente embotada, pero el trabajo de ensamblaje causaba un sufrimiento mayor. Sabríamos mucho menos sobre Foxconn si más de una decena de trabajadores en Shenzhen no hubieran intentado suicidarse saltando desde los dormitorios de la fábrica en 2010. Esta tragedia sumió a Foxconn y a Apple en una crisis. El esquivo Gou invitó a algunos periodistas occidentales a recorrer partes del campus, que posteriormente fue rodeado por tres millones de metros cuadrados de redes de malla instaladas alrededor de los dormitorios para impedir nuevas muertes.[6]

A medida que las ventas del iPhone empezaron a dispararse, Foxconn sufrió una necesidad constante de mano de obra. Pronto superó la capacidad de Shenzhen. En lugar de esperar a que los trabajadores migrantes se desplazaran a la ciudad, Gou decidió trasladar Foxconn a donde estaban las mayores reservas de trabajadores. Surgieron fábricas en las regiones más pobladas de China: Sichuan y Chongqing, en el suroeste; las provincias orientales en torno a Shanghái; y la provincia septentrional de Henan. Estas regiones siguen siendo importantes centros de producción para Apple; el mayor es el de Zhengzhou, la capital de Henan. En temporada alta, Zhengzhou tiene capacidad para emplear a unas trescientas cincuenta mil personas.

Los funcionarios chinos se atropellaban unos a otros para acoger una planta de Foxconn. Se relamían ante el número de empleos y la cantidad de ingresos fiscales que la empresa podía generar en su jurisdicción, lo que podía catapultarlos a cargos superiores. Los dirigentes locales prometían satisfacer las extraordinarias demandas laborales de Foxconn. En Chengdu, burócratas de bajo nivel tenían que cumplir cuotas de reclutamiento de trabajadores para las fábricas; quienes fracasaban podían recibir la orden de trabajar ellos mismos en las líneas de montaje. Una funcionaria de Chengdu que no alcanzó su cuota recibió no solo esa asignación, sino también crueles burlas de colegas más exitosos: «No te tires de ningún edificio mientras estés allí», le dijo alguien.[7]

Los funcionarios de Henan fueron aún más lejos en la movilización de trabajadores hacia las fábricas. En 2016, las autoridades de la ciudad «tomaron prestados» trabajadores de empresas estatales del carbón para cubrir el pico de producción del iPhone.[8] En 2017, el *Financial Times* informó de que hasta tres mil estudiantes de secundaria habían tenido que trabajar en líneas de montaje (algunos con jornadas de once horas) y que, si se negaban, sus centros educativos les retenían el diploma de graduación. Se les denominaba «becarios» de forma eufemística, ya que ensamblaban iPhones para adquirir «experiencia profesional».[9] En 2022, cuando los controles por la COVID desorganizaron las cadenas de suministro, se reclutó incluso a personal retirado del Ejército Popular de Liberación para trabajar en las líneas de producción.[10] En las plantas de Foxconn en Henan se produjeron algunas de las protestas más espectaculares contra la política de COVID cero, cuando algunos jóvenes lanzaron ladrillos contra las filas cerradas de antidisturbios.

Helen Wang (no somos parientes) había sido directiva de Foxconn y trabajaba en California a comienzos de los años dos mil, cuando Apple la fichó como responsable de compras. Con el tiempo acabó encargada del aprovisionamiento de componentes para el primer iPhone. En una entrevista, Helen me contó que su primer pensamiento al recibir un encargo solía ser: «Tengo que construir una ciudad».[11] Una construcción a esta escala era algo que Apple, Foxconn y los funcionarios del Gobierno debían hacer de manera conjunta. Helen me contó que Shenzhen llevó a cabo operaciones de explanación en las montañas para hacer el terreno apto para la producción. Otro antiguo ingeniero de Apple me dijo que un campo cubierto de hierba se había transformado, cuatro meses después, en su siguiente visita desde Cupertino, en una fábrica de seis plantas lista para empezar a instalar equipos. Los funcionarios locales de Shenzhen, Sichuan y Henan no solo colaboraron para encontrar mano de obra. También ofrecieron suelo barato, concedieron enormes devoluciones fiscales y construyeron carreteras, viviendas y fábricas. El Gobierno central también aportó creando «zonas francas», lo que facilitaba el despacho de aduanas. El Estado trabajó estrechamente con las empresas para introducir trabajadores y componentes en las fábricas y sacar productos terminados.

Deng Xiaoping, con la ayuda de otros dirigentes reformistas, convirtió Shenzhen en un semillero del capitalismo. ¿Qué necesita el capitalismo? Un mercado de valores, y Shenzhen lo estableció en 1990. ¿Qué más? Fábricas humeantes con condiciones laborales lamentables. De eso había de sobra. Walmart invirtió a fondo en esa región para abastecerse de mercancías: calcetines, juguetes, iluminación y casi cualquier otra cosa que los consumidores demandaran en las grandes superficies. En 2002, Walmart trasladó su centro global de compras de Hong Kong, un centro financiero, a Shenzhen, que quedaba más cerca de las fábricas. Para entonces, las fábricas de Shenzhen ya habían empezado a producir bienes más sofisticados que los calcetines. Se habían vuelto competentes en el desarrollo de todo tipo de componentes electrónicos: baterías pequeñas, conectores de cable y pantallas.

El crecimiento explosivo tuvo sus costes: las ostras, por ejemplo, que ya no podían vivir en los entornos marinos que las fábricas habían estropeado. Walmart, Foxconn y muchas otras multinacionales han sido acusadas de aplicar estándares laborales horribles. Shenzhen levantó edificios nuevos con demasiada prisa. El Gobierno andaba angustiado por edificios que tenían «cinco carencias», es decir, no tenían ni diseño, ni planos, ni permisos, ni obra supervisada, ni registro oficial. El resultado, según informó el *Shenzhen Commercial Daily*, fue que uno de cada ocho edificios rurales terminados en 1983 presentaba problemas estructurales graves, que a veces acababan en derrumbe.[12]

Cuando vivía en Hong Kong, viajaba frecuentemente a Shenzhen. Se podía llegar en *ferry*, que ofrecía unas bonitas vistas, o, de forma más cómoda, en la línea de metro que conecta ambas ciudades. Hoy, Shenzhen es uno de los mejores lugares para vivir en China, repleto de rascacielos y centros comerciales y lleno de árboles grandes. Pero la nueva construcción no ha borrado el pasado de la ciudad. Entretejidas entre grandes avenidas, hay pequeñas bolsas de vida y bullicio, estructuras de aldeas semifosilizadas que aportan más vitalidad a la ciudad que los rascacielos de cristal. Después de las reuniones de trabajo, yo solía adentrarme en los callejones para encontrar estas aldeas urbanas, que durante el día tienen pequeños talleres textiles en funcionamiento y por la noche, modestos locales que sirven planchas de marisco, con neveras llenas de cerveza.

El centro de Shenzhen es el complejo de centros comerciales de Huaqiangbei. Es un bazar gigantesco repartido en varios edificios, con puestos repletos no de especias o sedas, sino de electrónica al por mayor. Cada escaparate suele consistir en un cartel luminoso colgado sobre unas cubetas de plástico transparente en las que se pueden coger a brazadas cables, semiconductores especializados, adaptadores, condensadores y cualquier pieza electrónica imaginable. Zumban con el ruido de la actividad. El estrépito sube desde el hervidero de gente que negocia pedidos al por mayor, rematado por el chirrido que produce la cinta de embalar que cierra una caja y sella el trato.

En mi primera visita a Huaqiangbei, mientras recorría los cientos de puestos del complejo, vi una funda de teléfono con una ballena impresa que me llamó la atención. Pensé que sería divertido ir por ahí con un recuerdo de *Moby Dick*. Cuando fui a pagar, el dueño se quedó un poco desconcertado de que yo quisiera solo una. «Normalmente, los pedidos son de cientos». Tardó un momento en cambiar el sistema de su ordenador para adaptarlo a mi modesta compra.

Shenzhen y las ciudades de alrededor (Guangzhou, Dongguan, Zhuhai y media docena más) suman en conjunto una población equivalente a la de Alemania. La zona tiene sus encantos. Hong Kong es impresionante, con su mezcla de montañas y rascacielos, mientras que Guangzhou tiene templos maravillosos y grandes casas de campo. Sin embargo, es razonable considerar esta región como un complejo industrial gigantesco, sobre todo para fabricar productos electrónicos. Basta con salir en coche del centro de Shenzhen para darse cuenta. A lo largo de las carreteras polvorientas uno se encuentra solo con fábricas, almacenes y talleres de utillaje, que rara vez son hermosos y en su mayoría resultan grises.

Es del todo apropiado llamar a Shenzhen el «Silicon Valley del *hardware*». Igual que en el tramo de Palo Alto a San José, Shenzhen está llena de anodinos parques de oficinas al lado de autopistas, en un entorno natural hermoso. Mis amigos me decían que Shenzhen, como Silicon Valley, es un gran lugar para fundar una *start-up*. Un grupo de personas discute una idea durante la cena, se reparte las tareas y se pone a trabajar a la mañana siguiente. En cambio, en Pekín, la cena incluirá interminables rondas de chupitos, fanfarronadas temerarias sobre contactos en las altas esferas y un seguimiento incierto después.

La cosa no iba simplemente de que Apple soñara ideas nuevas para que sus fabricantes las ejecutaran. Más bien se trataba de un proceso colaborativo entre Cupertino y Shenzhen. «[Los productos de Apple] no se diseñan y se envían allí. Eso da a entender que no hay interacción», dijo una vez el director ejecutivo de Apple, Tim Cook, a un entrevistador.[13] La idea de tener algo diseñado en California y fabricado en otro lugar «requiere una especie de colaboración codo con codo». En 2019, United Airlines hizo un cartel promocional sobre lo valiosa que era Apple para su negocio. United escribió que Apple reservaba cincuenta asientos de clase ejecutiva diarios de San Francisco a Shanghái, de los cuales la aerolínea obtenía treinta y cinco millones de dólares al año.[14] Eso son más de dieciocho mil asientos de clase ejecutiva en una sola ruta.

Las varias decenas de centros de fabricación que Apple tiene repartidos por el mundo están concebidas para producir exactamente con el mismo nivel de calidad. Por eso Apple seguía enviando responsables de ingeniería desde Cupertino, y les exigía que se instalaran en las fábricas de Shenzhen, o en otros puntos de Asia, si hiciera falta y no regresaran hasta haber resuelto los problemas de producción. Esta exigencia de consistencia ayuda a explicar por qué las fábricas que visité parecían tan jerarquizadas: porque lo estaban; las líneas de producción seguían una jerarquía tan clara y estaban planificadas con rigidez militar. No es de extrañar que el nombre formal de Foxconn sea Hon Hai *Precision* Industry.

Un reportaje de 2012 en el *New York Times* explicó que Apple necesitó contratar a casi nueve mil ingenieros industriales durante los primeros tiempos de la producción del iPhone.[15] Los analistas de la empresa calculaban que el reclutamiento de tantos ingenieros en Estados Unidos llevaría unos nueve meses. En China, pudieron hacerlo en dos semanas. Una gran reserva de buena mano de obra aumenta la velocidad de los ciclos de diseño y producción. Como dijo una vez Tim Cook: «En Estados Unidos, si convocara una reunión de ingenieros de utillaje, no estoy seguro de que pudiera llenar la sala. En China, podría llenar varios campos de fútbol».[16]

Apple y Foxconn encontraron en Shenzhen otra ventaja, además de trabajadores capaces de cumplir sus estándares de calidad: la densa red de fábricas también ofrecía flexibilidad en las técnicas de fabricación. Uno de los antiguos ingenieros de Apple con los que hablé señaló que cualquier cambio de características crea demandas impredecibles. Cada año, Apple puede tener una idea bastante clara de la procedencia de la mayoría de los componentes más valiosos de iPhone (el módulo de cámara, por ejemplo, viene de Sony; la memoria, de Samsung; sus chips, los fabrica TSMC), pero siempre hay sorpresas más abajo en la cadena de suministro. «Un nuevo diseño siempre requiere componentes o procesos nuevos, como cierto tipo de adhesivo o un tornillo de un tamaño ligeramente distinto».[17]

Por tanto, en Apple tenían que apresurarse constantemente; necesitaban encontrar proveedores con poca antelación. El ingeniero continuó explicándome que «casi siempre encontrábamos a alguien en Shenzhen, a base de preguntarle a un tipo que conoce a un tipo cuyo primo quizá sea capaz de producir unos cientos de miles de tornillos nuevos».

Casi todo lo que se necesita para fabricar cualquier producto electrónico puede encontrarse a un corto trayecto en coche alrededor de Shenzhen. La proximidad crea eficiencia. Cuando llega el momento de hacer cosas, una empresa puede condensar una coordinación que normalmente lleva semanas en una reunión de trabajo de solo unas horas, y todos los proveedores pertinentes se juntan en una misma sala a la mañana siguiente. Y si algo sale mal, hay muchas fábricas vecinas y amistosas a las que llamar. «Si tienes una fuga de gas», me dijo un emprendedor estadounidense de *hardware*, «puedes ir a pedirle el equipo al vecino y devolvérselo al día siguiente».[18]

Los trabajadores de Shenzhen, por otra parte, adquirieron habilidades para el ensamblaje de teléfonos inteligentes, reproductores de música y otros aparatos electrónicos. Así que no pasó mucho tiempo hasta que a algunos ingenieros y jefes de línea se les ocurrió rebuscar en las cubetas de plástico de Huaqiangbei, preguntándose qué podrían hacer con todas esas piezas. Estos componentes eran mejores cada año, como parte de una tendencia que Chris Anderson, exdirector de *Wired*, llamó «los dividendos de paz de las guerras de los teléfonos inteligentes».[19] Los cientos de miles de millones de dólares invertidos en la cadena de suministro de los teléfonos inteligentes han hecho que el coste de los componentes electrónicos —cámaras, sensores, baterías, módems— se desplome. Por eso podemos llevar en el bolsillo sensores que antes solo estaban al alcance de unas pocas potencias militares.

Muchas empresas han crecido alrededor de ese dividendo de paz. De hecho, Shenzhen es la sede de muchas de las empresas más dinámicas de China, entre ellas BYD, el mayor fabricante de vehículos eléctricos del mundo; DJI, el mayor fabricante de drones de consumo del mundo; y Huawei, la atribulada compañía que hoy es el mayor fabricante de equipos de telecomunicaciones del mundo. Los vehículos eléctricos están llenos de componentes electrónicos tomados de los teléfonos inteligentes; el dron de consumo es, por así decirlo, un reensamblaje de una cámara y un sensor de *smartphone* con hélices para volar.

La magia de Shenzhen es la combinación de los ingenieros de *hardware* más creativos del mundo inmersos en un mar de componentes que mejoran cada año, en medio de una fuerza laboral de millones que sabe cómo ensamblar la electrónica. Este ecosistema vibrante ha producido muchos otros productos que siguen la estela de Apple, como *hoverboards,* patinetes eléctricos, visores de realidad virtual: ¿quién sabe qué será lo próximo?

Cuando me trasladé a China en 2017 para cubrir el sector tecnológico, todavía era habitual oír a estadounidenses decir que las empresas chinas no eran innovadoras. Afirmaban que

China solo podía copiar y robar. Algunas personas en Silicon Valley sabían que en Shenzhen se estaban gestando cosas interesantes, pero la actitud predominante entre los estadounidenses era condescendiente.

Cuando dejé China en 2023, el tono de las opiniones estadounidenses había cambiado. Cada vez menos gente decía que China no había desarrollado tecnologías importantes, puesto que se había convertido en un gran productor de vehículos eléctricos y tecnologías limpias. La alarma había sustituido al desdén, ya que la capacidad de vigilancia de China amenazaba la seguridad nacional de Estados Unidos mientras su capacidad manufacturera amenazaba con engullir a las empresas occidentales.

Sin embargo, todavía no apreciamos las comunidades de práctica ingenieril como Shenzhen, y en ningún momento ha existido una curiosidad real por entender cómo se han desarrollado las capacidades tecnológicas de China.

El iPhone encarna el sólido ascenso tecnológico de China. En 2007, Apple importaba casi todos los componentes de mayor valor —el vidrio de la pantalla desde Estados Unidos, los módulos de cámara desde Japón, los chips de memoria desde Corea del Sur, los sensores desde Alemania— a Shenzhen. La contribución de China consistía sobre todo en la mano de obra implicada en el ensamblaje de productos extranjeros, lo que representaba alrededor del cuatro por ciento del valor final del teléfono. Un antiguo directivo de Apple me dijo que la cadena de suministro del iPhone se volvió más «roja» a lo largo de la década siguiente, a medida que incorporaba componentes producidos en el país, es decir, que incorporaba más componentes chinos.[20] Para cuando se lanzó el iPhone X en 2017, las empresas chinas fabricaban ya piezas acústicas, módulos de carga y paquetes de baterías. Según un análisis de las piezas, la contribución de China al iPhone X alcanzó en torno al veinticinco por ciento del valor final del teléfono.[21]

En la década de 2010, China produjo las plataformas digitales que los estadounidenses han asociado con la innovación tecnológica real. En 2017, gigantes tecnológicos como Alibaba y Tencent se enfrentaban entre sí, así como a empresas emergentes como ByteDance, por los mil millones de usuarios chinos de Internet. Las empresas de comercio electrónico como Alibaba organizaban promociones de ventas absurdamente divertidas, como contratar a Taylor Swift para actuar en un concierto en Shanghái y provocar una fiebre compradora. Los consumidores chinos fueron de los más entusiastas del mundo a la hora de adoptar el comercio electrónico; dado que viven en ciudades densas con redes logísticas excelentes, las plataformas podían entregar productos con rapidez. La gente en China se saltó varios pasos de los hábitos occidentales, al prescindir de los ordenadores personales, el correo electrónico y las tarjetas de crédito para gestionar la vida desde el teléfono inteligente, en especial a través de la aplicación WeChat de Tencent. En 2017, TikTok estaba ganando tracción, y parecía que China podía ser fuerte en inteligencia artificial e incluso quizá dominar Bitcoin, dado que la mayoría de los servidores de minería del mundo estaban allí.

Unos años después, sin embargo, Xi Jinping cortó las alas de la mayoría de las plataformas digitales chinas. Xi prefiere una industria pesada y una producción dura. Desdeñó la economía virtual, denunciando el «crecimiento bárbaro» del capital y centrándose en su lugar en los desarrollos industriales. Eso significaba volcarlo todo en la manufactura. Aunque sigue varios pasos por detrás de Occidente en algunas industrias críticas, especialmente los semiconductores y la aviación, la manufactura china ha alcanzado a la de la mayoría de los demás sectores.

China lidera al resto del mundo en el despliegue de líneas de transmisión de ultraalta tensión, ferrocarril de alta velocidad y redes 5G. Los fabricantes chinos producen máquinas herramienta (máquinas de fundición a presión, prensas de acero, brazos robóticos) que se aproximan a los niveles de calidad de Alemania y Japón. Han desplazado a la mayoría de los demás competidores asiáticos en la electrónica de consumo.

Fabricantes de teléfonos como Huawei, Oppo, Vivo y Xiaomi aprovecharon el ecosistema de trabajadores y componentes que Apple ayudó a construir. En 2025, los mayores fabricantes de teléfonos del mundo son Apple, Samsung y media docena de empresas chinas que concentran sus ventas en los países en desarrollo.

Las marcas chinas no solo fabrican muchos de los bienes de consumo de gama más baja (la chatarra que se encuentra en las aplicaciones de comercio electrónico), sino también productos de cocina y equipos de audio de gama más alta. Sin embargo, es justo decir que, aunque los trabajadores chinos fabrican tantísimas cosas, pocas empresas chinas han establecido marcas globales que de verdad sean llamativas. Están muy por detrás de las empresas japonesas, que, a partir de la década de 1970, crearon categorías de productos completamente nuevas —como reproductores de música, consolas de videojuegos, cámaras digitales y calculadoras de bolsillo— que entusiasmaron a los consumidores de todo el mundo. En su mayor parte, los éxitos chinos consisten en fabricar buenos productos a bajo precio. Pero creo que es probable que también se les conozca por sus excelentes productos. La construcción de marca suele seguir a la buena calidad, y espero que las marcas chinas sean bien valoradas en la próxima década, del mismo modo que la percepción de «made in Japan» pasó de ser sinónimo de mala calidad a ser valiosa.

El éxito industrial más claro de China se da en la tecnología limpia, es decir, en los equipos de energía renovable que necesitamos para descarbonizar nuestras economías. En 2025, las empresas chinas dominan todos los segmentos de la cadena de valor solar, fabrican la mayoría de las baterías de gran capacidad que alimentan los vehículos eléctricos y ocupan una posición dominante en turbinas eólicas y electrolizadores de hidrógeno.

No obstante, China sigue siendo débil en varias industrias. A la cúpula dirigente le molesta que el país siga dependiendo de Occidente para los motores de aviación y las tecnologías de semiconductores. Y aunque la industria biotecnológica china es grande, los productos farmacéuticos chinos aún no han producido un nuevo medicamento o vacuna que de verdad sea revolucionario. Sus universidades tampoco suelen generar artículos pioneros que obliguen a los científicos estadounidenses a dejar de escucharse solo a sí mismos.

El hecho es que China sigue siendo bastante débil en la producción de avances científicos. Mientras que los investigadores japoneses han obtenido más de veinte premios Nobel en ciencias, solo uno ha sido concedido jamás a un ciudadano chino. Ahora el Estado está dedicando una enorme cantidad de recursos a la mejora de la ciencia. En 2019, China se convirtió en el primer país en aterrizar un vehículo explorador en la cara oculta de la Luna; un año después, unos científicos chinos lograron comunicaciones cifradas cuánticamente por satélite. Su agencia espacial ha anunciado que llevará personas a la Luna en 2030. Eso dista mucho de superar a Estados Unidos en el espacio, que alunizó astronautas seis décadas antes del objetivo chino. Pero es una señal de que China está invirtiendo de forma constante en capacidades científicas que le otorgan el poder de lograr tareas cada vez más difíciles.

Es otra de las maneras en que Estados Unidos y China son inversos. Los estadounidenses esperan innovaciones de científicos que trabajan en la NASA, en universidades o en laboratorios de investigación. Celebran el momento de la invención: la primera célula solar, el primer ordenador personal, el primer vuelo. En China, en cambio, la innovación tecnológica surge del suelo de la fábrica, cuando un nuevo producto se escala hasta la producción en masa. Los cimientos del ascenso de China en el campo de la tecnología avanzada se fundamentan en su espectacular capacidad de aprender con la práctica, y en no dejar de mejorar las cosas.

Cuando hablamos de tecnología, en realidad deberíamos distinguir entre tres cosas. En primer lugar, tecnología significa herramientas. Son las ollas, las sartenes, los cuchillos y los hornos que hacen falta para preparar una comida. En segundo lugar, tecnología significa instrucciones explícitas. Son las recetas, los planos, las patentes que pueden ponerse por escrito. En tercer lugar, y lo más importante, tecnología es conocimiento de procesos. Es decir, la destreza adquirida a partir de la experiencia práctica, que no se transmite con facilidad. Pídele a alguien que nunca haya cocinado que haga algo tan simple como freír un huevo. Aunque le proporciones una cocina preciosa y la receta más detallada posible, es posible que lo deje todo hecho un desastre.

También podemos ver cómo China valora el conocimiento de procesos a través de su enfoque arquitectónico, pues revela algo más profundo e interesante sobre su cultura. Uno de mis libros favoritos sobre China es una colección de ensayos titulada *The Hall of Uselessness,* del sinólogo belga Simon Leys. En uno de esos ensayos, «The Chinese Attitude Towards the Past», Leys analiza las técnicas de edificación de los constructores chinos.[22]

Los constructores de todo el mundo han intentado vencer la erosión del tiempo. En el Antiguo Egipto y la Europa medieval levantaron grandes pirámides y catedrales de piedra. El enfoque chino, como señala Leys, consiste en que los constructores cedan al empuje del tiempo utilizando materiales eminentemente perecederos y, de hecho, frágiles. Al construir templos de madera, con paneles a veces hechos de papel, la arquitectura china incorpora una obsolescencia inherente que exige renovaciones frecuentes. «La eternidad no debe habitar en el edificio», escribe Leys, «debe habitar en el constructor». En lugar de emplear los materiales más resistentes, los constructores chinos han abrazado la transitoriedad para garantizar la eternidad de los diseños espirituales.

El ejemplo más brillante de esta idea no se encuentra en China, sino en el Gran Santuario de Ise (o Ise Jingu), en Japón. Ise Jingu es el santuario más sagrado del sintoísmo japonés. Desde que fue erigido por primera vez en el año 690, los artesanos han reconstruido por completo sus templos sagrados —hechos de madera y paja— cada veinte años. En 2033, el santuario será reconstruido por sexagésima tercera vez. Las salas de Ise Jingu están hechas de vigas de madera de ciprés japonés, que sostienen un suelo elevado, y están cubiertas por un tejado de miscanto seco. Estas estructuras emplean técnicas del siglo VII: no hay clavos, solo clavijas y ensamblajes de madera. Aunque la carpintería de ensamblaje es un oficio complejo, el resto de la construcción es sencilla.[23]

¿Por qué persiste este ritual? En parte, tiene que ver con la fe sintoísta en la renovación espiritual. Y también con el hecho de que estos santuarios se construyan de la misma forma que los graneros de arroz, dedicados como están al dios de la agricultura, y se pudran pasadas pocas décadas. Pero también se trata de preservar el conocimiento artesanal. Veinte años es lo que dura una generación, y los custodios de Ise Jingu han tratado de garantizar que el saber sobre cómo reconstruir este santuario pueda transmitirse a la descendencia. Junko Edahiro, una escritora medioambiental que presenció la sexagésima segunda reconstrucción, oyó a un anciano que le decía a los más jóvenes: «La próxima vez os dejaré estas tareas a vosotros».[24]

Edahiro escribió un artículo titulado «Rebuilding Every 20 Years Renders Sanctuaries Eternal» ('Reconstruir cada 20 años hace que los santuarios sean eternos'). El personal del santuario elabora planes que miden en siglos: cuentan con una hoja de ruta de doscientos años para plantar suficientes cipreses y hacer que el bosque cercano al santuario sea autosuficiente, en lugar de tener que transportar madera desde otras partes de Japón. Su planificación y el ritual me hacen preguntarme cuánto conocimiento ha perdido Occidente. Cuando en 2019 se declaró un incendio en el tejado de la catedral de Notre Dame en París, quedó al descubierto lo poco que queda en el mundo del conocimiento sobre la construcción de catedrales. Apostaría a que Ise Jingu, hecho de madera, perdurará más que las grandes pirámides y las catedrales de piedra.

Abrazar el conocimiento de los procesos significa mirar a las personas para que encarnen ellas la eternidad, en lugar de a los grandes monumentos. Además, en vez de considerar la «tecnología» como una serie de objetos llamativos, deberíamos verla como una práctica viva. Eso se acerca más al enfoque de China y Japón.

Si los artesanos japoneses han dedicado tanto esfuerzo a conservar el conocimiento de un templo del siglo VII, ¿cómo se supone que vamos a mantener nosotros la vasta civilización tecnológica que hemos construido? Esta estructura de madera es mucho más sencilla que una planta automovilística moderna, por no hablar de una fábrica de semiconductores. ¿Podemos los contemporáneos preservar el conocimiento manufacturero sin llevar a cabo los rituales de los artesanos?

La respuesta, quizá, es que no. No son solo Boeing e Intel quienes han perdido el rumbo. En el tiempo que llevó realizar una reconstrucción de Ise Jingu, el Gobierno de Estados Unidos olvidó algo tan importante como el material de un arma nuclear. La Administración Nacional de Seguridad Nuclear descubrió que ya no podía producir FOGBANK, un material clasificado que se utiliza para detonar la bomba, porque no se había conservado un buen registro del proceso de producción y todas las personas que sabían cómo fabricarlo ya se habían jubilado. La NNSA gastó después sesenta y nueve millones de dólares para volver a aprender a producir ese material.[25]

Es raro que los planos codifiquen suficiente información como para ser valiosos desde el punto de vista tecnológico. Imaginemos que pudiéramos enviar al pasado las instrucciones más detalladas para construir cualquier tecnología moderna. El ingeniero jefe de carros de un césar romano no lograría nada con el manual más detallado y los planos mejor dibujados para producir un Ford Modelo T. Tampoco muchos de nosotros en el presente podríamos hacer gran cosa si tuviéramos en las manos las instrucciones para fabricar un procesador de Intel o una máquina de litografía de ASML. No me enorgullece haber tenido dificultades para montar un reposapiés de IKEA.

El conocimiento de procesos es difícil de medir porque existe en gran medida en la cabeza de las personas y en el patrón de sus relaciones con otros trabajadores técnicos. Solemos referirnos a estos intangibles como *know-how*, memoria institucional o conocimiento tácito. Están encarnados por una fuerza laboral experimentada como la de Shenzhen. Allí, alguien puede trabajar un año en una planta de iPhones, al siguiente para un fabricante rival de teléfonos y, después, fundar una empresa de drones. Si un ingeniero de Shenzhen tiene una idea para un nuevo producto, es fácil recurrir a una red entusiasta de inversores. Shenzhen es una comunidad de práctica ingenieril en la que propietarios de fábricas, ingenieros cualificados, emprendedores, inversores e investigadores se mezclan con la fuerza laboral más experimentada del mundo en la producción de electrónica de alta gama.

Antes, Silicon Valley también era así, pero ahora carece de un eslabón crítico de la cadena: la mano de obra manufacturera. El valor de estas comunidades de práctica ingenieril es mayor que el de cualquier empresa o ingeniero individual. Más bien, deben entenderse como ecosistemas tecnológicos.

La imaginación estadounidense se ha centrado en exceso en la creación de herramientas y planos. Andy Grove, el legendario exdirector ejecutivo de Intel, lo expresó mejor que nadie en 2010: Estados Unidos necesita centrarse menos en «el momento mítico de la creación» y más en el «escalado» de los productos. Grove vio cómo Silicon Valley pasaba de combinar invención y producción a especializarse solo en la primera. Comprendió a la perfección que los ecosistemas tecnológicos se oxidarían si la investigación y el desarrollo dejaran de tener un bucle de aprendizaje procedente del proceso productivo.[26]

Claro que Estados Unidos quiere recrear el éxito de Shenzhen. Pero, en el mejor de los casos, lo ha tenido de una forma superficial. Silvia Lindtner, profesora de la Universidad de Michigan y mi esposa, lleva más de una década estudiando los ecosistemas tecnológicos de Shenzhen. En 2015, el Gobierno austríaco le preguntó cómo crear un Shenzhen en los Alpes; en 2016, la Casa Blanca la invitó a presentar cómo Estados Unidos podría aprender del éxito de Shenzhen. A ella le pareció, como a mí, que estas instituciones no comprendían la esencia de Shenzhen. Seguían más interesadas en los inventores individuales que en comprenderlo como una comunidad de práctica ingenieril. La obsesión por la invención ha nublado la capacidad de Silicon Valley para apreciar la verdadera fortaleza de China. En lugar de ver las herramientas y los planos como los fines últimos del progreso tecnológico, creo que deberíamos considerarlos como hitos en la formación de mejores científicos y fabricantes. Ver la tecnología como personas y conocimiento de procesos no solo es más exacto, sino que también refuerza nuestra sensación de agencia y control sobre las tecnologías que estamos produciendo.

Ver la tecnología como personas también nos ayuda a entender por qué las relaciones económicas entre Estados Unidos y China se han deteriorado. A lo largo de la década de 1990 y, sobre todo, después de 2001 (cuando China se incorporó a la Organización Mundial del Comercio), las empresas estadounidenses se afanaron en trasladar el trabajo manufacturero a China. La presencia de Apple en Shenzhen ayudó a transformar la ciudad en el centro más innovador del mundo para la producción de electrónica. Pero esta victoria para los accionistas de Apple ha sido una pérdida para el poder estadounidense.

El empleo manufacturero en Estados Unidos alcanzó su máximo en 1980, con diecinueve millones de trabajadores. En el año 2000 todavía contaba con diecisiete millones. Después se desplomó a lo largo de la década siguiente, en parte por China, en parte por los cambios tecnológicos y, en especial, por la crisis financiera global, ya que la fuerza laboral cayó hasta apenas once millones en 2010.[27] En 2025, Estados Unidos cuenta con alrededor de trece millones de trabajadores en la industria manufacturera.

En ocasiones, las élites estadounidenses han mostrado un humor extrañamente complaciente ante la desaparición de los empleos industriales. En 1993, el principal asesor económico de George H. W. Bush, Michael Boskin, bromeó: «Microchips, patatas chips, ¿qué diferencia hay?».[28] Se convirtió en parte del consenso de las élites que Estados Unidos podía permitirse perder la industria manufacturera. Ese consenso retrataba a los líderes sindicales, así como al puñado de economistas heterodoxos, como unos sentimentalistas por oponerse a la deslocalización. Ni la Administración Clinton ni la de George W. Bush frenaron a las empresas estadounidenses a la hora de trasladar sus operaciones manufactureras a China. Ahora resulta del todo evidente que la salida de la manufactura ha provocado la ruina económica y política de Estados Unidos. Tan solo estamos empezando a comprender hasta qué punto eso retrasó al país desde el punto de vista tecnológico.

Muchas de las empresas más emblemáticas de Estados Unidos llevan tiempo enfermas. Los fabricantes de automóviles de Detroit, tras décadas arrastrándose, tropiezan ahora en la transición hacia el vehículo eléctrico. U. S. Steel, General Electric e IBM son solo una sombra de lo que fueron. Intel, atrapada en ciclos de calendarios de producto fallidos y despidos, pasó de ser una pionera de los semiconductores a quedar claramente rezagada, por detrás de la taiwanesa TSMC. Después de que dos aviones 737 MAX de Boeing se estrellaron en 2017, la empresa prometió realizar grandes esfuerzos para garantizar la seguridad de sus aeronaves. Luego, en 2024, una puerta se desprendió en pleno vuelo. Boeing, como Intel, retrasa de manera constante el lanzamiento de productos planificados desde hace mucho tiempo.

Incluso el complejo militar-industrial parece atravesar dificultades. Estados Unidos gasta casi un billón de dólares al año en defensa, más o menos lo mismo que los diez países siguientes juntos.[29] El rendimiento de esa inversión no está claro. Tras la invasión rusa, en cuestión de meses Ucrania consumió varios años de reservas estadounidenses de munición, y las fábricas estadounidenses han tenido problemas para ampliar la producción. Los cazas han sufrido enormes retrasos y sobrecostes. La Marina estadounidense ha informado de que todas y cada una de las clases de sus buques y submarinos arrastran retrasos de entre uno y tres años.[30]

No todos los fabricantes estadounidenses languidecen. Tesla es la gran esperanza de Estados Unidos en la automoción. Siguen existiendo muchos líderes en los sectores de equipos de producción de semiconductores, dispositivos médicos y maquinaria agrícola. El gran éxito del sector manufacturero estadounidense en los últimos años ha sido la producción de vacunas de ARNm, que han salvado vidas en todo el mundo. Pero los triunfos en medicina y productos farmacéuticos no se vieron acompañados por el conjunto más amplio de fabricantes estadounidenses, que fracasaron a la hora de producir bienes básicos como las mascarillas o los bastoncillos de algodón.

La base manufacturera estadounidense, salvo algunas notables excepciones, se ha oxidado de arriba abajo. ¿Por qué se han venido abajo tantos fabricantes? En parte, creo, hay que examinar la cultura de los inversores financieros. Wall Street ha estado mucho más dispuesto a invertir en negocios con poco capital físico: plataformas digitales como las redes sociales y los motores de búsqueda, o las empresas de chips centradas en el diseño para evitar las costosas instalaciones de fabricación. Si no fuera por Tesla (que fabrica muchos de sus coches en Shanghái), Estados Unidos estaría aún más rezagado que China en vehículos eléctricos. Y Tesla también estuvo en la cuerda floja. En 2018, Elon Musk afirmó que Tesla estaba al borde de la bancarrota mientras intentaba aumentar la producción del finalmente exitoso Modelo 3. Fue una etapa que calificó de «atroz».[31] Visto con perspectiva, que la recaudación de fondos para un líder manufacturero tuviera que ser tan difícil es una acusación grave contra el sistema financiero estadounidense. La cuestión de la financiarización también se cruza con la consolidación empresarial. Una de las ideas más repetidas sobre el fin de General Electric era asociarlo a que las finanzas hubieran tomado el mando. Eso se aplica con más fuerza todavía a Boeing. Dirigida en otros tiempos por ingenieros obsesionados con la seguridad y la calidad, su cúpula pasó a estar dominada por ejecutivos más centrados en ofrecer beneficios a los accionistas que en fabricar buenos aviones.

En mayor medida, sin embargo, creo que el problema reside en los responsables políticos y los ejecutivos estadounidenses, que no alcanzan a comprender la importancia del conocimiento de los procesos.

Los fabricantes estadounidenses dedicaron la mayor parte de tres décadas a desmantelar su reserva de conocimiento de procesos al abrir tantas fábricas en China. Cada cierre de una fábrica en Estados Unidos representa una pérdida que quizá sea permanente de habilidades y conocimientos productivos. Los operarios de línea, los maquinistas y los diseñadores de producto se quedan sin trabajo; después, también sufren sus proveedores y asesores técnicos. Se han disuelto comunidades enteras de práctica ingenieril en Estados Unidos, dejando tras de sí una región conocida como el Cinturón del Óxido. Algunos alcaldes y gobernadores intentaron frenar esta marea en retirada. Pero fueron despreciados una y otra vez por economistas y directivos, que buscaban la producción de bajo coste en nombre de la globalización. Todavía hoy, muchos economistas estadounidenses dudan de que haya algo especial en la manufactura y depositan su fe en la marcha inevitable hacia una economía de servicios.

Los ecosistemas de bajos salarios como el de Shenzhen se convirtieron en un gigantesco imán para el conocimiento de procesos estadounidense. Pekín tomó una decisión deliberada de no comportarse como Japón, que mantuvo su mercado limitado a empresas estadounidenses; en su lugar, China dio la bienvenida en general a los fabricantes extranjeros para que formaran a sus trabajadores. Es una señal de la apertura económica de China que gran parte de sus exportaciones estén impulsadas por Apple y Tesla, mientras que las exportaciones japonesas han estado impulsadas casi por completo por sus propias empresas. Sin embargo, una vez que Shenzhen acumuló una masa crítica de conocimiento de procesos, se convirtió tanto en innovadora de nueva electrónica como en ejecutora de ideas estadounidenses.

No tengo claro que lo de apoyarse en empresas estadounidenses formara parte de la gran estrategia de Pekín para convertirse en una potencia manufacturera. Pero, en algunos casos, el Estado comprendió que eso era justo lo que estaba haciendo. En 2018, Pekín hizo algo sin precedentes con Tesla: permitió que la empresa fuera propietaria al cien por cien de su planta en Shanghái. Antes, cualquier fabricante de automóviles que quisiera producir en China tenía que asociarse con una empresa nacional. Así, las compañías japonesas, alemanas y estadounidenses se asociaron obedientemente con empresas estatales para acceder a ese enorme mercado. El Estado esperaba que estas empresas nacionales aprendieran de firmas como Toyota y Mercedes-Benz, y alcanzaran su nivel de calidad. En la práctica, los fabricantes chinos de automóviles avanzaron con lentitud porque dependían de sus socios extranjeros para la investigación.

La presencia de Tesla sacudió el mercado chino de vehículos eléctricos. La comunidad empresarial china empezó a utilizar el término *catfishing** para describir lo que Tesla estaba haciendo en China. La idea era que introducir una criatura nueva y poderosa en el entorno doméstico haría que las empresas chinas avanzaran más deprisa. Eso fue justo lo que ocurrió, y elevaron su nivel. Cuando los vehículos de Tesla empezaron a salir de la Gigafactoría de Shanghái en 2019, BYD vio caer sus ventas un once por ciento, mientras que los beneficios descendieron un cuarenta y dos por ciento.[32] Pero Tesla acabaría haciendo un favor a todo el mercado. Al igual que en Estados Unidos, la audaz construcción de marca de la empresa estimuló a los consumidores a pensar en los vehículos eléctricos como algo más que carritos de golf con algo de potencia. Y Tesla realizó inversiones en el ecosistema de utillaje de China que otros fabricantes de automóviles aprovecharon para producir coches mejores. BYD

---

* El autor no se refiere aquí al *catfishing* que entendemos como suplantación o falsificación de identidad en Internet, sino a un mito según el cual, en el siglo XIX, para transportar bacalao fresco desde la Costa Este del país hasta la Costa Oeste y que no perdiera su sabor, lo llevaban en acuarios donde metían un bagre *(catfish,* su adversario natural) para mantenerlos activos y ágiles durante todo el viaje. *(N. del T.)*

también se benefició, al registrar beneficios récord en 2023 y convertirse en el mayor fabricante de vehículos eléctricos del mundo. Incluso el principal periódico del Partido Comunista elogió cómo Tesla había producido el «efecto bagre» para las empresas chinas.[33]

Como expresó poéticamente Grace Wang, fundadora de la empresa Luxshare, con sede en Shenzhen (uno de los nuevos subcontratistas de Apple): «Volar con el ave fénix cría pájaros extraordinarios».[34] Es otra lección que la Shenzhen capitalista ha enseñado al Partido Comunista: la competencia de mercado tiende a reducir los precios y a elevar la calidad.

Apple y Tesla han hecho un enorme esfuerzo por formar a sus trabajadores chinos para fabricar sus productos, y han ganado sumas fabulosas de dinero al hacerlo. Esta historia se repite en distintos grados en otras comunidades de práctica ingenieril de China: centros de producción de calzado y prendas de vestir en la ciudad oriental de Wenzhou, de equipos médicos en Wuxi y Suzhou y, de forma especialmente maravillosa, de guitarras en las montañas del condado de Zheng'an, en Guizhou. En conjunto, la fuerza laboral manufacturera de China emplea a más de cien millones de personas, alrededor de ocho veces más que la de Estados Unidos. Es una enorme reserva de personas que está alimentando la creación de nuevo conocimiento de procesos.

El énfasis en la manufactura otorga a China otra ventaja en la competencia tecnológica con Estados Unidos. Puede simplemente esperar a que los científicos estadounidenses realicen la investigación fundamental para que las empresas chinas se hagan cargo de la producción. Eso es, en esencia, lo que ocurrió con la industria solar. Bell Labs inventó la primera célula solar, y las empresas alemanas produjeron el equipamiento para la producción solar. La designación por parte de Pekín de la energía solar como «industria estratégica emergente» invitó a las empresas chinas a lanzarse en tromba a este sector. Las empresas chinas compraron equipos alemanes y compitieron con ferocidad para fabricar las células solares más eficientes.

A mediados de la década de 2010, las empresas chinas habían aprendido a fabricar todas las herramientas alemanas, así como la totalidad de la cadena de valor solar. El desplome de los costes de la energía solar en la última década ha estado impulsado menos por avances científicos (el punto fuerte de Estados Unidos) que por una producción eficiente, que es la fortaleza de China. No solo se beneficia el clima, sino también el poder nacional chino.

La ciencia importa, por supuesto. China sigue siendo débil en cuanto a los chips y la aviación en parte porque se trata de industrias mucho más complejas, desde el punto de vista científico, que la solar. No todas las tecnologías mejoran mediante ajustes iterativos de los procesos de fabricación, pero muchas sí siguen esa lógica. Cuando muchas empresas hacen cosas similares en un entorno brutalmente competitivo, con márgenes de beneficio reducidos, se establecen comunidades de práctica ingenieril como Shenzhen. Estas fábricas nunca serán tan glamurosas como la atractiva imagen de marca que representan Apple o Tesla. Pero, cada día, millones de trabajadores acuden a las fábricas para acumular conocimiento tecnológico de procesos. Esa es la base del poder tecnológico de China.

China se ha convertido en una superpotencia tecnológica al ensalzar el conocimiento de procesos y las comunidades de práctica ingenieril que lo mantienen vivo. Aferrarnos al conocimiento de procesos nos ayuda a evitar ideas equivocadas sobre el ascenso de China. Al Partido Comunista le encantaría afirmar que el sector tecnológico de China se ha desarrollado así gracias a una sabia planificación desde Pekín. El Gobierno estadounidense también exagera la importancia del Gobierno chino con sus acusaciones de hacer trampas (incluidas subvenciones injustas) o de robar (sobre todo mediante el ciberrobo).

Los resultados de las incesantes intervenciones del Gobierno chino en la economía son, en el mejor de los casos, ambiguos. Los estudios económicos han mostrado que los receptores de las subvenciones chinas presentan, de media, un crecimiento menor de la productividad.[35] La agresiva promoción de la industria por parte de Xi ha desencadenado guerras comerciales no solo con Estados Unidos, sino también con muchos países en desarrollo. Los éxitos tecnológicos de China no demuestran de forma convincente que un Estado sabio pueda planificar el futuro. Cuando el Estado impone su peso (obligando a las empresas extranjeras a ceder tecnología, regando un sector favorecido con subvenciones, o perjudicando a una empresa mientras eleva a otra), a menudo resulta de todo menos útil. En cambio, los acuerdos de transferencia forzosa de tecnología destinados a apuntalar a los fabricantes de automóviles estatales de China les arrebataron la necesidad de invertir en sus propias capacidades innovadoras. Los éxitos automovilísticos de China provienen de empresas como la BYD de propiedad privada, que no tenía socios extranjeros, después de que la entrada de Tesla, de propiedad íntegra, obligara a la empresa a subir el nivel.

Las administraciones estadounidenses se han quejado de un abanico de prácticas comerciales de China: transferencias forzosas de tecnología; manipulación de la divisa para mantener baratas las exportaciones; subvenciones y condiciones de crédito generosas para empresas locales que a veces financian su expansión en el extranjero; y, lo peor de todo, intrusiones cibernéticas no autorizadas, o el pirateo dirigido por el Estado para robar secretos comerciales estadounidenses. En conjunto, crean un entorno para los negocios extranjeros que a menudo es injusto y a veces desconcertante.

En respuesta, la primera Administración Trump lanzó su guerra comercial. Pero no se limitó a imponer aranceles a los bienes chinos. Amplió y desplegó novedosos controles tecnológicos destinados a paralizar a las empresas chinas. Mientras yo cubría desde Pekín los impactos de la guerra tecnológica de Trump, recuerdo que a menudo me despertaba preguntándome sobre qué empresa china estaría tuiteando en ese momento. Los líderes tecnológicos de China se vieron incluidos en las listas de sanciones de las oscuras agencias del Gobierno estadounidense que ni siquiera conocían muchos de los funcionarios del país. Una vez que estás en una lista que bloquea financiación o tecnologías estadounidenses, es difícil salir.

Yo pensaba que el Gobierno estadounidense tenía razón al plantar cara a las prácticas comerciales mercantilistas de China. Pero también pensaba que lo estaba haciendo casi todo el rato de forma ineficaz bajo la dirección caótica de Trump. En particular, yo era escéptico ante cierta visión basada en la seguridad de la Administración Trump (así como de la posterior Administración Biden): que Estados Unidos aún controla muchos cuellos de botella tecnológicos, que ya podría haber estrangulado a China si el Gobierno no se hubiera dormido en los laureles mientras esta les robaba el camino hacia la supremacía; y que, si el Gobierno estadounidense endurecía de verdad los controles de exportación, podría recuperar la primacía tecnológica frente a un país incapaz de igualar el ingenio estadounidense.

La Administración Trump ciertamente estranguló a las empresas chinas. Pero lo hizo convirtiendo a las empresas estadounidenses (en especial a las que vendían semiconductores) en proveedores poco fiables. Antes, las empresas chinas compraban los mejores componentes del mercado, que a menudo eran estadounidenses, porque querían vender un teléfono inteligente o un dron competitivo a nivel global. Cuando no pudieron comprar a Estados Unidos, eso prendió la mecha para que las empresas chinas probaran proveedores nacionales a los que antes jamás habrían dedicado ni un minuto.

Cuando trabajaba en Silicon Valley, a la gente le gustaba decir que el conocimiento viaja a la velocidad de la cerveza. A los ingenieros les gusta hablar entre sí para resolver problemas técnicos, y así es como el conocimiento se difunde. Los ficha la competencia o, a veces, los países rivales. A más largo plazo, es difícil que los países monopolicen su dominio sobre cualquier tecnología. Si tal cosa fuera posible, entonces Estados Unidos seguiría por detrás del Reino Unido o Alemania, cuyos científicos fueron mucho más innovadores.

El Gobierno estadounidense se ha entregado a una auto-satisfacción engolada acerca de cuánto poder tecnológico sigue ostentando. Las empresas estadounidenses han pasado dos décadas construyendo comunidades de práctica ingenieril en China, compuestas por personas que se remangan para descubrir cómo superar los cuellos de botella cotidianos. No iba a ser fácil detener su avance; si acaso, las políticas estadounidenses corrían el riesgo de acelerarlo. Hasta ahora, las empresas chinas han logrado innovar alrededor de la mayoría de las restricciones tecnológicas; en lugar de enfrentarse a un derrumbe precipitado, como predecían los responsables políticos estadounidenses, algunas incluso han conseguido seguir creciendo a buen ritmo.

Las empresas extranjeras sembraron el crecimiento inicial de zonas como Shenzhen hace dos décadas. Ahora, la relación entre Estados Unidos y China se ha agriado. ¿Significa eso que las comunidades de práctica ingenieril como Shenzhen se marchitarán? Sí, pero no durante mucho tiempo.

El proceso de extraer la producción manufacturera de China será prolongado y vacilante. Las empresas internacionales siguen diciéndome que todavía son reacias a arrancar del todo sus raíces de lo que continúa siendo un centro productivo extraordinario y un mercado muy grande. Apple está haciendo esfuerzos inmensos por construir centros de producción en Vietnam y la India. Pero este cambio será gradual, ya que la infraestructura y la mano de obra en estos países tardarán un tiempo en ponerse al día. Según el informe más reciente de proveedores de Apple (publicado en 2023), ciento cincuenta y seis de sus doscientos proveedores principales tienen centros de fabricación en China.[36] Setenta y dos de ellos están en la provincia de Guangdong, donde se encuentra Shenzhen, tantos como los que hay en Estados Unidos, Vietnam y la India juntos.

Mientras tanto, Xi Jinping insiste en aferrarse a la manufactura. Es probable que el Partido Comunista de China sea la institución más obsesionada con la tecnología del mundo. El Estado ingenieril está decidido a alcanzar la primacía tecnológica antes de que las multinacionales se aparten.

En una visita de inspección en 2023 por la provincia de Jiangsu (como Guangdong, una potencia manufacturera), Xi dijo: «La economía real es la base de la economía de un país, la fuente fundamental de creación de riqueza y un pilar importante de la fortaleza nacional». Es la base —continuó— de «la producción, la vida y el desarrollo humanos».[37] Ha dicho repetidas veces que China necesita priorizar la economía real, lo que significa el mundo de los productos manufacturados, en lugar de la economía virtual o financiera, a veces denominada en los medios estatales la economía «ficticia».[38] Investigadores vinculados al Estado suelen denunciar la financiarización y el vaciamiento de la manufactura en la misma frase.

Xi no solo es ambicioso con la manufactura. Una palabra mejor para describir sus ideas podría ser *completista*. Andrew Batson, director de investigación en Gavekal Dragonomics, se topó con una fanfarronada de 2024 del ministro de Industria y Tecnología de la Información: que China tiene una cadena industrial «integral», puesto que produce algo en cada una de las cuatrocientas diecinueve categorías de productos industriales que mantiene Naciones Unidas para clasificar la producción industrial.[39] Es una fanfarronada muy china.

Batson, además, ha detectado un cambio en la retórica de Xi sobre la manufactura. Los anteriores dirigentes chinos han hablado de la importancia de modernizar la industria, lo que a veces significa limitar la inversión en sectores intensivos en mano de obra o muy contaminantes que China ya no necesita. Xi ha declarado que China apunta al completismo, lo que significa que ni siquiera las «industrias de gama baja» deben salir del país.[40] En lugar de seguir la lógica económica, según la cual la producción gravita hacia países con menores costes laborales —algo que Estados Unidos y otros países de renta alta más o menos han aceptado—, Xi no quiere que la industria siga desplazándose.

Por eso, el XIV Plan Quinquenal publicado en 2021 exige que la cuota de la manufactura en la economía se mantenga constante. La manufactura ya representa el veintiocho por ciento del PIB de China, cifra muy superior al veintiuno por ciento de Alemania y el veinte por ciento de Japón, por no hablar de economías desindustrializadas como las de Estados Unidos y Reino Unido (ambos en torno al diez por ciento). Xi ha reiterado que no le interesa abandonar la manufactura por los servicios. En discursos de carácter autoritativo, Xi citó a «ciertos países occidentales» que abandonaron la economía real por la economía ficticia. No hace falta ser un genio para adivinar cuáles podrían ser esos países. Y Xi ha declarado que «la economía real es la base de todo [...] así que nunca debemos desindustrializarnos».[41]

De eso va el Estado ingenieril. Le gusta construir no solo obras públicas, sino también capacidad manufacturera. El Estado ingenieril se resiste a los economistas con la misma facilidad que a los abogados. Los economistas pueden citar la teoría de la ventaja comparativa de David Ricardo como razón para permitir que la producción se traslade. Pero el Estado ingenieril declina, horrorizado ante la idea de perder la producción solo porque, por lo visto, es más guay dedicarse a los servicios.

Hasta ahora, China no ha sentido la presión económica de abandonar la manufactura de gama baja (ropa, calzado, etcétera), en parte porque todavía hay muchas provincias chinas pobres como Guizhou que tienen mano de obra barata. Esa tendencia quizá no se mantenga, dada la escalada de aranceles. Pero si Xi tiene éxito, significa que otros países en desarrollo (en Asia, África y por todo el mundo) no podrán subir por la escalera industrial sobre la que China reina. Los países desarrollados también tienen motivos para alarmarse. Dado su gran tamaño, China dispone de la potencia financiera para apuntar a cualquier industria que quiera para lograr el liderazgo tecnológico. Los países pequeños han tenido que elegir qué batallas luchar, como Dinamarca en la industria eólica y Corea del Sur con los chips de memoria.

China quiere tenerlo todo.

El liderazgo político de China ha atesorado durante mucho tiempo su odio a la dominación occidental y ha alimentado su fantasía de que el país podría haber triunfado si tan solo tuviera ciencia, tecnología y producción industrial. Todo dirigente chino desde los emperadores Qing que perdieron las Guerras del Opio se ha sentido agraviado por haberse quedado atrás desde el punto de vista tecnológico. Mantener una base industrial es la mejor garantía de que China no vuelva a perder. Este hilo recorre a los dirigentes modernos de China, desde el nacionalista Sun Yat-sen, su protegido Chiang Kai-shek y después también los gobernantes comunistas. Deng Xiaoping lanzó su gran proyecto para separar a China del socialismo apelando a las Cuatro Modernizaciones: agricultura, industria, defensa y ciencia y tecnología. En los últimos años, Xi Jinping ha emitido llamamientos cada vez más urgentes para hacer que China sea avanzada y autosuficiente en cuanto a la tecnología, aunque a menudo mediante expresiones largas y deslavazadas como la «estrategia de desarrollo impulsado por la innovación» o las «nuevas fuerzas productivas» inspiradas en Marx.

La obsesión por la tecnología ha engendrado quizá el movimiento en línea más interesante de China. En el ámbito fuertemente censurado del Internet chino, donde no se permite que ningún grupo esté muy organizado, un conjunto de intelectuales ha logrado alzar la voz. Son escritores, afiliados de una forma laxa, que se llaman a sí mismos el Partido Industrial. Sus ideas son fáciles de resumir: que los Estados-nación compiten de forma despiadada entre sí; que la ciencia y la tecnología son las fuerzas decisivas en esta competición darwiniana; y que, por tanto, el Estado debe organizarse en torno a la búsqueda de la ciencia y la tecnología. Consideran al Partido Comunista, con gran patriotismo, como la organización política más capaz del mundo para ese empeño.

He pasado meses leyendo algunos de los textos fundacionales en torno al Partido Industrial. Unos pocos de estos trabajos están traducidos al inglés,[42] pero la mayoría no, y buena parte de lo escrito consiste en diatribas en tablones de anuncios en línea. Tienden a expresarse con un tono combativo que desprecia a los liberales, a los defensores de la democracia en China y, a veces, a los izquierdistas que añoran a Mao. Se oponen a quienes consideran culpables de la idealización, a los que etiquetan como el Partido Sentimental.

Los incondicionales del Partido Industrial tienen trayectorias diversas. El miembro de más edad, Wang Xiaodong, introdujo el nombre del partido en un ensayo en línea en 2011. Wang se formó como economista y encontró su vocación como nacionalista feroz: desde la década de 1990 ha escrito libros muy crudos que piden que China no siga servilmente los valores occidentales (y mayoritariamente estadounidenses), y culminó esta trayectoria con un superventas, *China Is Unhappy*, en el que hizo un llamamiento directo a adoptar una postura más confrontativa frente al orden liderado por Estados Unidos.

Zhong Qing se formó como ingeniero eléctrico en Japón y desarrolló sus ideas con una presencia temprana en los tablones de anuncios en línea chinos. En su libro de 2005, *Wash Dishes or Study?*, reclamaba un control tecnocrático total de la economía para perseguir la ciencia y la tecnología.[43] Eso implicaba renunciar a la manufactura de gama baja para emprender un programa acelerado de construcción de cazas y semiconductores. Pero quien más activamente ha contribuido a las ideas del Partido Industrial en los últimos años es un escritor que firma con seudónimo: Shenzhen Ningnanshan, que se describe a sí mismo como una persona de clase media radicada en Shenzhen, que podría estar trabajando con un centro de pensamiento vinculado al Estado. Los artículos de Shenzhen Ningnanshan están plenamente alineados con la ortodoxia del Estado chino; defiende un enfoque gradualista de la inversión en ciencia y tecnología, con un especial interés en los semiconductores para romper el estrangulamiento estadounidense sobre esta tecnología. Eso lo convierte en un moderado político dentro del Partido Industrial.

Quizá la manera más interesante en que se han propagado las ideas del Partido Industrial sea a través de una novela en línea, *The Morning Star of Lingao,* que un grupo de autores ha ido serializando desde 2009. Es un proyecto de historia alternativa que imagina que quinientas personas de la China contemporánea viajaron atrás en el tiempo al condado de Lingao, en Hainan (la isla tropical que es la provincia más meridional de China), en el año 1628. ¿Su objetivo? Desencadenar una revolución industrial en la dinastía Ming. Ma Qianzu[44] es un escritor implicado en la creación temprana de esta serie y es una de las personalidades más interesantes de Internet en China. Ma logró hacer despegar al Partido Industrial en 2011: después de la colisión ferroviaria más mortífera de China, defendió con vehemencia que el Estado debía seguir adelante con el desarrollo del programa de alta velocidad (cosa que hizo). Ma es también un pensador con una vena independiente. En los últimos años, ha denunciado el despilfarro del gasto público y ha sido crítico con la invasión rusa de Ucrania. Estas posturas inusuales lo han puesto a veces en el punto de mira de los censores.

Ninguno de estos escritores se proclamaría a sí mismo miembro acreditado del Partido Industrial. Son blogueros conectados entre ellos de forma muy circunstancial, que solo a veces entablan conversación entre ellos. Ma Qianzu ha rechazado la etiqueta de Partido Industrial, y Wang Xiaodong ha renunciado a parte de su nacionalismo anterior. En los últimos años, ha dicho que China aún no está lista para cortar lazos con Occidente.[45] Algunos de estos escritores trabajan en el mundo académico y en laboratorios de ideas, lo que sugiere vínculos directos con los responsables políticos; algunas de sus opiniones se reimprimen en los medios estatales de China. Unos cuantos, curiosamente, han estudiado en Japón, y llaman a China a imitar a quien fuera su coco en tiempos de guerra. Muchos son frikis militares, que se saben de memoria las especificaciones de distintos cazas punteros. Para ellos, no hay problema que la industria pesada no pueda resolver.

Cuando leo estos textos, me pregunto si el Partido Industrial es un nombre moderno para una idea antigua. Estos escritores tienen un sesgo futurista, denuncian las delicadezas liberales y exigen una movilización total de la economía en pos de la ciencia y la tecnología.

¿Se están limitando a reinventar el fascismo? El Partido Industrial quiere despolitizar la sociedad para permitir un gobierno de tecnócratas, que manejarían los órganos de propaganda para motivar a la gente a perseguir la ciencia y la manufactura. Son un grupo marcadamente masculino que se burla del pluralismo. No abogan por la conquista, pero suspiran por un futuro en el que China sea más fuerte que cualquier otra nación. El Partido Industrial tiende a citar solo a líderes enérgicos como Mao o Stalin, que rechazaron invasores y establecieron una base industrial, en lugar de un amplio abanico de pensadores. Es una veneración de la fuerza a través de la tecnología.

La obra con la que buena parte del Partido Industrial se ha alineado es la trilogía de ciencia ficción de Cixin Liu.[46] *El problema de los tres cuerpos* es una de las exportaciones culturales más exitosas de China en las últimas décadas, y se ha ganado elogios de lectores estadounidenses, así como una adaptación de Netflix con gran presupuesto. A mí, la trilogía también me ha absorbido profundamente. Su premisa es que una víctima de la Revolución Cultural de Mao llegó a tal punto de asco hacia la humanidad que invitó a una civilización extraterrestre a conquistar la civilización humana; cuando esto se descubre, los gobiernos disponen de unas pocas décadas para prepararse para la invasión.

La historia de Liu abarca no solo galaxias, sino también dieciocho millones de años. Crea imágenes asombrosas: una sonda plateada con forma de gota de agua que destruye la mayor parte de la flota espacial de la Tierra; una partícula del tamaño de un protón que contiene un mundo entero; un cielo estrellado que parpadea para un solo observador. Los personajes principales lidian con cuestiones estratégicas que implican la deducción y el engaño, y un paso en falso podría ser fatal no para el individuo, sino para la humanidad en su conjunto.

La moralidad de la trilogía de los *Tres Cuerpos*, mientras tanto, está regida por la visión del mundo más sombría posible. En cierto modo, la trilogía es una celebración del ingenio de la humanidad en una lucha existencial. Para derrotar la amenaza alienígena, Liu retrata la subordinación total de la humanidad a las autoridades tecnocráticas. Los científicos y los ingenieros tienen la mayor responsabilidad, sin dejar espacio para los humanistas, los pusilánimes o los sentimentalistas. Los gobiernos son obligados a someterse a la voluntad de unos pocos genios selectos que no dudan en sacrificar a millones de personas. La idea dominante en la trilogía de Liu es que la única verdad pura y dura es la supervivencia, una supervivencia en la que las civilizaciones enfrentadas se asemejan a «pirámides manchadas de sangre e iluminadas por antorchas en el corazón de una selva oscura».[47] Una y otra vez, Liu resuelve la trama a favor de la parte que está dispuesta a la mayor brutalidad para sobrevivir.

Es fácil ver por qué los entusiastas del Partido Industrial han elevado la obra de Liu a la cúspide de su canon. Bien podría ser, además, una guía para comprender la ideología del Estado ingenieril.

China asumió muchas de las industrias sucias de las que Estados Unidos estaba encantado de deshacerse. En algunos casos, literalmente: los metales de tierras raras no son realmente raros. Procesarlos, sin embargo, exige enormes cantidades de energía y agua, al tiempo que expulsa carcinógenos a la atmósfera. Pocas partes del mundo occidental tienen estómago para procesar metales de tierras raras, y por eso China controla esta cadena de suministro.

Casi todas las formas de manufactura de gama baja no son tan malas, pero Estados Unidos estuvo igual de dispuesto a dejarlas marchar, sin saber muy bien cuánto dañaría al país. Lo admito, es difícil trazar una línea recta entre la pérdida de, por ejemplo, la fabricación de televisores en Estados Unidos a lo largo de la década de los ochenta y los tropiezos de Boeing e Intel durante la última década. Pero si pensamos en los ecosistemas tecnológicos como comunidades de práctica ingenieril, tiene sentido que los cierres de fábricas se aceleraran a medida que se disolvía el conocimiento de procesos, lo que causó problemas de producción, y más pérdidas de empleo. Y también tiene sentido que los trabajadores chinos pasaran de limitarse a ensamblar iPhones a producir también algunos de sus componentes más valiosos. A medida que un país perdía su conocimiento de procesos, el otro ganaba industrias enteras.

Estados Unidos ha cambiado de idea en materia de política: quiere recuperar los empleos manufactureros. Pero no está nada, nada claro cómo lograrlo. Ni los aranceles de Trump, ni las subvenciones de Biden han logrado cambiar la tendencia. De hecho, las exportaciones de bienes de China a Estados Unidos casi alcanzaron un récord en 2022, el mismo nivel que en 2018, cuando la Administración Trump impuso los aranceles sobre China.[48]

¿Cómo puede mejorar Estados Unidos? Como punto de partida, podría intentar comprender mejor cómo China ha crecido hasta convertirse en una superpotencia tecnológica. Si los miembros del Congreso siguen recurriendo a las explicaciones más perezosas («se dedican a robarnos toda nuestra propiedad intelectual»), entonces Estados Unidos nunca captará la importancia de acumular conocimiento de procesos, y no logrará la urgencia necesaria para corregir sus deficiencias tecnológicas.

Al mismo tiempo, los estadounidenses deberían desarrollar un poco más de humildad respecto a sus propias capacidades tecnológicas. Cuanto antes trate Estados Unidos a China como un igual digno de estudio, antes podrá desarrollar un nuevo manual de éxito. En estos momentos, las empresas chinas están venciendo al resto del mundo en la producción de baterías para vehículos eléctricos. Entonces, ¿por qué no permitir que algunas de ellas construyan fábricas, como están intentando hacer, en estados como Míchigan, y obligarlas a ceder su tecnología? El Gobierno estadounidense podría obligar a los fabricantes chinos de baterías a transferir propiedad intelectual a cambio de acceder al gigantesco mercado estadounidense de automóviles.

Y también merece la pena meditar qué tipos de tecnología debería perseguir Estados Unidos. ¿De verdad debería apostarlo todo a la inteligencia artificial, las criptomonedas y otras cosas de las que el Partido Comunista se burla llamándolas economía ficticia? ¿O debería perseguir los tipos de industria pesada que hace tiempo pasaron de moda entre las élites y cayeron en desgracia entre los inversores estadounidenses?

La realidad es que Estados Unidos nunca volverá a ser un fabricante más grande que China. Su población mucho menor, las expectativas salariales y el nivel de vida más altos, y el estatus del dólar como moneda de reserva global lo dificultan. A nivel práctico, resulta difícil imaginar que los estadounidenses puedan tolerar los hábitos laborales de la gente de Shenzhen o Henan: trabajar en cadenas de montaje ocho horas al día, comer en comedores a una hora designada y dormir hacinados, seis por dormitorio. A los trabajadores manufactureros del Medio Oeste les gusta volver a casa conduciendo una camioneta.

Todo empieza por reconocer que algo ha ido bastante mal en la tecnología estadounidense. Demasiada gente ha argumentado en contra de la importancia estratégica de la manufactura. La solución tiene que pasar por reconstituir comunidades de práctica ingenieril que prioricen el conocimiento de procesos. Esto quiere decir que hay que intentar reconstruir cada segmento de la manufactura: formar a los trabajadores y crear incentivos para los fabricantes con el fin de reaprender la producción en masa.

Este escenario suena un poco fantástico, pero si el iPhone se fabricara en Estados Unidos en lugar de en Shenzhen, entonces una ciudad estadounidense —digamos Detroit, Cleveland o Pittsburgh— podría ser aclamada como la capital mundial del *hardware*. Las innovaciones posteriores en drones de consumo, *hoverboards,* baterías para vehículos eléctricos y gafas de realidad virtual podrían haber surgido de empresas estadounidenses. Los ingenieros no tendrían que volar desde Cupertino y cruzarse el Pacífico para llegar a sus gigantescas fábricas. Podrían diseñar mejoras de producto más cerca de casa, y etiquetar sus productos más nuevos como *«Designed in California, Assembled in Pennsylvania».*

Estados Unidos debe recuperar, como mínimo, la capacidad manufacturera para escalar la producción que surge de sus propios laboratorios industriales. Si no lo hace, si sigue valorando los avances científicos por encima de la manufactura en masa, entonces podría perder industrias enteras una vez más, como le ocurrió al inventar el panel solar fotovoltaico, pero dependiendo de China para producir. A Estados Unidos le gusta celebrar el momento eureka de los innovadores geniales. Pero sostengo que hay más gloria en tener grandes empresas que fabriquen un producto que en que un laboratorio científico reclame su invención. Si no pensamos en estos términos, los científicos estadounidenses volverán a construir una escalera hacia el liderazgo tecnológico y las empresas chinas volverán a subir por ella.

Shenzhen, algún día, perderá su brillo. Quizá ese proceso ya ha empezado. En mi última visita allí, en 2021, pasé junto al mercado de electrónica de Huaqiangbei, donde los vendedores estaban vendiendo más cosméticos que cables y condensadores. El *hardware* se ha convertido en un negocio demasiado mercantilizado, lo que ha obligado a la gente emprendedora de Huaqiangbei a dirigir su atención a la creciente demanda china de productos para el cuidado de la piel. Cuesta imaginar que las cremas para los ojos estén en línea con el objetivo de Xi de resistir la desindustrialización. Y, sin embargo, ahí está, en una tendencia que un titular de los medios estatales recogió como «Huaqiangbei cambia microchips por pintalabios».[49]

¿Era una indicación de que ni siquiera el Estado ingenieril puede resistirse a las demandas del consumidor, y cede al signo de los tiempos? En todo caso, fue un momento muy breve. Huaqiangbei volvió una vez más a vender principalmente electrónica, mientras la marea de productos industriales chinos está chocando ahora contra el resto del mundo. Por ahora, la sobreinversión y la insistencia contra la desindustrialización han protegido a China de sufrir el desdichado destino del Cinturón del Óxido estadounidense.

A China le iría mejor si los ingenieros se limitaran a construir en el mundo físico. Pero sus ambiciones han sido aún mayores. Pekín está compuesto, por desgracia y de manera fundamental, de ingenieros sociales. Una de las principales amenazas para el poder tecnológico de China —y para su posición global en un sentido más amplio— es el resultado de una decisión desastrosa tomada hace décadas de dedicarse a la ingeniería demográfica.

CAPÍTULO 4

Hijo único

La búsqueda del control sobre el nivel de población forjó la esencia del moderno Estado ingenieril de China. A lo largo de la década de 1980, Deng Xiaoping y la dirigencia de Pekín decidieron que ascender a ingenieros dentro del Gobierno central sería un contragolpe frente al desgobierno de Mao. Sin embargo, estaban atrapados en un cientificismo mal concebido, que utilizaba proyecciones lineales para predecir la catástrofe si China no reducía su población. La persecución de la política del hijo único por parte del Estado ingenieril produjo más dolor en la sociedad que cualquiera de sus otras políticas durante el último medio siglo. Y, cuando el Estado intenta ahora revertir sus efectos, vuelve a emplear las herramientas de la ingeniería social.

En el otoño de 2013, Xi Jinping se reunió con la cúpula de la Federación Nacional de Mujeres de China en la sede del Partido Comunista en Pekín. Xi había ascendido al cargo más alto del país un año antes. Con un aspecto relajado y afable, vestido con el uniforme de trabajo estándar del partido —un cortavientos cerrado con cremallera—, dijo a la organización vinculada al partido que representa de forma oficial las cuestiones femeninas que el desarrollo económico de China depende de la igualdad entre los sexos. Lograrla permitiría que «cientos de millones de mujeres asumieran una mayor responsabilidad».[1] La dirigencia de la federación escuchaba con atención mientras tomaba notas sentada a su alrededor.

Diez años más tarde, Xi se dirigió a una nueva tanda de dirigentes de la federación. Había perdido algo de peso y tenía el pelo más canoso, pero en muchos otros aspectos todo seguía igual: Xi vestía la misma ropa de trabajo y se sentaba en la misma sala, donde los oyentes tomaban notas con atención. Aunque aún lucía una sonrisa afable, su discurso tenía un trasfondo más acerado. En lugar de animar a las mujeres a buscar la autorrealización en el desarrollo económico, las aconsejó que formaran una familia.

La visión que Xi expuso ante las mujeres con las que se reunió en 2023 suena bastante tradicionalista. El papel de la mujer consiste en mantener contento al marido y cuidar de los mayores; por encima de todo, debe tener hijos. «Deberíamos cultivar una nueva cultura del matrimonio y la procreación», dijo Xi. Eso significa imponer la doctrina del partido sobre «cómo deben ver los jóvenes el amor y el matrimonio, tener hijos y construir una familia». El titular de *The Economist* sobre la reunión fue directo: «China quiere que las mujeres se queden en casa y tengan hijos».[2]

A comienzos de 2023, China anunció su primer descenso de población desde 1960 (el año en que millones murieron de hambre a causa del Gran Salto Adelante de Mao). La caída demográfica fue leve, pero marcó el inicio de un declive que se ha ido ampliando cada año durante décadas. Para 2100, se prevé que la población de China se reduzca a la mitad, hasta setecientos millones de personas. La natalidad se está desplomando en China. La cifra oficial de nuevos nacimientos (sin duda, inflada) ha quedado incluso por debajo de las proyecciones más pesimistas. En 2019, China registró quince millones de nacimientos; cuatro años después, la cifra cayó a nueve millones. El número estaba por debajo de lo que las Naciones Unidas habían descrito apenas unos años antes como un «escenario de baja fertilidad». Seis millones de chinos contrajeron matrimonio en 2024, la mitad que una década antes.[3] Las familias chinas tienen ahora una media vitalicia de 1,0 hijos, muy por debajo de los 2,1 hijos necesarios para mantener un nivel de población estable.[4]

En mayo de 2023, Xi dejó de lado las convenciones políticas para aferrarse al cargo como máximo dirigente de China en su tercer mandato. Al hacerlo, destrozó otra convención: la de incluir a mujeres de la cúpula del Partido Comunista. Durante décadas, el Politburó contó con al menos una mujer entre sus veinticinco miembros. A menudo se le asignaban las tareas más difíciles del partido: Wu Yi gestionó las negociaciones para la adhesión a la Organización Mundial del Comercio y afrontó el brote de SARS de 2003; Sun Chunlan supervisó la aplicación de los confinamientos relacionados con la COVID. Tanto Wu como Sun destacaron por sus capacidades en un campo poblado a veces por hombres mediocres. Para su tercer mandato, Xi redujo el Politburó a veinticuatro miembros, y eliminó el único puesto que había estado ocupado por una mujer. Al excluir a las mujeres de la cúpula política china, es posible que Xi intentara dar ejemplo.

La mirada política del Politburó, enteramente masculina, se ha fijado ahora sobre el cuerpo femenino. La administración de Xi ha supervisado una represión de la homosexualidad en China, además de su campaña para imponer una procreación tradicionalista. No es la primera vez que la fertilidad se politiza: Mao Zedong fomentó los nacimientos porque creía que disuadirían una invasión imperialista. Tampoco es la segunda: Deng Xiaoping implantó un sistema infernal de control del nivel de población. Y el péndulo de la ingeniería demográfica ha oscilado ahora por tercera vez, de vuelta a la promoción de los nacimientos bajo Xi.

Mao Zedong no era ingeniero. Era bibliotecario en la Universidad de Pekín y después ayudó a fundar el Partido Comunista, tras lo cual se convirtió en caudillo militar. Después de establecer la República Popular en 1949, la figura de Mao se volvió ya casi divina. Pasaba gran parte de su tiempo leyendo literatura y filosofía, y dejaba los detalles de la gestión del Estado en manos de tecnócratas adjuntos como Zhou Enlai, Deng Xiaoping y Chen Yun. Los dones de Mao para el liderazgo militar y para la poesía chocaban en un eslogan campechano que le gustaba repetir: *Ren duo, li liang da.* 'El poder viene con la gente'.

En 1949, China era la nación más poblada del mundo. Tras décadas de guerra, el nuevo Estado no sabía cuántas personas había dentro de sus fronteras. Los funcionarios calculaban que la población china podría rondar los quinientos millones de personas. Cuando el censo de 1953 contabilizó casi seiscientos millones, fue sobre todo motivo de celebración. Mao veía una gran población como una fuente de fortaleza. Había pasado casi la mitad de su vida como dirigente militar, luchando contra los nacionalistas y los japoneses. Apenas un año después de proclamar el nuevo Estado comunista, envió tropas a Corea, en su mayor parte para combatir las fuerzas estadounidenses, que estaban recién equipadas con armas nucleares. Varios dirigentes mundiales se quedaron perplejos ante su actitud serena frente a un ataque atómico. En 1954, Mao se jactó ante Jawaharlal Nehru de que no temía un ataque nuclear de Estados Unidos.[5] Los imperialistas —declaró— sencillamente no tendrían suficientes bombas para aniquilar al resistente pueblo chino. Tres años más tarde, dijo a un atónito Nikita Jrushchov: «No deberíamos tener miedo de los misiles atómicos. Sea cual sea el tipo de guerra que estalle, convencional o termonuclear, la ganaremos». Mao declaró que estaba dispuesto a sacrificar la mitad de la población para luchar contra los imperialistas.[6] «Los años pasarán y nos pondremos a trabajar; produciremos más bebés que nunca». Más tarde, Jrushchov cortó el apoyo soviético al programa nuclear chino, en parte alarmado por la despreocupación de Mao ante el apocalipsis.

Karl Marx había criticado la obra de Thomas Malthus sobre la sobrepoblación. Mao, siguiendo la estela de Marx, pensaba que era absurdo que un país pudiera tener demasiada gente. «Es algo muy bueno que China tenga una gran población», escribió en 1949.[7] «Incluso si la población de China se multiplica muchas veces, es plenamente capaz de encontrar una solución. Esa solución es la producción. El absurdo argumento de los economistas burgueses occidentales como Thomas

Malthus, según el cual el incremento en la producción de alimento no puede seguir el ritmo del aumento de población, no solo fue refutado por los marxistas de manera exhaustiva en la teoría hace ya mucho tiempo, sino que también ha quedado completamente desmontado por las realidades de la Unión Soviética y de China».[8]

No todos los demás dirigentes del Estado estaban de acuerdo con esta visión. Mientras Mao meditaba sobre literatura y filosofía, Deng Xiaoping tenía que planificar de forma centralizada una economía. Deng y otros líderes del Estado decidieron que los planes quinquenales eran demasiado difíciles de ejecutar si el Estado no podía controlar el nivel de población. Lograron persuadir a Mao para que aceptara algunas políticas de planificación familiar. A lo largo de la década de 1970, Mao autorizó una política de control de la natalidad que incluía una serie de incentivos y multas, fomentaba el matrimonio tardío y daba un mayor acceso a los anticonceptivos.

Pero Mao también era temperamental. A veces escuchaba a los demás; otras, se retorcía contra sus limitaciones. Antes de que Mao lanzara la Revolución Cultural, la población de China superó los setecientos millones. La agitación continua que Mao puso en marcha provocó una década de convulsión política. En el punto álgido de la Revolución Cultural, había grupos de trabajadores que se enfrentaban entre sí por la doctrina izquierdista, las turbas vapuleaban a personas a las que declaraban contrarrevolucionarias en mítines masivos, y la mayor parte de la enseñanza y del trabajo se detuvo para que la gente pudiera atender la llamada de Mao a la revolución. El caos terminó tras la muerte de Mao en 1976. Para entonces, el país estaba en ruinas.

Entre las víctimas se encontraba la mayor parte de las funciones básicas del Gobierno. La Revolución Cultural había transformado en farsa cualquier cosa que requiriera tanta organización como un censo nacional. Deng Xiaoping, Chen Yun (el alto cargo más veterano en el diseño de política económica) y otros dirigentes sabían que la población china era grande, pero iban a ciegas en cuanto a las cifras reales. La cúpula calculaba que la población podría haber superado los novecientos millones. Cuando las autoridades estadísticas estimaron que la población rondaba casi los mil millones de personas a finales de 1978, la dirigencia reaccionó con estupor. Ya no se celebraba el aumento de la población. Tantas bocas hambrientas amenazaban con desbordar las modernizaciones de Deng.

Entonces, uno de los ingenieros más notables de China ofreció una solución que parecía del todo racional. Song Jian era un científico de misiles que hablaba el lenguaje de las matemáticas y de la teoría del control. El remedio que propuso fue la política de hijo único.

Song Jian era un hombre corpulento, con una nariz bulbosa enmarcada por carrillos abultados, bajo un peinado que disimulaba la calvicie. En las conferencias académicas, en las que Song a menudo pronunciaba la conferencia inaugural, hablaba con un ceceo agudo, puntuando sus observaciones con sonrisas y enérgicos barridos con las manos carnosas. Song parecía algo engreído, pero tenía motivos para serlo: pocos científicos han visto sus argumentos adoptados por los máximos dirigentes de China. En cuanto a su influencia política, Song Jian podría compararse con Albert Einstein, cuya carta a la Casa Blanca inspiró la creación de la bomba atómica por parte de Estados Unidos.

Song nació en 1931 en una familia rural de Shandong, una provincia septentrional que es la segunda más poblada de China. Durante la infancia de Song, el Ejército Imperial Japonés desembarcó en Shandong, que era de las zonas más devastadas por la guerra. Song creció en una zona ocupada y se unió al Octavo Ejército de Ruta comunista cuando era adolescente; servía de día y asistía a la escuela por la noche. Song fue el único de su instituto en conseguir plaza en la universidad. En 1953 se le presentó una oportunidad aún más rara: estudiar en la Unión Soviética.

En la Universidad Estatal de Moscú, Song entró en contacto con el apasionante nuevo campo de la cibernética. Esta disciplina matemática era uno de varios campos nuevos, entre ellos la investigación operativa y la computación, que se desarrollaron a partir de investigaciones realizadas durante la Segunda Guerra Mundial. El libro *Cybernetics* de Norbert Wiener, publicado en 1948, se convirtió en un éxito no porque estuviera lleno de ecuaciones, sino por su embriagador subtítulo: *Control and Communication in the Animal and Machine*. La idea central consistía en desarrollar las matemáticas necesarias para controlar sistemas complejos, realimentando sus algoritmos con las salidas de datos como una optimización continua. Es el estudio de la regulación y el control de sistemas tecnológicos o biológicos. La verdad es que la cibernética es un caramelito intelectual: tiene una premisa electrizante (se rodea de términos como *aprendizaje automático* y *análisis de sistemas,* irresistibles en sí mismos), y la vaguedad inherente en su construcción le proporciona el espacio teórico suficiente para evitar la refutación. Es un concepto que puede quedar latente, pero que nunca pasa de moda por completo. La Conferencia de Dartmouth de 1956 acuñó el término *inteligencia artificial* en parte como reacción a la cibernética; Martin Heidegger afirmó que la filosofía estaba muriendo y que la cibernética sería su sucesora.

Después de que las relaciones entre la Unión Soviética y China se rompieran, Song regresó a Pekín en 1960. Pero permaneció fascinado por la cibernética el resto de su vida. En Pekín, Song fue nombrado uno de los científicos principales del Séptimo Ministerio de Construcción de Maquinaria, la agencia estatal encargada de los cohetes, donde ayudó a desarrollar los misiles balísticos chinos lanzados desde submarinos.

Song no era solo un científico dotado; también poseía un olfato fino para maniobrar con éxito en busca de influencia política. Song cayó bajo la tutela de Qian Xuesen, el científico más conocido del país, que fue expulsado de Estados Unidos y luego ayudó a desarrollar las armas nucleares de China. Song trabajaba de día en sistemas de guiado de misiles y dedicaba las noches a escribir un manual con Qian, titulado *Engineering Cybernetics.* Era lo bastante conocido como para que saquearan su casa durante la Revolución Cultural. Cuando los estudiantes acusaron a Song de espionaje (debido a sus ocasionales intercambios con científicos extranjeros), un alarmado Zhou Enlai lo envió, junto a otros científicos de élite, a la base de lanzamiento de satélites de China, en el desierto del Gobi, para protegerlos.

Los científicos militares como Song Jian constituían una clase políticamente privilegiada bajo el régimen socialista. En lugar de verse obligados a hacer la revolución, el Estado los facultaba para construir bombas y misiles. El Partido Comunista trataba a los científicos militares con mayor deferencia que a los científicos sociales, cuyas declaraciones sobre economía o sociología chocaban con frecuencia con Mao. A lo largo de la década de 1950, el presidente había acosado sin piedad a un economista que defendía el control del nivel de población. Los científicos militares también estaban mejor conectados políticamente que la mayoría de los profesores universitarios, que no podían contar con que los máximos dirigentes del partido los escucharan. Entre los privilegios de Song se encontraban participar en intercambios académicos con partes del mundo exterior, así como el acceso a uno de los pocos ordenadores avanzados de China. Él y otros científicos militares tenían licencia política para irrumpir en cualquier ámbito intelectual que les complaciera.

En aquel momento, el mundo estaba sumido en la ansiedad del colapso medioambiental. Científicos naturales como Paul Ehrlich (coautor de *The Population Bomb*, 1968) y organizaciones como el Club de Roma (que publicó *The Limits to Growth* en 1972) explicaban que, a medida que la población mundial superaba la «capacidad de carga» del planeta, la humanidad se encaminaba a experimentar algo entre el declive gradual de los niveles de vida y la extinción total de la vida humana. Los científicos occidentales se preocupaban en particular por China y la India, que estaban muy pobladas y eran muy pobres. Song seguía diseñando misiles cuando la muerte de Mao despejó el camino para debatir el control del nivel de población.

Un viaje al extranjero para escuchar a los profetas de la catástrofe medioambiental convenció a Song de que China necesitaba medidas radicales para controlar el nivel de población. En 1978, voló de Pekín a Helsinki para participar en una conferencia sobre cibernética, donde escuchó las opiniones de moda de científicos naturales que advertían de la catástrofe, incluidas las presentaciones destinadas a determinar en qué año descendería el apocalipsis. Song escribió más tarde que se sintió «extremadamente excitado» al escuchar esas intervenciones.[9]

Cuando regresó a Pekín, reclutó a algunos científicos del ministerio de misiles para estudiar la población. Fue un desafío, porque el censo anterior de China se había completado en 1964 y nadie tenía una idea real de cuán grande era la población. Tuvieron que apoyarse en extrapolaciones demográficas imprecisas, y al final llegaron a dos conclusiones:[10]

- Primero, que si el crecimiento de la población china se dejaba sin control (a una tasa de 3,0 hijos por mujer), el país tendría tres mil millones de personas en 2050 y más de cuatro mil millones en 2080.[11]
- Segundo, que los recursos naturales de China implicaban un tamaño poblacional óptimo. Song había introducido distintas variables en sus cálculos de análisis de sistemas: las hectáreas de tierra cultivable de China; la cantidad de agua; las tendencias a largo plazo del crecimiento esperado de la agricultura, la industria y los servicios. Los resultados del modelo concluyeron que la población óptima de China no debía superar los setecientos millones.

Hoy, estas proposiciones se ven como un auténtico disparate. Todo estaba equivocado. Song escribió: «La población de China en la segunda mitad del próximo siglo subiría hasta los 4,5 mil millones, igualando a la población total del mundo actual. Y seguiría creciendo para siempre». Solo un ingeniero podría haber creído en este tipo de análisis en línea recta, como si la población pudiera crecer a un ritmo invariable. Song no era consciente de que las tasas de fecundidad podrían caer a medida que aumentaran el crecimiento económico y el nivel educativo, como ya habían comprobado los países vecinos de Asia oriental. También presuponía que China tenía un *stock* fijo de recursos, sin dejar espacio a la posibilidad de que el cambio tecnológico, o el giro de Deng alejándose de la economía planificada pudiera incrementar la productividad agrícola. De forma irónica, este pensamiento mecanicista convertía a Song en un mal cibernético, porque su modelo no lograba ser dinámico ante la retroalimentación.

En cualquier otro contexto, estos cálculos podrían haberse descartado como un ejercicio poco serio. Pero eran los años setenta, cuando los máximos dirigentes de China no necesitaban a extranjeros para decirles que el país afrontaba tensiones económicas. El lugar era Pekín, donde Deng Xiaoping y Chen Yun imaginaban que las Cuatro Modernizaciones salvarían a China, si tan solo se seguía la ciencia. Y el científico era Song Jian, conocido y de confianza para el *establishment* político. Cuando Song aseguró a la dirigencia china que la trayectoria de la población podía controlarse con tanta firmeza como la trayectoria de los misiles, le escucharon.

La antropóloga Susan Greenhalgh rastreó la influencia de Song en la política del hijo único en su notable libro *Just One Child*. Durante las conferencias sobre políticas públicas, Song y su equipo de científicos de élite defendieron su postura con cálculos realizados en los ordenadores más sofisticados de China. Los escépticos de la política del hijo único hacían proyecciones de población con la ayuda de un ábaco[12] o de una calculadora de mano.[13] Song Jian presentaba la proyección de su grupo en líneas precisas, generadas a máquina, sobre papel milimetrado; otros grupos dibujaban garabatos irregulares a mano. Nunca fue una lucha justa. Los científicos militares superaban a sus oponentes intelectuales en todos los aspectos posibles.

Probablemente, China habría impuesto un control radical de la natalidad con o sin Song Jian. A finales de la década de 1970, sus dirigentes pensaban que algún tipo de control era necesario. Song presentó el argumento científico de que China podía permitir a las parejas tener como máximo un hijo. Algunos grupos murmuraron objeciones: secretarios locales del partido que entendían que sería intolerable para la población rural; científicos sociales que señalaban los problemas que crearía para la jubilación; y el ejército, que se preocupaba por el reclutamiento.

Perdieron. Del lado de Song estaba el formidable Chen Yun, que presionó con fuerza a favor de la política del hijo único. El resto de los dirigentes estuvo en gran medida de acuerdo. Solo unos pocos responsables políticos se preguntaron si no sería mejor permitir dos hijos por pareja y si la educación y un mayor acceso a los anticonceptivos no serían suficientes. La voz decisiva de Deng Xiaoping se inclinó a favor de un solo hijo. Él y Chen Yun eran administradores curtidos que comprendían de forma intuitiva que fijar el objetivo de un solo hijo simplificaba la tarea de los millones de funcionarios locales responsables de hacer cumplir la norma. Song Jian empujó una puerta que ya estaba abierta. Sus proyecciones les permitieron creer que el objetivo más burdo era también el más necesario.

Pekín adoptó la política del hijo único en 1980.

La autoridad de Song encajaba con los objetivos de Deng de presentar sus nuevas políticas como una fuerza modernizadora y científica, con gráficos trazados con precisión que lo demostraban. Deng y Chen Yun empezaban a pensar en el crecimiento de China en términos per cápita, lo que los empujó a una línea de pensamiento equivocada: consideraban que los recursos por persona eran mayores cuando había menos personas. Años más tarde, Song se jactó de lo mucho más inteligentes que eran los científicos naturales frente a los científicos sociales. Su estrategia, si alguna vez le atacaba alguien, consistía en «retirarse al santuario del alto prestigio de las ciencias naturales».[14] Song nunca dejó de felicitarse a sí mismo. En un libro de 1988, *Population Systems Control*, él y un coautor escribieron: «Mediante el uso de metodologías de investigación estadística y cuantitativa, los estudios de población han sido liberados de la interferencia de las emociones humanas y del efecto dañino de la ética popular».[15]

El Partido Comunista, sin embargo, no podía ignorar por completo las emociones humanas y la ética popular. Sabía que la gente reaccionaría con incredulidad ante esta política. Con un enfoque casi sin precedentes, el Partido Comunista publicó una carta abierta dirigida a todos sus miembros en la que les pedía que tuvieran un solo hijo para dar ejemplo. Según Greenhalgh, las autoridades de propaganda otorgaron a Song Jian el honor de redactar el primer borrador.[16] El resultado fue tan bien como cabía esperar. Song era demasiado arrogante como para dirigirse al pueblo con tacto, de modo que los funcionarios descartaron su borrador y encargaron la tarea a los profesionales de la propaganda.

La carta abierta, de mil seiscientas palabras, se publicó en el *Diario del Pueblo* ese mismo mes de septiembre.[17] «Con el fin de mantener la población de China por debajo de 1,2 mil millones a finales de este siglo —comenzaba—, el Consejo de Estado ha hecho un llamamiento al pueblo de todo el país, abogando por que cada pareja tenga un solo hijo. Se trata de una medida importante relacionada con las Cuatro Modernizaciones, con la salud y la felicidad de las generaciones futuras, y con los intereses a largo plazo y los intereses presentes de todo el pueblo. El Comité Central exige a todos los miembros del Partido Comunista que tomen la iniciativa... de llevar a cabo de forma activa, responsable, paciente y meticulosa la labor de propaganda y educación entre las masas».

Esta carta adoptaba un tono suplicante. «Abogaba» por que las parejas tuvieran un solo hijo. Se esforzaba por parecer razonable, citando el estancamiento del nivel de vida y la presión que la población ejercía sobre las tierras agrícolas. Incluso hoy, el nombre de la política apenas evoca la violencia que implica su aplicación: cuadrillas de ejecutores introducían las manos en las partes más íntimas del cuerpo de una mujer para llevar a cabo, en ocasiones, esterilizaciones y abortos forzados. La puesta en práctica de la política del hijo único significó obligar a una población en su mayoría rural a cambiar hábitos profundamente arraigados. Fue pura ingeniería social y demográfica a gran escala.

La política del hijo único comenzó como una campaña de choque y maduró hasta convertirse en un aparato administrativo laberíntico. Pocas familias chinas se libraron de verse afectadas a lo largo de los treinta y cinco años de existencia de esta política. Para 1990, para poder tener un primer hijo, una mujer necesitaba hasta doce documentos de su lugar de trabajo y de diversos funcionarios del partido, además de un formulario de consentimiento en el que aceptaba medidas anticonceptivas tras el parto.[18] Los menos afortunados quedaron atrapados en las campañas masivas de esterilización y aborto que barrieron el campo. Para las familias rurales que describen cómo fue vivir aquellos años, «desgarrador» es el primer adjetivo que les viene a los labios.

Pekín designó a Qian Xinzhong, antiguo general del Ejército Popular de Liberación, como jefe de la Comisión Estatal de Planificación Familiar. Qian planificó la fase inicial de la aplicación con mucho cuidado, como si fuera una campaña militar. Instó a equipos itinerantes de funcionarios de planificación familiar a ser «brigadas de choque»; debían aplicar «tácticas hombre a hombre» en la gran batalla por la planificación familiar. En su concepción era crucial el «ataque de choque», un término proveniente de las campañas socialistas que enfatizaba la movilización política para lograr resultados decisivos. Estos equipos estaban formados por cuadros del Estado y del partido, ejecutores locales y un equipo médico que recorrería las aldeas. Los hospitales debían estar preparados para llevar a cabo los «cuatro procedimientos»: inserciones de DIU, ligaduras de trompas, vasectomías y abortos.

Qian lanzó a estas tropas de choque contra la desconcertada masa del campesinado chino. Cuando la política del hijo único comenzó en 1980, la tasa de fecundidad en las urbes ya tendía hacia 1,0 hijo por pareja, mientras que la fecundidad rural se acercaba más a 2,5.[19] Para las cuatro quintas partes de los chinos que vivían en el campo, tener varios hijos era la base de la seguridad económica. Sin varios hijos (e idealmente varones), un agricultor no podía contar con suficiente mano de obra y apoyo en la vejez.

En 1982, China estaba por fin lo bastante organizada como para emprender su primer censo desde 1964. A Deng y Chen se les cayó el alma a los pies al contemplar los resultados: la población china había aumentado en trescientos millones en esos dieciocho años, convirtiéndose en el primer país en superar los mil millones de personas. La dirigencia se convenció aún más de la necesidad del control de la población. El Partido Comunista había declarado la planificación familiar una «política nacional fundacional» y la incorporó a la constitución, sacándola del ámbito del debate y dando alas a los instintos más despiadados de Qian.

En 1983, Qian movilizó todas las instancias y oficinas del partido y del Estado, a todos los niveles, para darle un gran empujón a la política del hijo único. Aquel año, el Estado esterilizó a dieciséis millones de mujeres y llevó a cabo catorce millones de abortos. En comparación, en 1975, el año previo a la política, el Estado había realizado solo tres millones de esterilizaciones y cinco millones de abortos.

Para alcanzar esas cifras era imprescindible intensificar las tácticas coercitivas. La primera medida del arsenal oficial era la intimidación. Los funcionarios locales visitaban a las mujeres embarazadas como parte de «grupos de persuasión». Esta cuadrilla, de hasta diez hombres, rara vez aparecía como defensores de palabra empalagosa. Un académico estadounidense se presenció en Guangdong cómo separaban a un grupo de mujeres de sus maridos y las enviaban al salón municipal. Allí recibían charlas incesantes para que renunciaran a su embarazo por el bien del país, y luego las llamaban una a una para dar su consentimiento a un aborto, mientras se les prohibía regresar a casa hasta que lo hicieran.[20] Un reportaje de *The New York Times* de 1982 citaba a un funcionario de planificación familiar de Guangdong que decía: «De media, a cada persona hay que persuadirla diez veces. La persona más difícil puede requerir hasta cien». El artículo también menciona a mujeres llevadas a mítines masivos y acosadas verbalmente hasta que aceptaban el aborto.[21]

Los eslóganes exhortaban a los cuadros a no aflojar. «Cualquier método que reduzca la fecundidad es un buen método», decía uno.[22] «Tomad todas las medidas y superad las dificultades de forma creativa», decía otro.[23] Esto equivalía a dar carta blanca para usar cualquier medio necesario a fin de interrumpir un embarazo. La intimidación a menudo funcionaba: pocas familias podían soportar hasta cien visitas de un elenco rotatorio de funcionarios cada vez más insistentes. Pero si las tácticas seguían sin dar resultado, los funcionarios podían amenazar con despidos o multas equivalentes a varios años de salario. Podían detener a la mujer o a un miembro de su familia, lo que implicaba pagar la comida cada día sin poder contactar con el exterior. A veces se llevaban muebles o máquinas de coser, se incautaban de vacas y de otros animales, o enviaban una excavadora para arrancar el tejado de su casa.[24] Una familia que pensara que tenía medios para mantener a un hijo más tendría entonces que preguntarse si aún podía hacerlo con lo que le quedaba.

Nada era más importante que cumplir las cuotas numéricas. Los funcionarios locales recibían primas en efectivo y una buena evaluación si alcanzaban sus cuotas de esterilizaciones y abortos; si no lo hacían, les reducían el sueldo y los degradaban. Hacer cumplir la planificación familiar formaba parte de la evaluación de un funcionario. Nicholas Kristof, entonces corresponsal en China, escribió sobre una mujer que estaba embarazada de siete meses cuando los funcionarios exigieron que diera a luz de inmediato. Estos funcionarios formaron una brigada de choque para reunir a todas las mujeres en el tercer trimestre de embarazo porque les quedaban cuotas de nacimientos por cubrir ese año, y no estaban seguros de si tendrían muchas embarazadas al siguiente. Contra las objeciones de los médicos de la mujer, le indujeron un parto prematuro.[25] Kristof describió cómo estuvo a punto de desangrarse hasta morir. El hijo murió y a ella le quedó una discapacidad física.

Si una mujer seguía sin ser persuadida, entonces los funcionarios podían llevar a cabo un aborto forzoso. A menudo actuaban en el tercer trimestre, porque la mujer ya no podía ocultar el vientre abultado. En algunos casos, el bebé salía con vida. Michael Weisskopf, que informó sobre la política del hijo único en una serie de artículos para *The Washington Post* en 1985, escribió que a veces los médicos inyectaban formol en la cabeza a un bebé o le aplastaban el cráneo con el fórceps.[26] Lo más habitual era que los médicos asfixiaran al recién nacido o lo dejaran morir al no atenderlo.

La provincia natal de Song Jian, Shandong, vivió el incidente más notorio de esta aplicación estricta. Zeng Zhaoqi, recién nombrado secretario del partido del condado de Guan, se sintió humillado al ver que ocupaba el último lugar de la provincia en cuanto a la planificación familiar. Así que convocó un día de abril a los veintidós funcionarios del partido más veteranos, los reprendió por sus fracasos y les gritó que debían mejorar sus medias. Exigió que hubiera cero nacimientos en el condado entre el 1 de mayo y el 10 de agosto. En informes hoy censurados, los residentes decían que se obligó a todas las mujeres a abortar, sin importar lo avanzado que estuviera el embarazo, o si este estaba autorizado.[27] Zeng encontró matones de otros condados —puesto que los de la zona se resistían a hacer daño a los suyos— para impedir los nacimientos.

Este incidente del condado de Guan es conocido por dos nombres: «los cien días sin niños» y también «la matanza de los corderos», puesto que 1991 fue el año de la oveja en el zodiaco chino. Aquella matanza le fue bien a Zeng. Recibió su recompensa en forma de ascensos sucesivos y cada vez más codiciados en Shandong. Sus superiores no parecieron advertir la ironía cuando lo nombraron más tarde subdirector del comité provincial de Cuidado de las Generaciones Futuras.[28]

Aunque Qian Xinzhong no dudaba en ordenar abortos tardíos, su herramienta preferida era la esterilización. Los abortos eran sucios y traumáticos para todos; la esterilización era más sencilla de llevar a cabo y podía representar una solución decisiva. Los médicos podían implantar de forma automática un DIU justo después de un parto, a veces sin molestarse en informar a la paciente. Dado que las mujeres intentaban retirarse estos anillos implantados, Qian prefería la ligadura de trompas, un procedimiento irreversible. Defendía la esterilización universal de las parejas que ya tuvieran dos hijos.[29] Esto no se aplicó en todas partes, aunque hay informes de maternidades que esterilizaban a las madres justo después del segundo parto.[30] La esterilización automática era un paso que provocaba inquietud en Pekín. Como la mortalidad infantil seguía siendo alta, las familias rurales temían la pérdida permanente de la capacidad de tener ni siquiera un hijo. Pero para 1999, las estadísticas del ministerio de Sanidad de China muestran que el treinta y cinco por ciento de las mujeres casadas en edad reproductiva habían sido esterilizadas.[31]

La campaña resultó agónica para la gente del campo. Se indignaban porque el Estado los estaba tratando exactamente igual que ellos trataban a su propio ganado. El Estado esterilizaba a las esposas y las hijas de forma muy parecida a como los granjeros castraban a las cerdas. No ayudaba que las cuadrillas de aborto a veces se llevaran a las mujeres, literalmente, en jaulas para cerdos. Weisskopf escribió en *The Washington Post:* «Ataron a las futuras madres, incluidas muchas en el último trimestre de embarazo, las esposaron, las cargaron en jaulas de cerdos y las llevaron en camiones hasta las mesas de operaciones de las clínicas rurales».[32] El coste sobre el cuerpo de las mujeres fue enorme. Los anillos de DIU de acero inoxidable insertados tras los partos generaban problemas físicos a largo plazo, provocaban sangrados menstruales y tendían a desgastarse al cabo de dos años. Los abortos y las ligaduras de trompas invasivas se hacían a menudo con prisa y en masa, a veces sin anestesia. Los hombres podían haberse ofrecido voluntarios para la vasectomía, pero, por lo general, la ligadura de trompas era cuatro veces más común que la vasectomía.

La política del hijo único no dio tantas dificultades en las zonas urbanas. En las ciudades, muchas personas fueron capaces de desenvolverse en esa situación. También era más probable que tuvieran medios para viajar al extranjero y tener un segundo hijo. Y el partido avanzó con cautela en regiones minoritarias inquietas, puesto que los problemas asociados a la superpoblación los causaban los colonos han mayoritarios en el Tíbet o Xinjiang, no la población local. A veces, los aldeanos podían pagar la multa por un hijo adicional y seguir con su vida. Otras veces, un soborno podía servir. Al fin y al cabo, los funcionarios locales también tenían interés en encubrir, y protegerse tanto a sí mismos como a sus aldeanos.

Cuando la gente necesitaba resistir una arremetida del poder, empuñaba lo que James C. Scott llamó «las armas de los débiles».[33] El medio más directo de resistencia consistía en escapar a otra aldea. Una madre podía regresar con un recién nacido y esperar clemencia ante un hecho ya consumado. Pero era una estrategia arriesgada traer al mundo a un hijo que no estuviera previsto. Muchas jurisdicciones no les permitían acceder a la escolarización o a los beneficios médicos disponibles para un nacimiento autorizado. Eso significaba que podían perderse las vacunaciones tempranas, quedar excluidos del proceso de matriculación escolar y sufrir la pérdida de sus derechos sobre la tierra. Eran, en esencia, ciudadanos de segunda o tercera clase cuyo destino más probable era convertirse en migrantes no cualificados.[34]

Las mujeres intentaban sincronizar su embarazo para dar a luz en invierno, cuando podían ocultar el vientre bajo las gruesas capas de ropa. Los funcionarios sabían que no estaban detectando todos los embarazos, así que ofrecían recompensas económicas a los vecinos para que delataran. Como los grupos minoritarios de China disfrutaban de cierta indulgencia para tener más de un hijo, la gente descubría una ascendencia tibetana, dai, miao o similar que antes había olvidado declarar a las autoridades. Cuando Pekín flexibilizó la política, permitiendo a las familias tener un segundo hijo si el primero tenía una discapacidad, el escritor Peter Hessler contó la historia de una familia que alquiló a un niño con discapacidad y afirmó que era suyo en la solicitud de un permiso para un segundo nacimiento (que tuvo éxito).[35]

Enfrentarse a los funcionarios de planificación de la natalidad era solo el último recurso. La gente del campo decía que estos funcionarios iban solo a por tres cosas: el dinero (mediante las multas), el grano o la vida. A veces, los aldeanos enfurecidos tomaban represalias contra los funcionarios destruyéndoles la casa o el ganado. Secuestrar a los hijos de los jefes de brigadas de choque se convirtió en una fantasía común, a veces ejecutada. Provocar un incendio era una venganza tan habitual que los cuadros desarrollaron una fobia al fuego: diez días después de que una persona fuera ascendida a «jefe de equipo de ligaduras de trompas», su casa quedó arrasada hasta los cimientos.[36] Los ataques contra los funcionarios de planificación de la natalidad se volvieron tan frecuentes que algunas zonas redactaron leyes específicas para prohibir las represalias: Shaanxi, por ejemplo, aprobó una ley contra «insultar, herir o difamar al personal de planificación de la natalidad o a sus familias». El Gobierno acabó creando un plan especial de seguros para cubrir accidentes y daños en el hogar de los funcionarios de planificación familiar.[37] Se convirtieron en algunas de las personas más odiadas del funcionariado chino, pero estos ejecutores tenían poca autonomía y pocos privilegios. Solo la mitad había terminado la secundaria, y solo uno de cada ocho tenía formación médica, aunque a muchos los pusieron a realizar procedimientos invasivos.[38] La mayoría cobraba poco y siempre andaba con la moral baja, ya que otros funcionarios los trataban con desprecio mientras aplicaban la política del hijo único. En tres encuestas estatales distintas, más de la mitad de los funcionarios de planificación de nacimientos expresaron su deseo de dejar el trabajo.[39]

El cenit de la política del hijo único fue el gran empujón de Qian en 1983. Más tarde, ese mismo año, perdió su cargo. Entonces, Pekín relajó ligeramente la política, y publicó nuevas directrices para repudiar las tácticas de choque, que permitían que más parejas tuvieran un segundo hijo, especialmente en las zonas rurales. La brutalidad, sin embargo, continuó. Los anuarios sanitarios de China revelan otra riada de esterilizaciones y abortos en 1991, el año de la matanza masiva en el condado de Guan de Shandong, cuando una gran cohorte de mujeres llegó a la edad fértil. Después de eso, la política del hijo único se volvió menos confrontativa, aunque el nivel de esterilizaciones y abortos siguió siendo elevado.

Durante más de una década, la política del hijo único produjo una campaña de terror rural. Los funcionarios locales tenían que convencer a la gente de que iban en serio cuando hablaban de cambiar los hábitos reproductivos. La documentación de aquella época, que en ocasiones aflora incluso en los medios estatales, informa de esterilizaciones y abortos forzosos, así como de incidentes públicos de ahogamiento de recién nacidos para que la gente comprendiera que el Estado y su política del hijo único no podían tomarse a la ligera. El Estado intentaba imponer el acatamiento mediante el cambio de las actitudes culturales.

Uno de los legados más notorios de la política del hijo único fue la elevada tasa de infanticidio femenino. Las familias rurales solían tener dos preferencias: tener varios hijos, y que al menos uno fuera varón. La política del hijo único comprimió esos deseos en una simple y llana preferencia por los hijos varones. Los informes de infanticidio femenino se amontonaban en las oficinas gubernamentales. Las niñas eran asfixiadas, ahogadas, envenenadas o abandonadas en montones de basura en cuanto nacían. «En la actualidad, el fenómeno de degollar, ahogar y dejar morir a bebés de sexo femenino, y de maltratar a mujeres que han dado a luz bebés de sexo femenino, ha sido muy grave», admitían con desconsuelo los medios estatales.[40] «Se ha convertido en un grave problema social». A comienzos de los años noventa, las máquinas de ultrasonido se usaban de forma generalizada, lo que permitió a los padres recurrir a abortos selectivos en función del sexo. Eso significó menos asesinatos tras el nacimiento, pero no impidió que la proporción oficial de sexos al nacer alcanzara en 1999 los 120 niños por cada 100 niñas. Desde entonces, esa proporción ha descendido a 111 niños por cada 100 niñas. Sin embargo, en las décadas intermedias, los demógrafos estiman que «faltan» alrededor de cuarenta millones de mujeres.[41]

No todas las familias eran capaces de renunciar a una hija recién nacida. Kay Ann Johnson, profesora de Massachusetts que hacía trabajo de campo en el norte de China, adoptó a una niña de tres meses. Dos décadas después escribió un libro conmovedor, *China's Hidden Children*, en parte —como ella decía— para ayudar a los niños chinos adoptados en el extranjero a comprender las complejas circunstancias de sus padres biológicos. Algunos niños imprevistos o adoptados llegaban a decir, ya a los tres años, cosas como «nunca debería haber nacido», cuando se enteraban de su propia discriminación legal o de su abandono.[42] En decenas de entrevistas, Johnson comprobó que las familias rurales (y no solo las madres, también los padres) experimentaban cicatrices emocionales duraderas por la angustia y la rabia de no poder quedarse con su hijo. Sentían que no tenían elección, pero también sufrían una profunda sensación de pérdida y fracaso personal.

Cuando los padres biológicos abandonaban (casi invariablemente) a su niña, intentaban encontrar una buena familia adoptiva, por lo común una pareja sin hijos o una familia ya con varios varones. Tras dejar a la niña en el umbral, tiraban petardos para llamar la atención. Cualquiera que saliera a su puerta miraría hacia abajo y, al ver a un recién nacido, comprendería de inmediato la tarea que se le pedía. Si los padres biológicos no podían identificar a una buena familia, llegaban a abandonar a la niña en la ciudad, a regañadientes, pues tenían poca idea de quién podría recogerla. Oír el llanto de un bebé desde dentro de una caja de cartón o junto a un montón de basura se convirtió en una historia habitual para la gente de la ciudad.

La política del hijo único incrementó tanto los abandonos como los secuestros de niños. Aparecieron redes de tráfico para mediar entre familias que no podían quedarse con su hijo y familias que querían otro. A veces secuestraban niñas para satisfacer la demanda de futuras novias; casi siempre secuestraban niños, porque había más familias que querían hijos varones. El contrabando de niños se convirtió en una empresa interprovincial. En 2004 se encontraron veinticuatro niñas pequeñas en bolsas de transporte en un autobús de larga distancia, drogadas para que no hicieran ruido, de camino a juntarse con su familia adoptiva. Eso condujo a la desarticulación de una gran red de tráfico de bebés cuyos cabecillas fueron condenados a muerte.[43] Las redadas policiales para rescatar a niños traficados continuaron durante buena parte de la década de los 2000.[44]

Johnson relató varios casos de incautación forzosa de niños por parte del Estado.[45] En uno de esos casos, siete hombres asaltaron desde varias direcciones la casa de una familia con un hijo fuera del plan: «El Gobierno les había quitado al bebé, les había despojado de sus derechos parentales y los había dejado destrozados e impotentes», escribió Johnson. «Aquello fue un secuestro en toda regla por parte del Gobierno, que les dejaba a ellos sin nada a lo que recurrir».

El secuestro ejecutado por el Estado fue una de las consecuencias perversas de la política del hijo único. China empezó a enviar niños al extranjero a comienzos de los años noventa. Surgieron agencias de adopción para familias estadounidenses que viajaban a China a llevarse a casa a un niño. Aunque el proceso de evaluación de los padres extranjeros era riguroso, los procedimientos para poner bebés a su disposición no siempre eran transparentes. Los orfanatos no siempre trataban bien a los niños: un estadounidense en un viaje de adopción a Wuhan escribió que una familia de su grupo recibió dos avisos sucesivos de que el adoptado que le habían asignado había muerto.[46] Los convenios internacionales suscritos por Pekín exigían a los padres adoptivos hacer una donación. La cuantía de la donación requerida oscilaba entre tres mil y cinco mil quinientos dólares, una suma enorme para cualquier orfanato chino. Eso invitaba a pensar que los orfanatos estaban metidos en el negocio de la venta de niños al extranjero. Esa etiqueta a menudo no era justa. Por desgracia, los gobiernos locales a veces sí buscaban beneficiarse de esos grandes pagos.

Hunan, lugar de nacimiento de Mao y la provincia donde se han denunciado algunos de los peores abusos de la política del hijo único, se distinguió por sus excesos. Según se informa, los padres del condado rural de Longhui ocultaban a sus bebés en escondites cada vez que aparecían los funcionarios de planificación de la natalidad. Los funcionarios se llevaron al menos a dieciséis niños que no tenían la documentación en regla y los metieron en orfanatos.[47] Con el tiempo, unos pocos acabaron en Estados Unidos, Polonia y Holanda. Los residentes de Longhui han acusado al Gobierno de secuestrar a sus hijos para obtener ingresos, lo que plantea la horrenda posibilidad de que las familias adoptivas estadounidenses hayan acogido a niños que en realidad no habían sido abandonados.[48]

La política del hijo único persistió hasta la era de la viralidad de Internet. En 2012, Feng Jianmei, una madre de veintitrés años de la zona rural de Shaanxi, estaba embarazada de su segundo hijo. Cuando no pagó una multa que le exigían los funcionarios de planificación de la natalidad, la metieron a empujones en una furgoneta, la vendaron, le hicieron firmar un documento que no podía ver y le administraron inyecciones para inducirle un aborto. En sí mismo, aquello quizá no habría sido notable. Lo inusual fue que el marido de Feng subió una foto de ella —agotada y con su feto muerto y ensangrentado al lado— a las redes sociales incipientes de China. Cuando la publicación se hizo viral, los jóvenes reaccionaron con indignación. Un comentarista afirmó que el sistema de planificación familiar lleva «matando gente abiertamente en nombre de la política nacional durante años».[49]

Pekín tardó demasiado en acabar con la política del hijo único, en gran parte por la inercia burocrática. La Comisión Estatal de Planificación Familiar tenía más de quinientos mil trabajadores, más de un millón de ejecutores locales y seis millones de funcionarios rurales implicados en la aplicación de aquella política. Recaudó doscientos mil millones de dólares en multas a lo largo de su existencia, según los medios estatales.[50] Para los millones de personas a las que esta burocracia daba trabajo, valía la pena evitar que se acabase. La comisión seguía encontrando pruebas de que las familias ocultaban a sus hijos fuera del plan. Cuando el censo de 2010 demostró de forma concluyente que la tasa de fecundidad se había desplomado, el Gobierno central disolvió la comisión.

China puso fin a la política del hijo único con desgana: acabó con ella solo cuando la burocracia dejó de resistirse. La política del hijo único se convirtió en una política de dos hijos en 2015 y luego en una política de tres hijos en 2021. A lo largo de los treinta y cinco años de la era del hijo único, China realizó un total de 321 millones de abortos (no muy lejos de la población actual de Estados Unidos) y esterilizó a 108 millones de mujeres y a 26 millones de hombres.[51] En 2024, Pekín anunció que pondría fin a las adopciones internacionales. Para entonces, más de ciento cincuenta mil menores habían sido enviados al extranjero (alrededor de la mitad a Estados Unidos), casi todas niñas.[52]

Mientras escribía este capítulo en 2024, mi mujer, Silvia, sufrió un aborto espontáneo. Fue en el primer trimestre de su primer embarazo. Mientras llorábamos la pérdida, volví a escribir sobre estas campañas masivas de esterilización y aborto. Se volvió aún más difícil imaginar cómo el Estado arrastró a tantas mujeres a un aborto forzoso en el tercer trimestre de embarazo. Mientras tanto, las mujeres en Estados Unidos se inquietaban por los recortes a sus derechos reproductivos. Silvia y yo sentíamos que ni los abortos forzosos ni los abortos prohibidos son humanos, lo que significa que el Estado debería dejar elegir a las familias, y en especial a las mujeres.

Yo nací en 1992. Cuando hablé con mi madre sobre la era del hijo único, lo que más recuerda es la burocracia. Necesitó rellenar un montón de formularios para tenerme, entre ellos, uno en el que se comprometía a acatar las medidas anticonceptivas después de mi nacimiento. Se sorprendió cuando le dije que China registró el segundo número más alto de abortos el año anterior a mi nacimiento (catorce millones, apenas unos cientos de miles por debajo del pico del año de aplicación más duro, 1983). Como mis padres vivían en la ciudad, no sintieron la peor parte de esta aplicación, que recayó sobre el campo. También compartían las preferencias de fertilidad de la gente de ciudad, que tendían hacia un solo hijo. Mis padres hablaron de tener un segundo hijo cuando nos mudáramos a Canadá y yo tenía siete años. Pero no es que sintieran un impulso especialmente fuerte, así que no lo tuvieron.

La política del hijo único dejó huellas sutiles entre la gente de las ciudades. Los chinos de mi edad rara vez nos preguntamos unos a otros si tenemos hermanos; resulta bastante curioso si alguien los tiene. Tengo tres primas, y mi familia me anima a referirme a ellas como hermanas para crear cercanía.

El tiempo ha desgastado algunos recuerdos traumáticos, pero la gente del campo los tiene más presentes. Los extranjeros con curiosidad acerca de la política del hijo único probablemente no conseguirán saber mucho con los chinos con los que hablan, que tienden a ser personas relativamente privilegiadas de las ciudades. Es raro que la gente rural pueda estudiar y vivir en el extranjero. A veces incluso tienen dificultades para mudarse a las ciudades, dadas las restricciones del sistema de *hukou* —otro proyecto de ingeniería social— destinado a restringir la migración interna. La política del hijo único es otro recordatorio de una frase que se me quedó grabada a fuego: «Campesinos chinos, vuestro nombre es miseria».[53] La acuñó Sun Dawu, un empresario rural hoy encarcelado por su activismo.

La política del hijo único solo pudo surgir en el seno del Estado ingenieril. Ningún otro país habría dejado que un científico de misiles diseñara una política demográfica. Sus raíces se encuentran en parte en las tendencias al control de Deng Xiaoping y Chen Yun, que querían diseñar la población para poder diseñar la economía. En parte como reacción a Mao, y en parte usando el lenguaje que les proporcionó Song Jian, se veían a sí mismos actuando conforme a una ciencia desligada de las pasiones populares, basada en las preocupaciones ecológicas de Occidente y formulada en términos de teoría del control. Se entendían a sí mismos como tecnócratas.

La sociedad de abogados debatió la política del hijo único y la rechazó. Estados Unidos y otros países occidentales también consideraron implantar controles estrictos de población en reacción a *The Population Bomb*. Los científicos sociales, en especial los economistas, se apresuraron a criticar los fallos de estas proyecciones lineales. Sin embargo, en China, los científicos sociales se habían vuelto dóciles por el acoso de Mao. En ese momento crítico, el país carecía de los anticuerpos intelectuales necesarios para resistir la adopción de esa política. Los dirigentes chinos estaban lo bastante expuestos a Occidente como para absorber este catastrofismo neomalthusiano, sin estar lo bastante expuestos como para absorber la reacción occidental contra él.

La política del hijo único, por otro lado, solo pudo haberse aplicado en el Estado ingenieril. Aunque el Estado poseía una burocracia capaz de hacer cumplir controles de una escala tan extraordinaria, no existía una sociedad civil lo bastante desarrollada como para luchar por alguna protección legal frente a ese Estado. El Partido Comunista está construido para implementar campañas de este tipo. Eso hacen los partidos leninistas, jerárquicos y orientados a la movilización. Al poner al mando a alguien tan salvaje como el general Qian Xinzhong, pudo alcanzar cifras asombrosas de esterilizaciones y abortos.

La política del hijo único es uno de los errores más dolorosos y señalables del Estado ingenieril. Representa todo lo que puede salir mal cuando un país ve a los miembros de su población como agregados que pueden manipularse, en lugar de como individuos con deseos, objetivos o derechos.

Susan Greenhalgh relató la historia de Liang Zhongtang, que fue uno de los pocos opositores vocales a la política del hijo único dentro del partido. Sin embargo, no era más que un profesor en los confines de la provincia de Shanxi; estaba muy alejado de la elaboración real de políticas. Liang intentó hacer ver a la dirigencia china que los aldeanos eran personas, cuyos deseos reproductivos estaban arraigados en una red de valores culturales y necesidades económicas. Perdió claramente la batalla frente a la facción cibernética encabezada por Song, que veía a la gente rural como una variable que el Estado debía controlar según le conviniera.[54] «El tamaño de una familia es demasiado importante como para dejarlo a la decisión personal de una pareja», dijo Qian Xinzhong.[55] «Los nacimientos son una cuestión de planificación estatal, igual que otras actividades económicas y sociales, porque son un asunto de interés estratégico».

Para mis padres, era evidente que China lidiaba con la escasez cuando crecieron. Había cartillas de racionamiento para todo: arroz, huevos, aceite de cocina, bicicletas, un apartamento. Conseguir casi cualquier cosa era difícil. Mi madre y mi padre estaban entre un puñado de estudiantes capaces de conseguir plaza en la universidad. Cuando le pregunté a mi padre si la política del hijo único le parecía sensata, respondió: *ren tai duo.* ‘¡Demasiada gente!’ Es un estribillo común. Cualquiera que tome el metro en hora punta o visite lugares pintorescos durante las vacaciones nacionales aún puede oírlo entre murmullos en la actualidad.

No hay duda de que los chinos experimentaron una escasez severa de todo antes de la adopción de la política del hijo único en 1980. Pero estas carencias eran el resultado de la economía planificada socialista. Este sistema se caracterizaba por la colectivización agrícola, el énfasis en la industria pesada y un gasto fastuoso en defensa nacional; dejaba poco para la producción de bienes de consumo. Las carencias de consumo se aliviaron cuando Deng apartó a China del socialismo. No está claro si Deng era consciente de la ironía de intentar imponer una planificación sobre el nivel de población mientras trataba de desmantelar la planificación de la economía.

Aunque la población de China ha aumentado un cuarenta por ciento desde el inicio de la política del hijo único (Pekín duplica hoy su tamaño y Shanghái lo cuadruplica), los chinos viven mejor que nunca. Son ricos en posesiones materiales y pueden acceder con más facilidad a las cosas buenas de la vida. Ese cambio se produjo principalmente por ceder libertad económica y permitir que la gente comerciara con el resto del mundo. Y aunque las políticas económicas de Mao causaron hambruna y miseria, es difícil no estar de acuerdo con su observación de 1949: «Incluso si la población de China se multiplica muchas veces, es plenamente capaz de encontrar una solución. Esa solución es la producción».

En lugar de reconocer que no podía suministrar los bienes, el Partido Comunista decidió culpar a la gente. La «superpoblación» era el problema, no el sistema económico inadecuado en el que la dirigencia insistía.

Una vez la gente se adaptó a la política del hijo único recurriendo al infanticidio femenino, Pekín sintió cierta vergüenza por los titulares sobre el asunto. En vez de reconocer las decisiones imposibles a las que había forzado a la gente, el Partido Comunista volvió a echarle a esta la culpa. Los cuadros declararon que el infanticidio femenino era un síntoma de «prácticas feudales» y de una «mentalidad campesina». Cualquier esfuerzo por abordar de verdad el problema fue tibio, limitado a exhortaciones y a una campaña educativa. El control de población seguía siendo el problema principal de China. Los millones de niñas ausentes eran una preocupación secundaria y lejana.

El Partido Comunista también invocó el medio ambiente para justificar la política del hijo único. Poco después de implantarla, China inició su gran proceso de industrialización, que elevó el crecimiento económico mientras arruinaba gran parte de la ecología del país: contaminaba los lagos, introducía metales pesados en los suelos y enviaba humo de carbón al aire. No fue la superpoblación lo que destruyó los ecosistemas de ostras de Shenzhen; fue la industrialización dirigida por el Estado. La política del hijo único transcurrió en paralelo con la devastación desenfrenada del medio ambiente en China. Quizá la política incluso ofreció a los responsables políticos una licencia moral para justificar la devastación ambiental.

¿Cómo se recordará la política del hijo único? Al concluir en 2015, tres demógrafos ofrecieron una valoración en la revista *Studies in Family Planning:* «Las generaciones futuras probablemente mirarán hacia atrás, a la política del hijo único de China, con desconcierto e incredulidad. Para muchos será incomprensible por qué, de entre todos los países que afrontaron el desafío del rápido crecimiento poblacional en la segunda mitad del siglo xx, solo China llegó a tal extremo; incomprensible por qué, en una sociedad basada en el respeto a la familia, el parentesco y la piedad filial, el Gobierno impuso una política que terminó con muchos lazos de parentesco durante al menos una generación; incomprensible por qué China instituyó tal política después de que el país ya hubiera experimentado un descenso sustancial de la fecundidad; e incomprensible por qué China tardó tanto en poner fin a una política tan dañina».[56]

De entre todas las críticas a la política del hijo único, quizá la más dolorosa sea que no era necesaria para reducir la tasa de fecundidad de China. Esta tasa ya estaba cayendo por las anteriores políticas de planificación familiar menos coercitivas. La tasa de fecundidad de China era de alrededor de 6,0 por mujer al inicio de 1970; una década más tarde, cuando el Estado implantó la política del hijo único, la tasa ya había caído a 2,7.[57] Los demógrafos profesionales aún debaten hasta qué punto la política del hijo único produjo ese descenso de la fecundidad. Los medios estatales oficiales han afirmado que las medidas de planificación familiar a lo largo de cuatro décadas impidieron cuatrocientos millones de nacimientos.[58] Esa cifra está lastrada, sin embargo, por el mismo tipo de supuestos lineales incrustados en las proyecciones de Song Jian.[59] Los datos fragmentarios publicados por el Gobierno frustran cualquier intento de determinar el número de nacimientos evitados por la política del hijo único.

Los demógrafos atribuyen el mérito a Deng Xiaoping por reducir la fecundidad, pero no gracias a la política del hijo único, sino gracias a la reapertura económica. Las tasas más altas de urbanización, de nivel educativo y, sobre todo, de crecimiento económico han sido las mejores medidas anticonceptivas de la modernidad. Estos fueron factores que llevaron también a Japón, Corea del Sur y Taiwán a reducir la tasa de fecundidad.

El verdadero legado de la política del hijo único son las cicatrices psicológicas, en ocasiones cicatrices físicas para las madres, la desigualdad de género y una población que envejece con rapidez. Una población envejecida siempre fue una preocupación previsible con la política del hijo único. De hecho, se reconocía en la carta abierta del Partido Comunista de 1980. La carta apartaba de un manotazo las preocupaciones de que un futuro niño tuviera que mantener a sus cuatro abuelos; en cambio, decía que la política garantizaría tal prosperidad nacional que el Estado podría permitirse unas pensiones generosas para todos. Las autoridades de propaganda pasaron de pedir a la gente que confiara en el Gobierno, a pedirle que dejara de ser una carga para el Gobierno. Mientras que uno de los antiguos eslóganes propagandísticos decía: «Tened un hijo, será suficiente; el Estado cuidará de vosotros cuando seáis viejos»,[60] un nuevo eslogan dice ahora: «Tened tres hijos para no tener que buscar cuidados para la tercera edad financiados por el Estado».

Ni Song Jian ni Qian Xinzhong parecieron arrepentirse mucho de su papel en la política del hijo único. A Qian se le concedió un honor bastante curioso en 1983: el Fondo de las Naciones Unidas para la Población le otorgó (junto con Indira Gandhi, que presidió una campaña de esterilización forzosa en la India) su Premio de Población inaugural. No volvió a ocupar ningún cargo tras dirigir la comisión de planificación familiar, y murió en 2009 a los noventa y ocho años.

Song Jian aún sigue entre nosotros. A partir de 1980 ocupó una deslumbrante variedad de altos cargos: presidente de la Academia China de Ingeniería, ministro de Ciencia y Tecnología, consejero de Estado y miembro del Comité Central del Partido Comunista durante veinte años. Era un político nato.

Cuando la población de China no explotó, de igual manera pudo cantar victoria por haber desactivado la bomba demográfica de China. Song nunca perdió el entusiasmo por la cibernética. En un ambicioso artículo de 1984, abogó por un líder fuerte, que se apoyase en equipos de cuadros técnicos, para emplear la cibernética en la gestión de toda la sociedad.[61]

Se retiró en 2002, y su último proyecto tuvo que ver con la cronología. Tras visitar Egipto, se sintió avergonzado de que China, al parecer, careciera de una cronología detallada de su antigua civilización. Aunque China afirma tener cinco mil años de historia continua, los primeros miles están un tanto borrosos. Song estableció que la civilización china era mil cuatrocientos años más antigua de lo que decían los registros anteriores.[62] ¡Otra gran hazaña! A los chinos les encanta la idea de que las glorias pasadas de la nación fueron aún más gloriosas de lo que nadie había llegado a comprender hasta entonces.

Este fue el último ejemplo de cómo Song aplicó su mente brillante, junto con el entusiasmo de un aficionado, para servir a los fines del Estado. Su trabajo en cronología histórica podría ser inofensivo, pero su implicación en la configuración de la política del hijo único produjo muchísimos traumas. Quizá me equivoqué al comparar a Song Jian con Albert Einstein en términos de influencia tras poner el análisis científico en manos de dirigentes políticos. La comparación más adecuada para Song podría ser Trofim Lysenko, el agrónomo que se alineó con la ortodoxia soviética y ayudó a perpetuar hambrunas en la Unión Soviética.

El ejemplo de Song es una de las razones por las que me he vuelto suspicaz ante cualquiera que abogue por «seguir la ciencia». Debemos preocuparnos mucho si alguien con poder empieza a decir que la ciencia es, en sí misma, el objetivo a perseguir, en lugar de tener que situarla en un contexto social y ético. Todavía hay verdad, creo, en la pulla de Winston Churchill de que los científicos deberían estar «a mano, no al mando».

Para el año 2100, la población de China va camino de disminuir hasta setecientos millones de personas. Resulta que ese era el tamaño poblacional óptimo que calculó Song Jian.

Lejos de celebrar este declive, Xi Jinping y el resto de la cúpula china intentan revertirlo. A partir de 2022, cada año ha visto y verá a un poco menos de personas impulsando la gran odisea del Partido Comunista hacia el rejuvenecimiento nacional. En varias provincias las maternidades empiezan a cerrar porque hay menos recién nacidos.[63] En 2025, se espera que los pañales para adultos vendan más que los pañales para bebés.[64] China ya ha envejecido antes de hacerse rica: cuando la población de Japón empezó a disminuir (catorce años antes que la de China), era más del doble de rica.[65]

¿Ha habido alguna vez un país que haya dedicado tanto esfuerzo a agotar su propia población? Mao se quedaría pasmado ante la política del hijo único, al igual que casi cualquier otro dirigente mundial anterior a él. El poder viene de la gente. Los líderes políticos han tendido de forma universal a querer más de ambas cosas. El declive demográfico supondrá un lento desgaste de las capacidades reales de China para alcanzar la preeminencia geopolítica.

La baja natalidad de China inquieta a Xi Jinping y al resto del Partido Comunista. En la reunión de 2023 con la federación de mujeres, Xi juró que, durante su tercer mandato, su administración «mejorará e implementará políticas favorables a la fertilidad».[66] El paso a la política de dos hijos en 2016 y a la política de tres hijos en 2021 no produjo muchos más nacimientos. La tasa de fecundidad de China, de 1,0, es ahora más baja que la de Japón y sigue quedándose corta incluso frente a las proyecciones recientes de baja fertilidad.

Así que el partido se ha vuelto más explícito a la hora de culpar a un último grupo: las mujeres.

Es difícil ser mujer en China hoy. Muchas no sobrevivieron a la política del hijo único: hay aproximadamente cuarenta millones más de hombres que de mujeres. Aunque el país tiene bastantes empresarias y multimillonarias de éxito, Xi ha apartado a las mujeres de la cúspide del Gobierno chino. Su mensaje principal es que las mujeres deben convertirse en promotoras dóciles de la armonía familiar, lo que significa que han de tener más hijos. Ese tema también lo repite el resto de la sociedad. En vez de ser alegre, el Año Nuevo Lunar es un momento irritante para las mujeres chinas más jóvenes. Deben enfrentarse a las conversaciones con decenas de parientes, de quienes esperan solo una pregunta: «¿Cuándo te piensas casar?» a la soltera, y «¿Cuándo pensáis tener hijos?» a la casada.

La periodista y socióloga Leta Hong Fincher ha documentado los insultos descarados que las mujeres tienen que soportar, en especial por parte de los medios estatales. En su libro *Leftover Women*, relata cómo las mujeres tienden a ser descartadas (a menudo con desprecio) una vez alcanzan una edad «incasable», que los medios estatales consideran que son los veintisiete años. Documentó cómo las mujeres han de soportar todo tipo de titulares insultantes que lamentan su caso: «Ocho movimientos sencillos para escapar de la trampa de las mujeres sobrantes», y la columna publicada poco después del Día de la Mujer: «¿De verdad las mujeres sobrantes merecen nuestra simpatía?».[67] El objetivo de estigmatizar la soltería, escribe Hong Fincher, es impedir que las mujeres de las ciudades retrasen mucho más el matrimonio y la maternidad.

Los medios estatales son poco amables con las mujeres incluso si están casadas. Un editorial de Xinhua instaba a las mujeres a no armar un alboroto si descubrían una infidelidad conyugal: «Cuando descubras que él tiene una aventura, puede que montes en cólera. Pero debes saber que, si armas un escándalo, estás negándole al hombre su fachada familiar. Prueba a cambiarte de peinado o de forma de vestir».[68] La Federación de Mujeres es a menudo el amplificador de estos mensajes. Puesto que es la organización designada por el Estado para las cuestiones de las mujeres, a menudo está en posición de imponer políticas estatales. Una exempleada de la Federación de Mujeres dijo al *Wall Street Journal* que su oficina en Guangzhou dedica más presupuesto a darle a las empresas de redes sociales los temas sobre género que deben censurar que a la defensa misma de las mujeres.[69]

A medida que China pasa del control de la natalidad bajo Deng (y varios sucesores) a la promoción de los nacimientos bajo Xi, vuelve a apoyarse en las herramientas del Estado ingenieril. Pero el Estado empieza a ver que este dial no puede girarse en sentido inverso. Aunque el Estado ha tenido muchas herramientas para impedir los nacimientos, no parece encontrar las adecuadas para fomentar la cópula.

Los medios estatales están cada vez más desesperados por impulsar los nacimientos. En 2018, dos académicos propusieron la creación de un «fondo de natalidad», al que todos los trabajadores menores de cuarenta años deberían contribuir, para que las parejas que tuvieran más de un hijo pudieran solicitar un subsidio. Denunciada como un impuesto a quienes no tienen hijos, la propuesta no llegó a ninguna parte.[70]

En 2021, apareció un comentario sin firma en un periódico de los medios estatales exigiendo que todos los miembros del Partido Comunista tuvieran tres hijos, en términos inusualmente vehementes. «Eso no solo sería bueno para la familia», decía el editorial, «sino también para las necesidades del desarrollo nacional. ¡Tener tres hijos debe ser responsabilidad de cada miembro del partido! No pueden ofrecer razones endebles para no casarse y para tener solo uno o dos hijos».[71] Este editorial fue eliminado tras la polémica que se montó en Internet. Exigir a los cuadros políticamente leales que tengan muchos hijos no es algo nuevo. Aunque creo que Heinrich Himmler lo dijo mucho mejor cuando exhortó a los oficiales de las SS a tener más de cuatro hijos: «¡Pensad en Bach! ¡Era el decimotercer hijo de su familia! Después del quinto o sexto, o incluso del duodécimo hijo, si mamá Bach hubiera dicho "ya basta", lo cual habría sido comprensible, no tendríamos las obras de Bach».[72]

Tres décadas de persuasión a favor del hijo único han funcionado demasiado bien. Todas las mujeres en edad fértil crecieron en una China que insistía en que el mejor número de hijos era uno o cero. En respuesta a la presión social y gubernamental para tener más hijos, las mujeres replican en redes sociales con fotos de eslóganes que antes estaban pegados por todo el campo exhortando a las familias a reducir la fecundidad. La mitad de las mujeres chinas nacidas después de 1995 dijeron en la encuesta social general china de 2021 que desean un hijo o ninguno.[73] Y el acoso que tienen que soportar por parte de la Federación de Mujeres y los medios estatales no las ha vuelto más entusiastas de la crianza. Cuando una ciudad del sureste ofreció incentivos para que las mujeres sobrantes se casaran con hombres rurales desempleados, las mujeres reaccionaron con incredulidad. ¿Por qué iba una mujer a dejar un trabajo en la ciudad para casarse con un hombre al que considera un holgazán?[74] El matrimonio se ha vuelto aún menos deseable desde que los jueces chinos se muestran cada vez más reacios a conceder el divorcio: el setenta por ciento de las solicitudes de divorcio se concedían a mediados de la década del 2000, una tasa que cayó al cuarenta por ciento una década después.[75]

La política del hijo único persistió durante una generación y media, pero sus efectos resonarán durante mucho más tiempo. Soy escéptico respecto a que el Estado ingenieril vaya a lograr un repunte de nacimientos. Ya ha habido políticas pronatalistas en otros países (Hungría, Israel y muchos otros), y la evidencia de que puedan elevar estructuralmente las tasas de natalidad durante mucho tiempo es escasa. China se está poniendo al día con otros países en estas políticas de fertilidad, frenada tanto por la tecnología como por las actitudes sociales. El país solo tiene seiscientos hospitales autorizados para ofrecer servicios de fecundación *in vitro*.[76] El Estado ha ilegalizado que las mujeres solteras congelen sus óvulos. Para preservar la fertilidad, las mujeres solteras se han visto obligadas a viajar a Taiwán o Tailandia, donde sí hay servicios de congelación de óvulos.

Es posible que China sea capaz de implementar políticas para promover la fertilidad, como Xi ha prometido, con más éxito que nadie, mediante tácticas propias del Estado ingenieril. Hasta ahora, sin embargo, las mujeres en edad fértil no se han interesado por el asunto. Quizá el Estado invente una solución tecnológica para producir más niños. Por el momento, los esfuerzos recurren a la baja tecnología. Algunas mujeres de las zonas urbanas informan de que reciben con regularidad llamadas de funcionarios del barrio preguntando cuándo planean tener hijos. Esos funcionarios se muestran inquisitivos: preguntan por la última regla, y también discuten, insisten en que tener un gato no puede sustituir a un hijo. Sobre todo, son muy pesados. Una mujer publicó: «Los funcionarios del Gobierno me han preguntado cinco o seis veces cuándo planeo tener un hijo; mis padres me lo han preguntado solo una vez». Y continúa: «Estos funcionarios llaman solo para meterme prisa, no para ofrecerme apoyo».[77]

En vez de estar exclusivamente obsesionado con las mujeres, el Estado ingenieril también está pensando ahora en los hombres. Los medios estatales han empezado a inquietarse por los hombres sobrantes. Las decenas de millones de hombres chinos que nunca podrán encontrar esposa pueden convertirse en una amenaza para la seguridad pública, y podrían (en palabras de un investigador universitario) «verse impulsados a secuestrar mujeres o volverse adictos a la pornografía».[78] Los hombres también han recurrido a las redes sociales para quejarse de que se está volviendo demasiado difícil hacerse una vasectomía. Algunos hospitales rechazan a los hombres si piden una vasectomía, a menos que puedan demostrar que ya tienen hijos. Los anuarios sanitarios nacionales revelan un desplome asombroso de las vasectomías realizadas en China. Cayeron de 181 000 en 2014 (el inicio del mandato de Xi) a menos de 5000 en 2019. En esta nueva era, también los hombres están descubriendo las consecuencias de la planificación demográfica estatal.

La política del hijo único rebate la idea de que es fácil diseñar la sociedad. La ingeniería social, en este caso, ha producido un derrotismo espiritual que se manifiesta en un amplio agotamiento en toda la sociedad. Exactamente cuatro décadas después de que China iniciara la política del hijo único, promulgó un programa social aún más ambicioso: pasar de controlar el cuerpo de las personas a diseñarles el alma, esta vez con la ayuda de la vigilancia digital.

Capítulo 5

COVID cero

La respuesta de China a la pandemia de la COVID-19 encarna todas las virtudes y todas las locuras del Estado ingenieril. Es un poderoso recordatorio de cómo el Estado ingenieril podía lograr cosas que pocos países siquiera intentarían, al tiempo que revela cómo su aplicación literalista de las medidas puede conducir a resultados trágicos para la libertad y el bienestar de la humanidad. Viví los tres años completos de la estrategia de COVID cero que China puso en marcha para aplastar un virus altamente transmisible. En el primer año, el país se sentía como un reino de calma tras haber expulsado al virus que causaba estragos muy lejos. En el segundo año, todavía se estaba bastante bien, aunque todos empezábamos a ponernos nerviosos al preguntarnos cómo organizaría el Gobierno la salida de la política COVID cero. En el tercer año, todo se fue al garete.

En 2020, al final del primer año de la pandemia de la COVID-19, me mudé de Pekín a Shanghái. Me alejé por la intensidad del temperamento político de Pekín y porque me atraía el esplendor del carácter comercial de Shanghái.

Pekín había sido la sede del imperio chino durante siglos cuando los arquitectos estalinistas comenzaron, en 1949, a remodelar la ciudad para la magnificencia socialista. A los visitantes de Shanghái les gustaba burlarse de quienes vivíamos en Pekín: «¿Por qué vivir en Pionyang cuando puedes vivir en París?». Era molesto. Luego el virus SARS-CoV-2 estalló en Wuhan. Las regulaciones pandémicas convirtieron Pekín en una ciudad todavía más controlada de lo habitual. En cuanto hice caso de esas burlas y me trasladé a Shanghái, que imponía restricciones sustancialmente más laxas, la vida se volvió más alegre. La gente paseaba por las calles, muchos sin mascarilla; con el clima considerablemente más cálido de Shanghái, salían y disfrutaban a lo grande.

Antes de que los ingenieros formados en la Unión Soviética reformaran Pekín para el monumentalismo, los franceses construyeron Shanghái para el placer. Las potencias coloniales transformaron Shanghái, e hicieron de un modesto puerto comercial en el siglo XIX la cabeza de puente desde la que las potencias extranjeras penetraron en el gigantesco mercado del país. Británicos, estadounidenses y franceses se repartieron enclaves en los que sus residentes podían desentenderse de la ley china.[1] El segundo banco más grande del mundo se construyó en la zona británica y estadounidense, junto a aseguradoras, empresas comerciales y clubes de ocio que se establecieron en un meandro del río Huangpu. Estos testimonios del poder colonial europeo (algunos de los edificios fueron los más altos de Asia cuando se levantaron) parecen arrancados de las orillas del Támesis. Hoy siguen allí, como una parte hermosa y extraña del perfil urbano de Shanghái. Las banderas chinas ondean en lo alto de cada campanario o aguja: es un recordatorio poco sutil del Estado moderno de que la era colonial ha terminado.

Los franceses establecieron una concesión distinta de la zona británica y la estadounidense. El área estaba menos llena de grandes edificios que de jardines y residencias. Los plátanos frondosos, comunes en los parques de Londres y París, flanqueaban las calles. Shanghái fue la primera ciudad de Asia en adoptar servicios modernos como el alumbrado eléctrico público, una línea de tranvía, una bolsa de valores, grandes almacenes y cines. No es de extrañar que entonces recibiera el apodo de «el París de Oriente».

Shanghái estaba controlada por extranjeros, no por chinos, y esos extranjeros eran comerciantes, no funcionarios. Aunque la proliferación de soberanías producía fricciones ocasionales, todos trabajaban de manera armoniosa para convertir Shanghái en una ciudad de indulgencia. Las familias acomodadas tenían acceso a la moda de Nueva York. Macy's tenía unos grandes almacenes en el paseo principal de la ciudad. Quienes buscaban divertirse de forma menos edificante tenían todo lo que necesitaban a solo unas calles de distancia: cabarés y clubes de *jazz*, con cantantes de salón y *geishas* japonesas, con juegos de cartas chinos y máquinas tragaperras occidentales. Shanghái fue, a comienzos del siglo xx, la capital mundial del burdel. La ciudad estaba también llena de fumaderos de opio, que consumían quizá el noventa por ciento de las drogas narcóticas del mundo.[2] Las organizaciones criminales profesionales chinas controlaban este comercio del vicio, y se volvieron tan poderosas como cualquier otra autoridad política de la ciudad.

Shanghái se apagó en la década de 1930, cuando Japón inició su brutal invasión. A lo largo de esa década, la ciudad se convirtió en un lugar fragmentado, hecho de retales de pueblos diversos: todavía había empresarios occidentales, cuyas fortunas se forjaban introduciendo cremas para la piel, cigarrillos y extravagancias modernas a los compradores asiáticos; de una floreciente clase media china que trabajaba en la ciudad más industrial del país; de un enorme número de trabajadores itinerantes, mendigos y huérfanos que vivían en una pobreza absoluta; de judíos, rusos blancos y refugiados apátridas que no vivían mucho mejor; y de unos pocos ultrarricos que trataban la ciudad como su patio de recreo extraterritorial. Los izquierdistas también se organizaron en estos entornos embriagadores. En 1921, una docena de intelectuales se reunió en la Concesión Francesa para fundar el Partido Comunista Chino.

Shanghái sobrevivió a la invasión japonesa y al gobierno de Mao. Volvió a brillar en los ochenta. El gobierno central mostró un favoritismo tan descarado hacia Shanghái que quienes esperaban el autobús en otras ciudades podían gritar: «¡Que suban primero los camaradas de Shanghái!», y provocar a su alrededor un coro agrio de carcajadas. Hoy, el pasado sórdido de Shanghái se ha esfumado. Pero los restos de su historia colonial están por todas partes, solo que ahora reacondicionados en el seno de una modernidad pensada para el consumidor. Los elegantes edificios neoclásicos de piedra en la orilla occidental del Huangpu se enfrentan a los icónicos rascacielos de Shanghái en la otra orilla, que vuelven a ser los edificios más altos de Asia, solo que ahora revestidos de vidrio.

Mi casa en Shanghái estaba en la antigua Concesión Francesa, que sigue llena de plátanos y cafeterías. Me encantaba esta zona. A veinte minutos a pie hacia el sur de mi casa había una panadería de un inmigrante francés, que hacía *strudel* de manzana y *baguettes*. A veinte minutos al norte estaba uno de los seis Starbucks Roasteries del mundo: un espacio de dos plantas con media docena de puestos de servicios, que la empresa anuncia como un «santuario de película dedicado a la pasión por el café». Caminando veinte minutos hacia el este se llegaba a un atractivo museo de ladrillo gris que fue la sede del primer congreso del Partido Comunista. A su alrededor hay un complejo comercial con Lululemon, Carhartt y Le Labo. En verano, si alguno de los grupos tenía demasiado calor en la cola para entrar en el museo del Partido Comunista, podía pasarse a por un helado de crema de vainilla en Shake Shack que estaba ahí al lado.

Cuando rememoro Shanghái, no solo echo de menos su espléndida belleza urbana. Diseminados por estos espacios se encuentran algunos de los mejores restaurantes del mundo.

Aunque la comida de Sichuán quizá sea la cocina más excitante de China, creo que Shanghái alberga la de mayor calidad. Esta región fue durante siglos la más rica y fértil de China, y desarrolló unos platos muy sofisticados. El desayuno podía consistir en media docena de empanadillas de sopa servidas en una vaporera de bambú, pensadas para mojarse en una bandeja de vinagre con unas hebras de jengibre. Los fideos de Shanghái se riegan con aceite de cebolleta y se sirven con una loncha de panceta de cerdo estofada y unos trozos de alga. La cocina de Shanghái varía mucho según la estación, muestra de la abundancia de la región. En otoño, las mesas de banquete se llenan de cangrejos chinos al vapor, apreciados no solo por su delicada carne, sino aún más por sus huevas de un naranja brillante, salobres y con la consistencia de la yema cocida de un huevo de pato. La primavera es todavía mejor. Los mercados despliegan una mezcla exuberante de verduras de hoja, que a los shanghaineses les gusta saltear con un chorrito de licor de alta graduación. Los brotes de bambú irrumpen cuando el tiempo se vuelve cálido, y los chefs los incorporan a sus sopas o estofados para resaltar el dulzor.

Aquella primavera, Shanghái fue una maravilla. La estrategia china de COVID cero había detenido, en líneas generales, la transmisión del virus. En abril de 2020, apenas unos meses después del brote de Wuhan, y mientras los estadounidenses se refugiaban en su casa, yo volvía a salir a cenar a restaurantes y, más tarde, aquel verano, incluso al cine.* En 2020, cuando pregunté a mis padres si estaría bien ir a verlos a Pensilvania, su respuesta no fue la típica de unos padres chinos: me exigieron que no fuera. Mi madre me dijo que era mucho mejor quedarse en China que en la América de Trump. Ellos estaban bien, y me alegré de que no me necesitaran allí.

No es que me diera miedo el virus. Lo que me daba miedo era el proceso de volver a entrar en China si salía. Una de las tácticas centrales que China utilizó para mantener el virus a raya fue trasladar a todo el que volaba al país a hoteles de cuarentena designados por el gobierno, en los que una persona no podía salir de una pequeña habitación durante dos o tres semanas, según la jurisdicción.

La pandemia, pues, la pasé dentro de China; por ejemplo, recorrí en bicicleta el trayecto de Guiyang a Chongqing. En 2021 me leí tochos como *Casa desolada,* de Dickens, y *Guerra y paz,* de Tolstói. También conocí a la que ahora es mi esposa, Silvia, profesora en la Universidad de Míchigan que estaba de año sabático en la NYU-Shanghái. Como etnógrafa de las

---

* Trágicamente, la única película en cartelera era la desconcertante *Tenet,* de Christopher Nolan, aunque supongo que mejor eso que nada.

culturas tecnológicas, Silvia había vivido en China y mantenía vínculos con el país. Los Estados Unidos de los que Silvia partió en 2021 seguían siendo un lugar angustiado, donde pocas personas se reunían para el contacto presencial. No es de extrañar, pues, que cuando le concedieron un visado poco común para investigar, ella estuviera aún más emocionada de lo habitual ante la idea de regresar a China. Tras completar su cuarentena, Silvia se sintió libre en las vibrantes calles de Shanghái. Nos fuimos conociendo mientras pedaleábamos por la ciudad rumbo a las cafeterías y las tiendas de *dumplings*.

Pero las cosas no eran del todo normales. Para entrar en la mayoría de los espacios públicos (mi oficina, un restaurante, incluso muchas zonas comerciales al aire libre) tenía que sacar el teléfono para mostrar mi código QR de rastreo de contactos al corpulento hombre que vigilaba la entrada. El verde significaba normalidad, mientras que el amarillo indicaba que había tenido algún grado de proximidad con un caso positivo; no habría hecho falta mostrar un código rojo, ya que el Estado probablemente habría llevado a esa persona a cuarentena. Las torres de telefonía móvil que triangulaban la ubicación de una persona y la fuerza laboral dedicada al rastreo de contactos a veces producían errores. El simple hecho de pasar caminando junto a un restaurante con una infección conocida podía ponerte el código amarillo, aunque no hubieras entrado. La gente se quejaba a menudo de que nadie explicaba por qué su código dejaba de ser verde. Pero las cuarentenas y las restricciones de movimiento se sentían como inconvenientes dignos de ser respetados. Tener que rebuscar en el teléfono para abrir la aplicación de rastreo de contactos cada vez que entraba en un espacio público no me parecía un gran problema teniendo en cuenta cómo sufrían otras naciones. China iba acumulando estos controles de manera gradual, de modo que las exigencias incrementales resultaban más aceptables.

Aun así, era consciente de que las cosas estaban empeorando. Una parte importante de mi trabajo consistía en cubrir las relaciones entre Estados Unidos y China, que ya se estaban desmoronando incluso antes de la pandemia. A lo largo de 2020, el presidente Trump lanzó ataques contra las empresas tecnológicas chinas, que yo cubría incluso mientras viajar se volvía más difícil. Pero lo que estaba ocurriendo dentro de China era aún más inesperado. Xi Jinping se envalentonó a medida que China controlaba el virus y el resto del mundo no. Mientras anunciaba una campaña para lograr la «prosperidad común», reprimía a las plataformas digitales y a los promotores inmobiliarios. Mis clientes tenían muchas preguntas, ya que había pocas personas a las que pudieran llamar que estuvieran en China. Me preguntaban cómo era posible que, habiendo surgido el virus en Wuhan, China pareciera contenerlo mejor que nadie. Les respondía con honestidad: China lo estaba haciendo bien… por el momento.

En diciembre de 2021 empezamos a oír hablar de la variante ómicron del virus, que los científicos dijeron que era mucho más transmisible que las anteriores. En mi carta anual publicada el último día de aquel año, me pregunté por el efecto de ómicron en China. «Me preocupa que sea tan transmisible que el gobierno […] aplique confinamientos mucho más severos que cualquier cosa que haya hecho hasta este momento». En Twitter fui más frívolo: «He preparado tres cosas en casa para sobrevivir a un confinamiento potencialmente severo: pasteles de luna (altamente calóricos y se conservan mucho tiempo); una bicicleta estática (para pedalear por el metaverso); y la Biblia hebrea (traducción de Robert Alter)».

Xi'an ya nos había dado un anticipo de lo que exigía controlar una variante más transmisible del virus. A finales de 2021, la ciudad noroccidental entró en confinamiento. Los residentes se quedaron sin comida en pleno invierno, y empezaron a surgir historias horribles. Una mujer que estaba embarazada de ocho meses sintió dolores y quiso ir a un hospital, pero el personal le negó la entrada hasta que se hiciera una prueba PCR —que podía tardar varias horas en procesarse— y aportara un resultado negativo. Dos horas después, empezó a sangrar en abundancia. Abortó a las puertas del hospital mientras suplicaba que la dejaran entrar.[3] Su historia se volvió viral hasta que los censores la borraron.

Los placeres de Shanghái se agriaron en la primavera de 2022. Pocas personas pudieron comprar verduras de temporada o brotes de bambú. El gobierno central había ordenado un confinamiento para la ciudad de veinticinco millones de habitantes, que en su mayoría no pudieron poner un pie fuera de su lugar de residencia durante dos meses. Durante la mayor parte de la pandemia, Shanghái se había distinguido por enfrentarse al virus con mano ligera. Podría haber contado como un triunfo del Estado ingenieril. Entonces Shanghái sufrió la que probablemente fue la cuarentena más ambiciosa que ningún Estado haya intentado jamás.

Ómicron se infiltró en Shanghái al comenzar la primavera. A principios de marzo de 2022, las autoridades municipales anunciaron que un hotel de cuarentena que alojaba a personas que llegaban del extranjero había gestionado mal los protocolos de seguridad, lo que condujo a la infección de algunos empleados de limpieza, que llevaron el virus a sus comunidades. Shanghái puso en marcha su ya familiar manual pandémico: las autoridades realizaron pruebas masivas, trasladaron a quienes daban positivo a unas instalaciones de cuarentena centralizadas (normalmente estadios o centros de convenciones con miles de camas), rastrearon el historial de localización de cada caso confirmado e impusieron confinamientos en los barrios donde vivían los contactos estrechos.

La premisa del confinamiento era simple: nadie tendría permitido salir de su apartamento salvo para que le tomaran muestras de la nariz o la garganta en una prueba PCR administrada por el gobierno. Casi todo el mundo en Shanghái vive en complejos de apartamentos formados por varios edificios con un patio debajo. El edificio en el que yo vivía era un bloque pequeño sin ascensor, de seis plantas, que albergaba a un par de docenas de pisos. La mayoría de la gente, sin embargo, vive en bloques más altos, que pueden albergar cada uno varios cientos de viviendas. En tiempos normales, los rascacielos pueden resultar más deseables, pero enseguida descubrí lo afortunado que era de vivir en un edificio sin ascensor. Los grandes complejos tenían una probabilidad exponencialmente mayor de sufrir un confinamiento, ya que un solo caso podía condenar a todo el edificio.

El sistema de control de pandemias de Shanghái había detenido brotes anteriores. Esta vez falló. A lo largo de marzo, el número de nuevos casos aumentó cada día. Aparecieron barricadas de plástico de más de dos metros de altura alrededor de los complejos de apartamentos por toda la ciudad; señalizaban un positivo. Los restaurantes, las cafeterías y otros negocios cerraron. A medida que los sonidos comerciales se apagaban, las voces de los altavoces se convirtieron en una presencia constante. Varias veces convocaron a todos los habitantes de mi edificio para que acudiéramos a unas instalaciones cercanas para hacernos pruebas. Nunca di positivo, por suerte. Nadie que yo conociera tampoco. Si dabas positivo, el gobierno te llevaba a un centro de cuarentena masiva; si, basándose en tu historial de localización, las autoridades sanitarias sospechaban que tenías el virus, podían prohibirte salir de casa durante unos días. A varios de mis amigos se les dijo que tenían que quedarse sin salir porque estaban próximos a alguien que podría tener el virus.

Para finales de marzo, toda Shanghái estaba ya sumida en el miedo. Un día particularmente inquietante, en el lapso de una hora, Silvia y yo supimos de tres amigos distintos que ya no podían salir de casa durante tres días: un vecino había sido contacto estrecho de un caso positivo. Aquella mañana, Silvia y yo fuimos en bici a una cafetería cerca del Edificio Embankment, una icónica residencia *art déco* que en su día albergó a refugiados judíos. Comentamos, entre cruasanes, que la ciudad nunca había estado tan silenciosa. Cuando volvimos a casa, vimos el Edificio Embankment transformado. Los trabajadores sanitarios y los agentes de policía habían cubierto las salidas y se ayudaban mutuamente a ponerse trajes protectores completamente blancos, sujetos con cinta azul. Parecían prepararse para sitiar el edificio. Estos trabajadores, apodados *dabai*, o «grandes blancos», se convirtieron en espectros temidos que simbolizaban la aplicación del COVID cero.

En las ruedas de prensa diarias del gobierno, los responsables de Shanghái negaron de forma repetida que fueran a ordenar un confinamiento general para la ciudad. La situación estaba bajo control, nos decían, aunque el número de nuevas infecciones aumentaba cada día. «Shanghái no tiene planes de confinamiento para la ciudad», rezaba un titular del 24 de marzo en el diario estatal *China Daily*.[4] Shanghái es «demasiado importante como para confinarla», afirmó Wu Fan, uno de los miembros de la comisión de salud de la ciudad, durante una rueda de prensa el 26 de marzo.[5] Luego añadió, con un matiz de arrogancia: «La ciudad de Shanghái no pertenece solo a sus habitantes. Es una fuerza motriz para la economía global, y un confinamiento aquí sacudiría al mundo entero».

Al día siguiente de tan desafiante declaración de Wu Fan, Shanghái anunció que se confinaría.[6] El anuncio estaba redactado con suma suavidad.[7] Shanghái decretaba una «pausa parcial» para entrar en un «periodo de quietud» que duraría ocho días. Primero entraría en confinamiento la mitad oriental de la ciudad, luego la mitad occidental. Las autoridades ordenaron a la gente trabajar desde casa; todos los negocios cerrarían. Los puentes y túneles que conectan las dos mitades de la ciudad (separadas por el río Huangpu) quedaron bloqueados. El gobierno prometió entregar alimentos y garantizar la atención médica. Todas las medidas de confinamiento, dijeron, terminarían el 5 de abril.

El confinamiento de Shanghái se extendió mucho más allá de esa fecha. Los casos se dispararon mientras la ciudad estaba en su periodo de quietud. En lugar de durar ocho días, el confinamiento duró ocho semanas, y la reapertura no llegó hasta junio. A menudo pienso en el titular de China Daily: «Shanghái no tiene planes de confinamiento para la ciudad». Podía leerse de dos maneras. Yo primero lo entendí como una negación de que la ciudad fuera a imponer un confinamiento.

Ahora lo entiendo como una explicación totalmente exacta de lo que ocurrió después: la ciudad no había previsto confinar a veinticinco millones de personas en su casa durante ocho semanas.

Había drones del gobierno que recorrían toda la ciudad. Desde el inicio de la pandemia, el Estado había desplegado drones equipados con megáfonos para importunar a los infractores. Una persona que caminara sin mascarilla podía oír un zumbido sobre su cabeza, desde el que una voz distorsionada y agresiva le gritaba que se la pusiera o que regresara a casa.[8] Un funcionario de barrio de Shanghái explicó qué ocurriría si un dron se topaba con una reunión ilegal: «El dron intentará disuadir», es decir, reprenderlos, «y las fuerzas terrestres se conectarán en tiempo real».[9]

Un uso aún más desconcertante de los drones tuvo lugar en los primeros días del confinamiento de Shanghái. El principal responsable de salud mental de la ciudad introdujo una frase que fue como una chispa inesperada en una rueda de prensa por lo demás anodina sobre el curso del virus: exigió a los shanghaineses que «reprimieran el anhelo de libertad del alma».[10] Los usuarios de las redes sociales empezaron de inmediato a burlarse de la frase convirtiéndola en *memes*. La gente no estaba acostumbrada a la poesía por parte de los burócratas. Una noche de abril, cuando el confinamiento entró en su fase más intensa, un dron con un megáfono empezó a lanzar ese mensaje a los apartamentos llenos de residentes apiñados: «Repriman el anhelo de libertad del alma», con la voz de una mujer reproducida en bucle mientras una luz parpadeaba desde el dron. «No abran las ventanas para cantar, podrían propagar el virus».

Entonces, la frase dejó de tener gracia.

Durante abril de 2022, el estrés en Shanghái alcanzó unos niveles inimaginables.

La principal preocupación para la mayoría de la gente era cómo conseguir comida cuando no podían salir de casa. El anuncio sorpresa del confinamiento, que se hizo de noche, dio a la gente de Pudong, en la mitad oriental de la ciudad, solo unas horas para abastecerse. Puxi, la mitad occidental más poblada, donde yo vivía, tuvo cuatro días más para prepararse. Muchas personas no habían acumulado bienes de primera necesidad, dado que las negaciones repetidas de las autoridades municipales redujeron la sensación de urgencia. Pero incluso entre quienes sí lograron abastecerse, era difícil mantener la fruta y las verduras frescas durante diez días, más o menos.

El gobierno de Shanghái había prometido repartir comida a domicilio. Al principio fue aceptable: todo el mundo que conozco en Shanghái recibió un puñado de paquetes con una variedad bienvenida, aunque aleatoria, de fruta, verduras y carne. Sin embargo, rápidamente las entregas del gobierno se quedaron sin fuelle. El 5 de abril, cuando se suponía que el confinamiento terminaba, Shanghái anunció que habría que prolongarlo. Entonces aumentó la preocupación por la comida. A mediados de abril, casi todos mis amigos habían experimentado al menos unos días de inseguridad alimentaria. Dos parejas de padres me contaron que renunciaron a su propia comida para asegurarse de que sus hijos pequeños pudieran comer. Cuando Emma, una amiga estadounidense, abrió el paquete de alimentos del gobierno, se encontró un pollo recién sacrificado, aún con unas cuantas plumas. No tenía ni idea de cómo prepararlo, y no tenía nada más que comer. Así que buscó en YouTube. Se armó de valor y puso un vídeo para aprender a destripar un pollo, haciendo muecas mientras lo evisceraba.

Sin ayuda del gobierno, la gente intentó hacer pedidos en plataformas de reparto de comida. De inmediato, estas se vieron desbordadas. Lo que había que hacer era ponerse un montón de alarmas (a las 6.00 para Meituan, a las 6.30 para DingDong, a las 7.00 para Freshippo, a las 8.00 para Yonghui) y hacer un pedido en el medio minuto antes de que toda la comida volara en esas plataformas. La cadena de suministro de alimentos se rompió por varias razones. Una de ellas fue que el Estado dificultó que los camioneros llevaran comida a

Shanghái, temiendo que pudieran transportar el virus desde muy lejos. Para cruzar una provincia, los camioneros a menudo tenían que hacer colas, y permanecer en el vehículo hasta que estuvieran disponibles los resultados de sus pruebas de COVID. En un vídeo viral se veía a un conductor sosteniendo botellas con su propio excremento porque el control de tráfico no le permitía salir.[11] Estalló de frustración porque los controles lo hacían sentirse como un «animal enjaulado». Estas restricciones llevaron a muchos a dejarlo. A mediados de abril, la actividad de camiones en Shanghái era solo el quince por ciento de su nivel normal.

Gran parte de la comida que entraba en la ciudad se pudría antes de que los residentes la recibieran. La responsabilidad de organizar las entregas de comida recayó en los comités vecinales de Shanghái, el nivel más bajo del funcionariado, que estaban integrados en su mayoría por voluntarios ancianos más acostumbrados al trabajo de propaganda que al intenso manejo de hojas de cálculo de Excel que exigía la logística de los paquetes de alimentos. El Estado también inmovilizó los servicios de mensajería de comida, normalmente robustos. Los repartidores con uniformes amarillo mostaza o azul claro, que transportaban comida dentro de una caja sujeta a la parte trasera de la moto, también tenían que confinarse. Unos pocos eligieron quedarse sin hogar para poder seguir trabajando. A costa de dormir bajo un puente o en otros espacios públicos, podían moverse por la ciudad, repartiendo comida para obtener comisiones más altas.

Los shanghaineses se maravillaban de estar preocupándose por el hambre mientras vivían en la ciudad más rica de China en el año 2022. La gente murmuraba con amargura que China había alcanzado la «prosperidad común», la nueva iniciativa emblemática de Xi Jinping para reducir la desigualdad, en la ciudad más capitalista de China con una década de adelanto. Aunque algunas personas vinculadas al gobierno quizá tuvieran mejor acceso a la comida, casi todo el mundo —ricos y pobres, jóvenes y mayores, locales y extranjeros— estaba en el mismo barco del hambre. Las celebridades se quejaban en Internet de que tenían que gastar casi trescientos dólares para que les entregaran unas verduras y unos huevos.[12] Uno de los principales capitalistas de riesgo del país, inversor en empresas de reparto de comida, envió un mensaje en redes sociales preguntando a la gente cómo conseguir comida.[13]

Cuando las quejas por el hambre aumentaron, el Partido Comunista respondió con una táctica que siempre ha demostrado ser útil: buscar chivos expiatorios. Los medios estatales dieron publicidad a unos pocos casos en los que algunos residentes acapararon las entregas de comida en lugar de distribuirlas entre los vecinos. Esos casos podían ser reales, pero no eran el principal problema. La cuestión fundamental era que el anuncio sorpresa del confinamiento había roto profundamente la cadena de suministro de alimentos de Shanghái, y había paralizado tanto las entregas de larga distancia como las locales.

En la segunda mitad de abril, la gente encontró algo a lo que agarrarse. Mi amigo Owen se había mudado a Shanghái desde Pekín apenas unos meses antes del inicio del confinamiento. Estadounidense y en la treintena temprana, Owen se puso a trabajar en una entidad de investigación política en Pekín tras graduarse en la universidad. Vivía solo en un modesto edificio sin ascensor, encima de una tienda de fideos, con vistas a un pequeño supermercado. Como Owen vivía en Puxi, tuvo más tiempo para abastecerse antes de quedar confinado. Al día siguiente del anuncio, se despertó temprano para ir al supermercado, y se encontró con una larga cola incluso antes de que abrieran las puertas. Consiguió hacerse con unas cuantas bolsas de verduras frescas y algo de carne picada. Con ello hizo una salsa boloñesa, que congeló en varios paquetes.

Poco después de que empezara el confinamiento, Owen recibió una generosa bolsa de alimento que envió el gobierno: pimientos, tomates, col china, ajo, jengibre, patatas y más. La semana siguiente llegó una bolsa más pequeña. Luego nada. Durante semanas, el gobierno no entregó comida. Owen empezó a intentar cada día reservar una entrega de alimento, pero nunca lo lograba. Todo el mundo en la ciudad intentaba hacer lo mismo; la gente luchaba por la pequeña cantidad de alimento. Tras unos días sin éxito, pensó para sí: «Esto puede ir mal».

Entonces, Owen escribió su usuario de WeChat en un papel y lo pegó en su puerta. WeChat es la aplicación de mensajería en China; cualquier persona está en decenas de grupos de chat: familia, compañeros de trabajo, otros padres del colegio, entusiastas de los juegos de mesa, amigos de la universidad, cualquier grupo con actividades que coordinar, etc. Como Owen vivía en la planta más baja del edificio, justo por encima de las tiendas, todo el mundo podía ver su usuario de WeChat cuando pasaba para hacerse las pruebas de COVID. Muy pronto, todo el edificio lo añadió, y él creó un grupo de chat para las treinta y seis viviendas. No es que Owen pretendiera convertirse en el representante oficial de su edificio. Un tipo alto, de ojos azules y recién llegado a Shanghái no era el mejor portavoz posible de un bloque de pisos íntegramente chino. Sin embargo, Owen me contó que «cuando mis vecinos me añadieron, su actitud era: "¿cuál es el plan, *bro?*"». Se convirtió en la persona de referencia para comunicarse con las autoridades y también en el cabecilla que organizaba funciones comunitarias.

Los vecinos pudieron coordinarse y ayudarse unos a otros en este grupo de WeChat, incluso los ancianos (aunque quizá estuvieran representados digitalmente por un hijo o una hija que no viviera con ellos). La función más importante del chat era organizar compras grupales, cosa que Owen logró colocando pedidos al por mayor directamente a un mayorista. De algún modo, así sí eran posibles las entregas de comida. Este sistema alivió el hambre durante la segunda mitad de abril, aunque seguía entrañando muchas dificultades. Los pedidos al por mayor exigían acordar preferencias alimentarias; todos querían huevos, pero no todos los extranjeros lograban convencer a sus vecinos chinos de que la mantequilla también era necesaria. Un día, Owen tuvo un fuerte antojo de buen pan, un lujo con el que sus vecinos no habrían estado de acuerdo. Compró uno a una panadera casera al otro lado de la ciudad, a cuarenta dólares la hogaza.

Una vez que la comida llegaba abajo, un elenco rotatorio de voluntarios la distribuía por todo el edificio. Algunos edificios sin ascensor acordaron prohibir, por ejemplo, la compra de garrafas de agua de plástico, ya que era injusto que los vecinos tuvieran que subirlas por las escaleras. Owen solo a veces se ofrecía voluntario para esos trabajos, porque aún tenía un empleo diurno que atender en una empresa de asuntos públicos. Mis amigos sentían que tenían que hacer dos trabajos a tiempo completo: el suyo habitual, y las muchas horas al día dedicadas a intentar conseguir lo necesario para alimentarse. Los pedidos al por mayor no eran factibles para todo el mundo. Los edificios más pequeños no tenían suficientes residentes como para pedir huevos por miles. Además, el sistema perjudicaba a los ancianos, que tenían dificultades para manejar compras desde el móvil.

Mientras Shanghái permaneció en confinamiento estricto durante abril, el número de nuevas infecciones siguió aumentando. La prolongación del confinamiento no sorprendió a nadie. Todo el mundo sabía que los confinamientos no terminarían hasta que el número de infecciones volviera a cero.

Le pregunté a Owen por qué tanta gente seguía contagiándose durante el confinamiento. «Seguro que fue por las pruebas», respondió. La gente tenía que presentarse a las pruebas de COVID casi todos los días, a veces dos veces al día. Un equipo médico entraba en un complejo de apartamentos y convocaba a todo el mundo abajo, ya fuera por WeChat o mediante un megáfono. A quien no bajaba le llamaban por el interfono desde abajo; si eso no funcionaba, le llamaban a la puerta. Era absurdo apiñar en ascensores junto a otros vecinos a personas mayores, algunas de las cuales rara vez salían de casa incluso sin pandemia.

Es imposible que nadie esté seguro de cómo se contagió exactamente. Quizá ómicron era tan transmisible que la gente lo contrajo a través de los sistemas de fontanería o ventilación que conectan los apartamentos de Shanghái. Quizá se propagó a través de las entregas de comida. La mayoría cree que lo contrajo a través del régimen diario de pruebas: de un vecino mientras esperaba en la cola. Cada cierto tiempo aparecía una historia de que el trabajador sanitario que tomaba muestras de garganta a todos tenía él mismo el virus, lo que al menos contaminaba tu muestra y quizá te infectara. Pese a las medidas tan exigentes, el número de nuevos casos confirmados siguió aumentando durante cuatro semanas, hasta el final del confinamiento.

Mucha gente temía al propio virus: durante dos años, el gobierno chino hizo todo lo que pudo para asustar a la gente con la posibilidad de contraer la COVID. Los censores intervinieron para asegurarse de que nadie dijera que era «solo un resfriado». Si uno daba positivo, la vida se le hacía mucho más complicada. El gobierno chino no permitía que quienes daban positivo se quedaran en casa. Desde los primeros días del brote de Wuhan en 2020, las autoridades se dieron cuenta de que alguien con el virus se lo transmitía inevitablemente a todos los que vivían en su piso, y quizá a todo el edificio. Las autoridades sanitarias acudían a llevarse al infectado a una de las enormes instalaciones centralizadas de cuarentena. Estar en esos lugares no era nada divertido. Una productora de CNN que dio positivo describió lo desagradable que era vivir en el mayor centro de convenciones de Shanghái, que albergaba cincuenta mil camas. Había luces que nunca se apagaban, altavoces que exigían que todo el mundo se presentara a las pruebas PCR a las 6.00, y por todas partes rezumaba el hedor de los retretes o la ropa sin lavar.[14]

Cuando los infectados ya estaban en las instalaciones de cuarentena, las autoridades sanitarias entraban en su casa para desinfectarla. Eso significaba rociarlo todo con desinfectante: muebles, libros, aparatos electrónicos, ropa, el piano. Los que tenían mascotas afrontaban un dilema particular. Podían pedirle a un vecino que cuidara de un gato o un perro mientras estaban fuera, en cuarentena. Quienes no encontraban ayuda decidían, con gran dolor, soltar a su mascota en la calle y esperar que le fuera bien. Era eso o dejarla dentro, y de algún modo proporcionarle comida suficiente durante la incierta duración de la cuarentena del dueño. Un vídeo viral de un *dabai* persiguiendo a un *corgi* con una pala, y golpeándolo hasta que quedó tendido, no hacía la decisión más fácil.[15]

Los padres con niños pequeños estaban aún más asustados. Shanghái practicó una política de separar a los bebés y los niños de sus padres, incluso si ambos daban positivo.[16] Se difundieron fotos de bebés llorando, sujetos en cunas metálicas, y padres en estado de pánico contaban a los medios que no habían recibido actualizaciones del personal del hospital sobre el estado de sus hijos en varios días. Una mujer le dijo a un periodista que el virus ya no la asustaba. «Que me separen de mis seres queridos me asusta más que cualquier otra cosa».[17] Tras un clamor en Internet, la ciudad abandonó su política de aislar a los niños.[18]

Un día, Owen sintió un leve dolor bajo el abdomen. Cuando miró, vio que tenía un bulto del tamaño de un puño pequeño entre el muslo derecho y la ingle. Hizo una búsqueda en Google y supuso que era una hernia: a Owen se le había salido parte del intestino delgado y no podía devolverla a su sitio. No es un problema raro en los hombres, aunque normalmente les ocurre cuando son mayores. Lo bueno era que el bulto no le causaba demasiado dolor. Owen aún no está seguro de cómo le salió. Posiblemente, me dijo, a raíz de un estornudo fuerte, agravado por el estrés y el sedentarismo propios del confinamiento.

Owen decidió no buscar atención médica. Era casi imposible llegar a un hospital. Una de las historias que provocó una indignación generalizada fue el caso de una enfermera asmática de cuarenta y nueve años en Shanghái, a la que se le negó tratamiento en el hospital donde trabajaba; después se desplomó y murió.[19] Las personas con afecciones de salud estaban atenazadas por el miedo a que se les agotaran los medicamentos:

intentar conseguirlos podía haber constituido otro trabajo a tiempo completo. Una compañera mía me dijo que su tío, con diabetes, murió durante el confinamiento de Shanghái porque no pudo acceder a tratamiento de diálisis. La gente se asombraba de que los hospitales ignoraran más o menos cualquier afección médica salvo las infecciones de COVID.

La experiencia del confinamiento en Shanghái no fue universal. La ciudad de veinticinco millones de personas afrontó situaciones que iban de lo pesadillesco a lo meramente difícil. No todo el mundo pasó hambre: ciertos complejos lograron un acceso bastante regular a la comida, sobre todo si vivía en el edificio algún funcionario del gobierno. Los introvertidos encontraron formas de crear orden y una rutina en su vida. Después del confinamiento, la gente conoció en persona a los vecinos con quienes antes solo había hablado por WeChat. Incluso a quienes se les hizo soportable, el desafío fue que nadie sabía cuánto podía durar. Los funcionarios de barrio se volvieron poco comunicativos, sobre todo porque tenían poca idea de cuándo terminaría. Quizá los rasgos más inquietantes de la pandemia fueron las políticas gubernamentales, que cambiaban con frecuencia. La gente tenía poca idea de cuándo podría salir para algo distinto de hacer cola para una prueba de COVID, mientras acumulaba gastos enormes en comida que habían elegido sus vecinos, e intentaba mantenerse cuerda y sana.

Para muchos, no había nada que hacer salvo quedarse pegados al teléfono todo el día, navegando por Internet en busca de ocio o intentando frenéticamente hacer una compra en línea en el supermercado. O pasaban horas en las redes sociales. Mucho de lo que sabemos del confinamiento de Shanghái procede de los vídeos que se compartían en WeChat, Weibo y otras plataformas.

La mayor parte de la población de Shanghái experimentó al menos unos cuantos momentos de inmensa frustración. Golpear ollas y sartenes durante la noche se convirtió en una forma de protesta muy compartida. Unos cuantos vídeos retrataban edificios enteros de personas entregadas a un grito catártico (lo que quizá explique por qué el gobierno envió drones instando a la gente a dejar de «cantar»). Alguien grabó un vídeo de una mujer vagando completamente desnuda por el patio de su casa. Muchos vídeos pretendían mostrar las zonas en las que habían caído personas que se suicidaron arrojándose desde su bloque. La gente compartía vídeos de otros gritando denuncias contra la policía o el gobierno. Una pareja que había dado negativo en el virus se grabó a sí misma enfrentándose a un policía que insistía en llevársela a una instalación de cuarentena.[20] Cuando le mostraron sus resultados negativos, él respondió: «Sois positivos si yo digo que sois positivos».

El ya formidable régimen de censura de China se distinguió en esta crisis, y afrontó el desafío con una respuesta asombrosa. Las quejas y los vídeos de protesta quedaban borrados enseguida cuando se volvían virales. Cuando los residentes de Shanghái publicaron en masa el primer verso del himno nacional de China, «Levantaos, vosotros que os negáis a ser esclavos», sus publicaciones fueron eliminadas. Los censores retiraron publicaciones que difundían la afirmación de un portavoz de la Asamblea Popular Nacional de que las cuarentenas podían ser ilegales. En un momento dado, las redes sociales bloquearon la palabra «Shanghái» en los resultados de búsqueda.

Un vídeo logró escapar del pozo de la censura. Alguien (o un grupo de personas) recopiló un montaje cronológico de fragmentos de audio en un vídeo titulado «Voces de abril». El clip de seis minutos incluía la afirmación de Wu Fan de que Shanghái era demasiado importante para confinarse; gritos de gente pidiendo comida; un hombre suplicando que su padre enfermo recibiera tratamiento médico; funcionarios exhaustos diciendo que no podían hacer nada. «Voces de abril» dominó mi *feed* de WeChat durante unos días. La gente puso más empeño en compartir ese vídeo que en cualquier otra cosa, en un intento de eludir la censura. Incluso lo subieron a la *blockchain,* donde quedará para la posteridad.

A finales de abril, la mayoría de mis amigos extranjeros —especialmente quienes tenían hijos— abandonaron China, unos cuantos para siempre. Los caros billetes de avión eran la menor de sus preocupaciones. Para salir de su apartamento y llegar al aeropuerto, la gente tenía que firmar una declaración jurada comprometiéndose a no volver a su vivienda. Un taxi al aeropuerto, que en tiempos normales costaba treinta dólares, subió a trescientos porque solo se permitía recoger pasajeros a unos pocos coches y autobuses.

El número de nuevas infecciones en Shanghái alcanzó su pico a finales de abril. La logística de alimentos mejoró durante mayo, hasta el punto de que Morgan Stanley pudo hacer lo que hace un banco estadounidense: entregar regalos extravagantes a sus clientes selectos. Una amiga mía recibió uno de esos paquetes y me dijo que incluía una ensalada de cangrejos de río, que en aquel momento parecía un lujo absurdo. El 1 de junio, el gobierno permitió, con cautela, que la ciudad volviera a la normalidad.

El confinamiento de Shanghái fue uno de los grandes giros en el arco dramático de la experiencia pandémica de China. A lo largo de los tres años de pandemia, la vida emocional de la gente en todo el país viró de la furia al orgullo y, después, a la desesperación.

El primer acto tuvo lugar durante los primeros días de 2020. Yo vivía en Pekín y vi cómo la ciudad se sumía en la ansiedad a medida que oíamos hablar del coronavirus que había surgido en Wuhan. A principios de febrero, las calles de Pekín estaban vacías mientras que las de Wuhan eran directamente lúgubres. Nos dolió la muerte de Li Wenliang, un médico de Wuhan que se enfrentó a las reprimendas policiales cuando intentó advertir a la gente de un nuevo virus respiratorio. El 7 de febrero murió a causa del coronavirus sobre el que intentó alertar. Aquella noche, mi *feed* de WeChat estaba lleno de homenajes al doctor Li, acompañados de una furia inmensa por cómo lo había tratado la policía. No volvería a ver mi *feed* de WeChat tan monopolizado por un solo acontecimiento hasta «Voces de abril», dos años después.

Las autoridades de Wuhan suprimieron las noticias sobre el nuevo virus que circulaba por su ciudad por los motivos más mezquinos: querían garantizar el buen funcionamiento de una reunión política anual. En aquellos días cruciales del inicio de la pandemia, no querían oír ninguna mala noticia, sobre todo cuando el Año Nuevo Lunar estaba a punto de empezar. Los responsables de Wuhan se negaron a cancelar un banquete comunitario que atrajo a cien mil personas a menos de diez kilómetros del Mercado mayorista de mariscos de Huanan, donde el coronavirus ya circulaba. En la gala del Año Nuevo Lunar, los medios estatales elogiaron a los artistas por ayudar a que el espectáculo continuara incluso estando enfermos.[21]

Pekín se sentía más gris y frío en febrero de 2020. Casi todos los restaurantes y los espacios públicos estaban cerrados. Mis amigos y yo salíamos a pasear en bicicleta por las calles, mayoritariamente vacías. Mientras tanto, nos llegaban imágenes aterradoras de Wuhan. La narrativa oficial que se oía en Pekín era la del sacrificio heroico. Algunas de las imágenes que difundieron los medios estatales eran inspiradoras: las autoridades retransmitieron en directo cómo una docena de excavadoras construían un hospital nuevo en once días. Pero los vídeos de las enfermeras llorando mientras les afeitaban la cabeza (para evitar la transmisión del virus) no eran una buena propaganda. Las narrativas no oficiales eran mucho más desgarradoras. Una mujer de cuarenta y dos años que vivía cerca de Pekín publicaba instantáneas con una sola frase de historias personales en sus redes sociales:[22]

La que seguía un coche fúnebre en plena noche, gritando «Mamá» de dolor.

El niño de doce años que fue solo a informar de su condición cuando murió toda su familia.

La que la policía local obligó a escribir cien veces «Debes llevar mascarilla cuando salgas de casa».

La que llevaba a su madre a cuestas mientras buscaba tratamiento por todas partes, caminando durante tres horas.

La que se recuperó de un caso grave y cuando volvió a casa se encontró a toda su familia muerta, ya que se habían colgado del techo.

Luego dejó de publicar. La policía de su ciudad natal publicó un aviso unos meses después afirmando que era culpable de difundir rumores, y la condenó a seis meses de cárcel.

Xi Jinping declaró que controlar el coronavirus era una guerra popular, un término maoísta que prometía aplastar a los invasores imperialistas con maniobras de guerrilla. El Estado movilizó a hombres fornidos, *dabai,* que llevaban un uniforme blanco mal ajustado e iban armados con un escáner de temperatura para comprobar si quienes entraban en los edificios tenían fiebre. Los banderines de propaganda carmesí que antes declaraban la superioridad del socialismo fueron sustituidos por otros que instaban a la gente a quedarse en casa. El gobierno recurrió a todos los medios para impedir que la gente viajara por el país. Detuvo los servicios ferroviarios, e impidió así que los millones de trabajadores migrantes que viajaron a casa para celebrar el Año Nuevo Lunar volvieran a su lugar de trabajo. Bloqueó casi todos los vuelos internacionales. El pequeño goteo de personas que entraban en el país era sobre todo ciudadanos chinos que podían aceptar quedarse hasta tres semanas en un hotel de cuarentena.

Aquel invierno, yo me sentí desconcertado y enfadado. La COVID-19 fue la tercera epidemia de China en tres décadas, y estalló exactamente con el mismo patrón que las dos anteriores. En la década de 1990, la provincia de Henan sufrió un brote de sida porque los bancos de sangre reutilizaron agujas y mezclaron sangre infectada con sangre sana; el gobierno pasó años silenciando a los denunciantes de esta epidemia de avance lento antes de abordar por fin el problema.[23] En 2003, los responsables de Pekín y Guangdong intentaron suprimir las noticias del brote de SARS antes de actuar con decisión para controlarlo.

Un año antes de que el coronavirus se propagara desde Wuhan, el máximo responsable de control de enfermedades de China, George Gao, lanzó una fanfarronada: «Estoy muy seguro de que los brotes de tipo SARS no volverán a darse porque la red de nuestro sistema de vigilancia de enfermedades infecciosas está bien establecida».[24] Gao acertó al decir que China había desarrollado un sistema de vigilancia de enfermedades técnicamente impresionante. Lo que no tuvo en cuenta fueron las debilidades del sistema político chino, en el que los funcionarios locales impedían que los trabajadores sanitarios informaran sobre la enfermedad. Más bien, los responsables de Wuhan ordenaron a la policía castigar a los médicos que denunciaban. Y así China afrontó su peor crisis de salud pública hasta la fecha.

El segundo acto de la pandemia comenzó en marzo de 2020. El impulso autoritario de suprimir las malas noticias produjo una catástrofe; luego, las restricciones que el Estado impuso a la gente en la vida cotidiana hicieron retroceder al virus. Mientras la vida empezaba a volver a la normalidad para quienes estábamos en Pekín, la COVID-19 golpeó al resto del mundo. Aunque nadie olvidó nuestra rabia por cómo empezó todo, dentro de China la gente observó cómo gobiernos mucho más ricos respondían de forma chapucera a la pandemia. Los funcionarios de Wuhan y la provincia de Hubei no fueron los únicos que negaron la gravedad del virus; pocos líderes globales se lo tomaron en serio. Mientras el Estado ingenieril activaba cada fibra de sus poderes para romper la transmisión del virus, la mayoría de los demás gobiernos trataban la COVID casi como si fuera una curiosidad que solo pudiera afectar a los chinos.

Desde el punto de vista profesional, me desconcertaba que incluso los mercados financieros apenas reaccionaran ante los grandes confinamientos en China. En febrero participé en el pódcast *Odd Lots* de Bloomberg, y conversé con los copresentadores Tracy Alloway y Joe Weisenthal; los tres nos sentíamos un poco perplejos ante el hecho de que el mercado no quisiera poner precio a una pandemia global. O bien esas personas hiperracionales pensaban que las medidas de Pekín eran lo bastante eficaces como para frenar el virus, o bien que en realidad no podía afectar al resto del mundo. La realidad se impuso poco después.

La feroz ira que el pueblo chino sintió por el encubrimiento en Wuhan se transfiguró en parte en un sentido de orgullo por los esfuerzos de control pandémico que realizó el gobierno central. Los chinos vieron cómo Italia, Rusia y Estados Unidos gestionaron mal su respuesta a la pandemia. Se quedaron boquiabiertos ante clips de Donald Trump especulando con que el virus desaparecería por sí solo o que podía abordarse inyectando desinfectante a las personas. Cuando murió Li Wenliang, algunos comentaristas extranjeros barajaron el término «momento Chernóbil» para describir la mayor amenaza a la legitimidad del Partido Comunista en décadas. Tres meses después, Xi declaró que China había «cambiado el rumbo del virus». Después, mientras la miseria de la COVID se agravaba en otros países, el *Diario del Pueblo* declaró que los controles pandémicos eran una demostración de la superioridad del sistema político socialista de China.[25]

Las medidas de control pandémico de China no fueron únicas. Japón, Corea del Sur y Taiwán también impusieron confinamientos, practicaron cuarentenas centralizadas, obligaron a los viajeros internacionales a quedarse en hoteles de cuarentena y exigieron que todo el mundo mostrara la aplicación de seguimiento sanitario. Pero China aplicó estos controles con mayor diligencia, sobre muchas más personas, porque es un Estado ingenieril.

Solo un país gobernado por ingenieros podía ser tan monomaníaco a la hora de perseguir un número. Desde los primeros días de la pandemia, los funcionarios chinos se obsesionaron con dos cifras: la de nuevas infecciones y la tasa reproductiva del virus. El Estado ingenieril hizo todo lo que pudo para reducirlas a cero. Eso condujo, en última instancia, a los esfuerzos del COVID cero (conocido formalmente en chino como «limpieza dinámica a cero»). Igual que con la política del hijo único, el objetivo no podía estar más claro: el número estaba en el nombre.

E igual que con la política del hijo único, la política de COVID cero estaba impregnada de lenguaje militar: China libraba una guerra popular contra el virus, y ciudades como Wuhan y Shanghái eran campos de batalla que había que ganar.

Desde el momento en que Xi Jinping apostó el prestigio del Partido Comunista al control del virus, ninguna política podía resultar demasiado absurda. «El trabajo de prevención y control no puede relajarse», instruía Xi repetidamentea los funcionarios locales. Durante un tiempo, los costes del COVID cero parecían merecer la pena. Más tarde, cuando los controles de movimiento se volvieron cada vez más severos y el Estado ignoró cualquier problema médico salvo la COVID, la estrategia se convirtió en una farsa. Los funcionarios aportaron un literalismo a la aplicación del COVID cero que creó situaciones más bien absurdas o incluso caprichosas. La ciudad costera de Xiamen tomaba muestras de la boca a los peces recién capturados para analizarlos para detectar COVID. Una base de investigación de pandas en Chengdu examinó a todos los animales de sus instalaciones. Los trabajadores sanitarios persiguieron a pastores tibetanos y mongoles (que probablemente no habían visto más que *yaks* durante días en las estepas de pastizales) para tomarles muestras de la boca.

A lo largo de los tres años de pandemia, China desarrolló un aparato estatal más pesado, más capaz de imponerse sobre sus ciudadanos mediante la vigilancia digital. La aplicación de la política del hijo único era un acto intensamente físico, en el que los trabajadores sanitarios se acercaban mucho a las mujeres vulnerables. Para lograr el COVID cero, el Estado volvió a movilizar a millones de personas: una fuerza laboral mayoritariamente masculina que se enfundaba equipo protector blanco para convertirse en *dabai,* o ejecutores públicos del control pandémico, y una fuerza laboral mayoritariamente femenina que trabajaba como rastreadora de contactos para investigar el historial de viajes de la gente entre ciudades y dentro de ellas.

Las tecnologías digitales proporcionaron al Estado ingenieril una herramienta de la que no disponía cuando aplicó la política del hijo único. Implementar el COVID cero fue un asunto tecnológicamente intensivo que utilizó redes móviles para rastrear los movimientos de la gente, a veces con ayuda de tecnologías de reconocimiento facial y otras formas de vigilancia digital, habilitadas por los dispositivos móviles que casi todo el mundo llevaba consigo.

Es cierto que las plataformas digitales chinas en ocasiones introdujeron interfaces útiles, por ejemplo, cuando los servicios de mapas facilitaron a la gente encontrar clínicas de fiebre[*] cercanas. En ocasiones, se las «reclutó» para controlar los movimientos de la gente. Para acceder a las duchas en la Universidad de Shanghái, los estudiantes tenían que mostrar un código en el teléfono, que tenían en verde durante cinco horas y media cada dos días.[26] Una estudiante de sociología maravillada habló de su experiencia a un periódico de Shanghái: «Es una sensación extraña la idea de que todas nuestras actividades diarias, lo que comemos, o cuándo podemos ducharnos, estén incluidas en el plan de las autoridades». El Estado intentó reducir el movimiento en toda la sociedad. Como los campus universitarios chinos ya eran áreas cerradas en sí mismas, a menudo lejos de zonas urbanas (y como se supone que los universitarios deben dedicar todo su tiempo a estudiar, de todos modos), los funcionarios simplemente decidieron encerrarlos. Durante los confinamientos, los estudiantes lucharon por mantenerse cuerdos en la habitación de su residencia, donde podía haber hasta cuatro personas durmiendo juntas.

Los trabajadores industriales a veces se quedaban encerrados dentro de una «burbuja». Esa fue la invención de Pekín para los Juegos Olímpicos de Invierno de 2022, en los que los atletas extranjeros quedaron separados físicamente del resto de la población. Las empresas intentaron crear burbujas tentando a los trabajadores para que nunca abandonaran la fábrica (y

---

* En China, además de hospitales completos, se construyeron miles de estas llamadas clínicas de fiebre, pensadas para acudir específicamente por fiebres o síntomas respiratorios asociados a la COVID. *(N. del T.)*

durmieran junto a las líneas de montaje) a cambio de quizá cuadruplicar su salario habitual. Volkswagen y Foxconn, por ejemplo, adoptaron este tipo de burbujas para mantener en marcha las líneas de montaje de sus coches y iPhones. El problema era que hasta los trabajadores más perseverantes se cansaban de vivir en la línea de montaje al cabo de unas semanas. A pesar de estas medidas, con frecuencia el virus penetraba en la burbuja, e infectaba a todos.

Los espacios públicos a veces sufrían un confinamiento sorpresa. En más de una ocasión, se dijo a los visitantes de Disneyland Shanghái que ya no podían abandonar el lugar más feliz de la tierra porque un contacto estrecho de un caso confirmado había pasado por allí. Treinta mil visitantes quedaron atrapados en el parque durante buena parte de un día en 2022, y solo salieron cuando todos dieron negativo en el virus.[27] No parecía haber demasiadas quejas porque Disneyland siguiera en funcionamiento. Mejor allí que en el Mercado mayorista del Puente de Jiuting de Shanghái o en el Mercado de materiales de construcción de Songjiang: ambos mantuvieron encerradas a más de mil personas durante días sin proporcionarles agua ni comida.[28] En las fases finales del COVID cero, había oficinistas en pánico que salían en tromba de los edificios de oficinas en Shanghái o Shenzhen cuando corría el rumor de que un edificio podía quedar confinado. No está claro qué resultaba más aterrador: quedar atrapado con los compañeros de trabajo o no poder ducharse.

Las grandes ciudades intentaron imponer confinamientos en espacios concretos, como un edificio de apartamentos u oficinas en particular. En otros lugares, los confinamientos por COVID eran mucho más indiscriminados, ya que toda una ciudad podía quedar confinada por el descubrimiento de un puñado de casos. Las ciudades pequeñas tenían poca confianza en que la infraestructura médica pudiera gestionar un aumento de infecciones, de modo que los funcionarios locales ordenaban confinamientos disruptivos con mayor rapidez. Las personas que vivían en las ciudades fronterizas de China (junto a Myanmar y Laos en el sur, o Rusia y Corea del Norte en el norte) estuvieron sometidas a confinamientos totales más frecuentes, ya que la gente cruzaba las fronteras nacionales a veces porosas.

Mucha gente aceptó estas prácticas porque escuchaba a las autoridades sanitarias, que decían que aquello era mejor que las infecciones y las muertes; porque el Estado fue acumulando regulaciones de manera gradual, sobre la marcha; o porque no tenían otra opción. Sin embargo, para cuando los confinamientos de Xi'an y Shanghái aparecieron en el horizonte, más personas cuestionaron si la inseguridad alimentaria y el confinamiento indefinido seguían haciendo que la persecución del COVID cero mereciera la pena.

El primer acto de la política de COVID cero estuvo caracterizado por la furia; el segundo, por el orgullo mezclado con cierto grado de agotamiento. El tercer acto, que comenzó tras el confinamiento de Shanghái, condujo a la desesperación y, más tarde, a protestas generalizadas.

Una hora después del anuncio sorpresa del confinamiento de Shanghái, Silvia y yo compramos unos billetes de avión a Yunnan, la provincia montañosa del suroeste de China de donde es mi familia.

Ninguno de los dos confiaba en que el confinamiento de Shanghái fuera a durar solo ocho días, y lo que era más importante aún: ambos podíamos trabajar a distancia. Llevábamos hablando de marcharnos de Shanghái desde aquel inquietante día en que vimos a los *dabai* asediar el Edificio Embankment. El anuncio del confinamiento fue un buen empujón para organizar nuestra salida. Cuando Silvia y yo nos fuimos, nuestro vuelo fue uno de los pocos que no estaban cancelados aquel día. Tuvimos suerte. En toda China había ciudades que ya se estaban negando a permitir vuelos procedentes de Shanghái porque era el centro del brote de ómicron.

Un viaje que pensábamos que duraría dos semanas acabó prolongándose casi medio año. Yunnan es un lugar que invita a la reflexión porque es, seguramente, la provincia más libre de

China. En las montañas de Yunnan atisbé la idea no solo del Estado ingenieril, sino también de la sociedad leguleya. Varias preguntas me rondaban la cabeza mientras no podía regresar a Shanghái: ¿cómo era capaz China de imponer confinamientos de esta escala? ¿Por qué la gente ha podido aceptarlo? ¿Cuándo renunciará por fin Xi a estos controles?

Yunnan es aún más montañosa que la vecina Guizhou, y la transformación industrial que ha cambiado las prósperas zonas costeras de China la ha tocado mucho menos. Sigue siendo una de las regiones más pobres de China, con una economía sostenida por el turismo y la extracción de recursos, en particular minerales y tabaco. La parte más septentrional de Yunnan es el Tíbet histórico, que engloba una parte del Himalaya, incluido el pico Kawa Karpo, una de las montañas más sagradas del budismo tibetano. Shangri-La es la ciudad más grande de la región. Los caminos pequeños alrededor de los monasterios tibetanos están flanqueados por banderas de oración y salpicados de yaks impasibles. En el sur de Yunnan, adonde volé desde Shanghái, las montañas son más verdes y suaves. Las colinas de té y las plantaciones de caucho se elevan sobre el río Mekong, que transporta las aguas de deshielo de las tierras altas tibetanas que van a parar más allá del sur de Vietnam. Xishuangbanna es una de las regiones con mayor biodiversidad de China, hogar de muchos árboles y plantas, elefantes salvajes, pavos reales, osos y todo tipo de aves.

Alrededor de la mitad de los grupos minoritarios reconocidos oficialmente en China tienen su hogar en Yunnan. Viven entre montañas nevadas, selvas tropicales, terrazas de arroz y ríos de corriente rápida. Muchos de ellos históricamente han resistido el dominio de los han. Forma parte de una vasta zona de las tierras altas del sudeste asiático que diversos estudiosos han denominado Zomia, que alberga innumerables pueblos de las colinas que han desarrollado prácticas antiestatales. James C. Scott ha descrito con elegancia a la gente de Zomia como «bárbaros por diseño», que plantan cultivos de raíz itinerantes (menos evaluables por los recaudadores de impuestos) y mantienen una cultura oral (lo que hace que su historia y su identidad étnica sean más maleables).[29] No es sorprendente que la gente de estas colinas reivindique diversas libertades, como recolectar setas silvestres, cazar cuanto se les antoje o traficar con drogas más duras. Ni siquiera el Estado han-chino ha sido capaz de implantar su control sobre las densas junglas y las montañas escarpadas de la región.

Silvia y yo pasamos varios meses en la ciudad de Dali, que tiene un lago a un lado y una cordillera al otro. La gente bai local construyó junto al lago bonitas casas de paredes blancas ornamentadas con tallas de madera y pinturas de tinta azul. Los bai son agricultores de montaña con una larga tradición artesana, y producen mármol tallado o telas índigo para comerciar con los han. Aunque, hasta la década de los 2000, era un producto bai distinto el que atraía a los viajeros extranjeros: el cannabis, que crecía libremente en la región. Los extranjeros en Pekín o Shanghái aún recordarán con nostalgia los viejos tiempos en Dali, donde una anciana sonriente podía hacerte señas para que entraras en un callejón a comprar una bolsita.

Con su lago, su naturaleza y su clima soleado, la ciudad se ha ganado el apodo de Dalifornia. Mientras yo continuaba mi trabajo a distancia, Silvia hacía trabajo etnográfico de campo. Me presentó a algunos jóvenes de allí, que exploraban intereses en la agricultura o en tecnologías virtuales. La ciudad ha atraído a una mezcla extraña de personas: el floreciente movimiento orgánico de China, compuesto en su mayoría por gente joven que quiere aprovechar los suelos fértiles de Dali; madres que llevan a sus hijos a experimentar programas educativos centrados en la naturaleza como un descanso de las escuelas hipercompetitivas de Shanghái y Shenzhen; y extranjeros que llegaron por el cannabis y se quedaron por el ritmo de vida más lento, y abrieron panaderías de masa madre, cafeterías y clubes de *techno*. Hoy en día los jóvenes chinos y los extranjeros no van a Dali por el cannabis, sino por drogas más emocionantes: criptomonedas, NFT y demás parafernalia Web3.

Una gran parte de la comunidad cripto de China se ha trasladado a Dalifornia, atraída tanto por el bello entorno natural como por el ambiente permisivo. Las montañas han atraído siempre —como ha escrito Scott— a disidentes, rebeldes y tipos subversivos. No solo el aire se enrarece a mayor altitud: también lo hacen los zarcillos del Estado. Pequeños grupos de gente cansada de la administración fiscal u otros males de la vida bajo un gobierno han ido subiendo cuesta arriba. Como consecuencia, los habitantes de las montañas tienden a ser vistos como gente indómita, ya sean los americanos de los Apalaches, los escoceses de las Tierras Altas o los diversos grupos étnicos de Yunnan y otras partes de Zomia. Lo que es una dificultad para la administración gubernamental y el crecimiento industrial a menudo es algo positivo para la libertad personal. Las montañas de Yunnan protegieron a los pueblos locales de las hambrunas producidas por el Estado durante el Gran Salto Adelante y de las arremetidas de los Guardias Rojos durante la Revolución Cultural.

Por eso Yunnan podría ser la región más libre de China. Está más lejos del núcleo del país y, a diferencia de Xinjiang o el Tíbet, el Estado no ha sometido a sus poblaciones étnicas a sus controles más estrictos. Yunnan puede ser un centro de tráfico de drogas, reuniones acerca de criptomonedas o la actividad más radical de los últimos años: la aplicación laxa del protocolo COVID. Los gobiernos locales cerraron aquí o allá algún mercado a lo largo de los años del COVID cero, pero no se molestaron en imponer los severos confinamientos que afectaron a Wuhan, Xi'an y Shanghái. Como había tan poca gente viviendo en grandes bloques de pisos, no iba a funcionar. Si las autoridades apretaban demasiado, la gente en las aldeas bai podría simplemente haber caminado desde el patio trasero de su casa hacia las montañas.

En las montañas de Yunnan se me ocurrió la idea del Estado ingenieril. El gobierno podía tratar a la gente como piezas de ajedrez para moverlas (o mantenerlas quietas) en Shanghái, mientras fracasaba a la hora de hacerlo en áreas más remotas. Vislumbré también un destello de la sociedad leguleya. Uno de los ensayos más compartidos durante el confinamiento fue un comentario de Tong Zhiwei, profesor de derecho constitucional en Shanghái, que señalaba que los confinamientos de la ciudad no tenían base legal.[30] La respuesta del gobierno a los argumentos legales de Tong fue censurar su ensayo y borrar su perfil en redes sociales. ¿Qué importaba que mantener a veinticinco millones de personas encerradas durante un periodo indefinido no fuera legal? Buena suerte a cualquiera que intentara ir a un juzgado a presentar una demanda.

Se hace difícil elogiar la respuesta estadounidense a la CO-VID. En retrospectiva, todo parece desastroso, con distintos estados aplicando distintas políticas, y casi todas empeoradas bajo la gestión caótica de Donald Trump. Los estadounidenses tropezaron hasta aprender a convivir con el virus en gran parte por la ineficacia del gobierno. Pero Estados Unidos (bajo la Operación Warp Speed de Trump) produjo vacunas de ARNm que China no consiguió. En retrospectiva, la respuesta de China a la COVID también parece desastrosa. El Estado ingenieril se esforzó cuanto pudo por aferrarse a los triunfos anteriores, hasta que se vio obligado a dejarlo todo.

Después del confinamiento de Shanghái, se hizo cada vez más evidente que Xi no dudaría en aplastar cualquier industria, y que no existía desgracia personal que mereciera atención por parte del Estado mientras este pudiera detener la propagación de la variante ómicron. No importaba que las empresas se sintieran profundamente inseguras respecto a inversiones futuras, que los gobiernos locales se estuvieran quedando sin fondos al gastarlo todo en pruebas, o que la gente estuviera del todo agotada. Cuando el filósofo italiano Giorgio Agamben escribió en 2020 que las medidas de control pandémico de su país se parecían a un «terror sanitario» y a una «obligación jurídico-religiosa que debe cumplirse a cualquier coste», fue muy criticado.[31] Esa observación, a mi juicio, se aplica con mucha más fuerza al compromiso del Estado ingenieril con el CO-VID cero. Los chinos se pusieron furiosos al ver que el sistema médico ignoraba cualquier número de muertes por diabetes, cáncer y otras afecciones potencialmente mortales, y que toda su vida debía subordinarse a la fijación de ese número.

La gente de las colinas de Yunnan y otras partes de Zomia han organizado insurrecciones ocasionales contra diversos controles estatales. Así que me preguntaba por qué no hubo más gente protestando contra el confinamiento de Shanghái. Los confinamientos irregulares de Estados Unidos, suaves incluso según los estándares de los países europeos, produjeron una agitación masiva en el verano de 2020. Pero, si bien hubo algunos encontronazos entre shanghaineses enfadados y la policía, no llegó ni a intuirse una rebelión masiva. Aunque el presupuesto de seguridad interna de China es mayor que el presupuesto de su ejército, el Estado ni siquiera tuvo que sacar a pasear sus elementos más temibles, como la Policía Armada Popular, para imponer los confinamientos. Con la policía normal le bastaba.

Un amigo shanghainés me ayudó a apreciar la sutileza de las tácticas policiales. Vivía en un complejo en la Concesión Francesa con muchos residentes extranjeros, y se convirtió, como Owen, en uno de los representantes oficiosos de su edificio. Un día durante el confinamiento, varios de sus vecinos dieron rienda suelta a sus frustraciones derribando una barricada. Después, la policía revisó los vídeos de las cámaras de vigilancia, identificó a cada perpetrador y los llevó a todos a comisaría para interrogarlos durante horas. Mi amigo me dijo que la policía rara vez hacía preguntas abiertas, y en su lugar decía: «Confirma que dio una patada a la barricada tantas y tantas veces», y luego redactaba las declaraciones y exigía su firma. No impusieron castigo alguno. Pero esas declaraciones pendían sobre los residentes. Una pareja francesa, que firmó las declaraciones aterrorizada, abandonó el país para siempre.

He preguntado a varios amigos por qué pensaban que los shanghaineses no protestaron. Ellos también se lo preguntaban. La principal razón que propusieron fue que la mayoría de los chinos temían de verdad contagiarse del virus. Habían leído demasiados informes del gobierno sobre lo virulento que era, y pocos informes de comentaristas occidentales que restaran importancia a su gravedad. Las autoridades sanitarias chinas habían adoptado un enfoque gradualista para ir superponiendo las medidas, de modo que la estrategia de COVID cero no se sintió tan extraña al principio. Además, nadie imaginaba que el confinamiento fuera a durar tanto. La gente podría haber protestado antes si hubiera sabido que el confinamiento duraría ocho semanas, pero el anuncio inicial de la ciudad de una «pausa» de ocho días frenó la acción dramática.

Pero Shanghái estaba tensa tras aguantar un confinamiento de ocho semanas. Nadie sabía cómo planeaba Xi salir de la estrategia COVID cero: ¿no iba a acabar contagiándose todo el mundo de todos modos, y afrontarlo potencialmente con una vacuna doméstica menos eficaz que la que el gobierno estadounidense estaba distribuyendo? Shanghái reforzó el control sobre las restricciones de movimiento tras reabrir en junio, anunciando que tales medidas eran necesarias para evitar otro confinamiento. Durante un tiempo, la gente las siguió aceptando.

Yo estaba impaciente. Habría protestas por todo el país en el otoño de 2022. En Shanghái tuvieron especial intensidad política. Nunca olvidaré que fui testigo de manifestaciones abiertas contra el gobierno en la ciudad más rica y poblada de China.

Silvia y yo nos fuimos de Yunnan a finales del verano. Regresamos a un Shanghái tenso por el trauma reciente del confinamiento. Las restricciones en la ciudad se aplicaban con mayor constancia que antes. No podía entrar en ningún espacio público (el metro, un restaurante, una tienda de ultramarinos) sin mostrar mi código sanitario que acreditaba una prueba PCR negativa realizada en las últimas setenta y dos horas. La ciudad instaló puestos de tests en muchas esquinas, pero era fácil olvidarse de hacerse una prueba de COVID a tiempo, lo que hacía que ya no fuera posible quedar con un amigo en un restaurante o en una cafetería. Un día tuve un lapsus, se me pasó hacerme el test, y cuando estaba intentando pedir un café en una ventanilla de esas que dan a la calle desde un local, me enfrenté al absurdo de que me negaran el servicio. El camarero se encogió de hombros y se dio media vuelta al notar mi enfado.

En parte debido a medidas más duras que estas, Shanghái no vio aumentar su número de casos durante el otoño. Ómicron, sin embargo, se estaba propagando por otras ciudades de todo el país.

Sichuán sufrió un terremoto en septiembre de 2022. Cuando los aterrados residentes de la ciudad de Chengdu se apresuraron a salir de sus casas, agentes de control pandémico impidieron que algunas personas salieran, y las encerraron en edificios a punto de desmoronarse.[32] Un autobús que iba camino de unas instalaciones de cuarentena volcó en un terreno montañoso en Guizhou; murieron veintisiete personas. También se desató un incendio en Urumqi, la capital de Xinjiang, donde murieron diez personas después de que las barricadas de control pandémico obstaculizaran el paso de los camiones de bomberos, que no pudieron dirigir el agua hacia el fuego. Los medios chinos informaron con detalle de todo ello. También de la Copa Mundial de la FIFA de 2022, donde millones de chinos aficionados al fútbol veían a multitud de personas animar en los estadios de Doha. Dos años antes, habrían mirado por encima del hombro al resto del mundo por su gestión del virus. Ahora eran los chinos los que miraban con envidia y se preguntaban: ¿era la COVID realmente más peligrosa que los incendios y los terremotos?

Xi Jinping no quería que nada saliera mal en 2022. Estaba a punto de postularse para un tercer mandato en el Congreso que el Partido celebraría en octubre. Habría alterado sus planes políticos dejar que la COVID se desbocara en China, y desencadenar unos disturbios que asustarían a la cúpula en cualquier momento, pero especialmente antes del congreso del Partido que tiene lugar cada cinco años. Xi se obsesionó con crear un entorno político estable.[33]

En mayo de 2022, aún en pleno confinamiento de Shanghái, el Politburó anunció que la política china de COVID cero «puede resistir la prueba de la historia… Igual que hemos ganado la gran batalla por la defensa de Wuhan, también triunfaremos en Shanghái». La declaración era un dardo para cualquiera que dudara, ya que prometía «luchar contra cualquier discurso que distorsione, cuestione o rechace nuestra política de control de la COVID».[34] En septiembre, la Oficina de Supervisión de Internet del Ministerio de Seguridad Pública emitió una directiva para que las autoridades de propaganda solo difundieran mensajes aprobados y para «¡dejar de difundir energía negativa!».[35]

A finales de octubre, mientras las mayores ciudades de China intensificaban sus controles pandémicos, Xi se aseguró su tercer mandato. Pero después de más de dos años de controles cada vez más estrictos, y de tragedias, la gente estaba furiosa.

Estallaron protestas, y en las fábricas de Foxconn en Henan se volvieron violentas. El ensamblaje de electrónica es agotador y repetitivo incluso en el mejor de los casos; para miles de operarios de cadena de montaje que fabricaban iPhones, el estrés se volvió demasiado. No está claro qué fue exactamente lo que provocó los disturbios (pagos atrasados, las burbujas fabriles o la propagación del virus), pero sacó a muchos jóvenes a las calles. En los vídeos se veía a trabajadores plantando cara a antidisturbios formados y protegidos, algunos con el traje de *dabai;* tiraban ladrillos, vallas y piedras contra la masa de uniformes blancos. Y la policía se retiraba.

Las protestas se volvieron políticas en otros lugares. Un hombre en Chongqing se volvió viral por gritar el lema de la Revolución Americana: «¡Dadme libertad o dadme muerte!».[36] Al principio, los presentes lo protegieron de la policía, pero las autoridades acabaron metiéndolo a empujones en un coche. En el distrito de bares de la Concesión Francesa, la gente coreó algo mucho más amenazador para el régimen. Un día de noviembre, la gente celebró una vigilia en la calle Urumqi, el centro del distrito de bares de Shanghái, donde viven muchos extranjeros. La calle, casualmente, llevaba el nombre de la ciudad donde diez personas habían muerto en un incendio. La idea no era montar un gran evento, pero aquello empezó a animarse cuando algunos jóvenes achispados salieron tambaleándose de los bares de copas y se unieron a las conmemoraciones.

En algún momento, pasada la medianoche, aquella vigilia que empezó de forma discreta se convirtió en una protesta. Los jóvenes empezaron a gritar sus frustraciones, rodeados por la policía, que no hizo nada para detener sus cánticos: «¡Abajo el Partido Comunista! ¡Xi Jinping dimisión!».

Fue una protesta improvisada, que tuvo lugar precisamente porque nunca estuvo organizada. Yo, aquella noche, ya me había ido a dormir. Al día siguiente, caminé veinte minutos hacia el oeste desde mi casa hasta la calle Urumqi. Allí vi una presencia policial considerable y a mucha gente merodeando. Me topé, por casualidad, con mi amigo Owen. El aire estaba cargado de nerviosismo y excitación. Cuando un coche pasó por allí con el himno nacional chino a todo trapo, todos empezamos a estirarnos y ponernos de puntillas para ver, entre el gentío, si la policía hacía algo. Vimos a un agente llevarse a rastras a un reportero de la BBC. Por la tarde, la policía actuó con decisión para despejar a la gente de la calle Urumqi. Los vimos dispersar poco a poco a las personas de la zona, hasta que levantaron altas barricadas por toda la calle, y bloquearon la mayoría de las aceras.

Luego hubo una protesta individual. Una mañana, un hombre disfrazado de obrero de la construcción colgó dos pancartas en el puente muy transitado de una autopista en Pekín. Después quemó un neumático para generar humo y llamar la atención sobre sus palabras. La primera pancarta, en una traducción aproximada, decía:

Poned fin a las pruebas, tenemos que comer;
Basta de toques de queda, queremos ser libres;
Basta de mentiras, exigimos dignidad;
Rechazad la Revolución Cultural,
Reforma y apertura es la solución;
No necesitamos un gran líder, sino una elección libre;
Somos ciudadanos, no esclavos.

La segunda pancarta decía: «Apartad al traidor a la nación Xi Jinping».

La policía llegó para detenerlo y retirar las pancartas, pero no antes de que esos lemas empezaran a difundirse por las redes sociales. La identidad del manifestante sigue sin confirmarse. Lo que es seguro es que está pagando un alto precio por haber colgado aquellas pancartas. Los censores han borrado el puente de la autopista de los servicios cartográficos de China. Si se introduce «Puente de Sitong», el servicio dice que no hay resultados.

Algunos de los jóvenes manifestantes también sufrieron lo suyo. A finales de noviembre, muchos jóvenes se reunieron en Shanghái, Pekín y unas pocas ciudades más, a veces levantando una hoja de papel de impresora en blanco, tamaño A4. Llevar hojas en blanco se convirtió en una forma de simbolizar la censura china. Era un eco perfecto: la blancura representaba la aplicación de los controles pandémicos, a través de los trajes médicos protectores de los grupos masivos de *dabai* ('grandes blancos'), hasta que los jóvenes se apropiaron de ella para protestar. Más tarde, las manifestaciones contra la COVID en China fueron conocidas colectivamente como «las protestas del papel en blanco».

Jóvenes coreando cánticos subversivos, colgando pancartas, sosteniendo hojas en blanco... todo esto serían actos de protesta insignificantes en cualquier país democrático. Me harían falta unas mayúsculas más grandes para resaltar lo raro que es ver actos públicos de desafío en China, sobre todo después de que Xi dedicara inmensos recursos a la vigilancia y la aplicación coercitiva para sofocar exactamente este tipo de protestas. Desde luego, yo nunca habría esperado escuchar gritos de «¡Abajo el Partido Comunista, Xi Jinping dimisión!» en Shanghái, frente a la policía desbordada. Aunque se trate de actos bastante pequeños, el hombre del puente de Pekín y los jóvenes de Shanghái merecen ser recordados por su valor.

El número de manifestantes nunca fue muy grande. Fueron especiales porque implicaron a familias chinas de clase alta: gente rica que no quería sufrir confinamientos y jóvenes acomodados matriculados en buenos centros educativos. El Partido Comunista siempre había contado con el apoyo de estas personas. El desenlace de la experiencia china con la COVID muestra un cansancio generalizado.

A lo largo de noviembre de 2022, mientras tenían lugar estas protestas, el virus se descontrolaba. Lo crucial es que no estaba bajo control en Pekín. Cuando las autoridades de la ciudad se prepararon para confinarla, encontraron mayor resistencia entre los residentes. Los pekineses están orgullosos de su tradición histórica de desafío al poder, y mucha gente estaba nerviosa ante la idea de correr la misma suerte que sufrieron los shanghaineses en primavera.

La respuesta del gobierno, entonces, se volvió errática. Mientras los altos cargos en Pekín insistían en que los controles pandémicos debían continuar, otras ciudades por todo el país apenas aplicaban control alguno. A principios de diciembre, el Estado había anunciado varias rondas de medidas de «optimización», la última de las cuales abandonó el lenguaje de la «limpieza dinámica a cero». Casi tres años después de comenzar, la estrategia de COVID cero había terminado.

Yo cogí la COVID en Shanghái el 23 de diciembre. Fue un caso leve; muchas otras personas tuvieron menos suerte. El momento era absurdo: el Estado había retirado todas las restricciones en el peor momento del invierno. Antes, China no había acelerado de manera significativa sus vacunaciones de la población; sigue siendo desconcertante por qué no se vacunó a la gente en cualquiera de las docenas de veces que los obligaron a hacerse pruebas PCR. Además, los médicos y enfermeros no recibieron ninguna advertencia especial de que la política de COVID cero terminaría de forma abrupta, y los dejaron frente a un aluvión de pacientes.

Cuando pienso en ese momento, me doy cuenta de que, en realidad, lo que se me ha quedado grabado es la falta de medicamentos para la fiebre. Durante tres años, el gobierno dificultó que la gente comprara ibuprofeno, Advil y otros antipiréticos por miedo a que la gente pudiera ocultar la fiebre para evitar que se la detectaran. Cuando había un brote, las farmacias limitaban la compra de medicamentos para la fiebre o los retiraban por completo de sus estanterías. Por tanto, gran parte de la población china afrontó esta oleada de COVID sin medicación. Hasta donde sé, China es el único país que negó a su gente medicamentos para la fiebre durante una pandemia que produce fiebre. Es un resumen perfecto de la lógica retorcida del Estado ingenieril.

Los responsables de propaganda tampoco recibieron ninguna advertencia particular, aunque eso no supuso ningún problema: pasaron sin despeinarse de declarar que el virus debía ser aplastado a decir, al día siguiente, que todo el mundo tenía que ser responsable de su propia salud. Aquello era como vivir la escena de *1984,* la novela de Orwell, en la que los funcionarios cambiaban de dirección a mitad de discurso, y declaraban que Oceanía estaba en guerra con Asia Oriental en lugar de con Eurasia.

¿Por qué abandonó Xi de repente la estrategia de COVID cero? No creo que las protestas desempeñaran un gran papel. Fue mucho más importante que la gente de todo el país hubiera acabado exhausta por los confinamientos, que atentaban contra la cordura y los medios de subsistencia. Los gobiernos locales estaban igual de exhaustos; muchos afrontaban tensiones financieras por hacer tantas pruebas mientras renunciaban a la actividad económica: economistas de Nomura estimaron que las pruebas costaron el 1,8 por ciento del PIB de China en 2022.[37] Cuando el virus se afianzó en Pekín, sospecho que el gobierno central sopesó con seriedad si podía imponer un confinamiento a la capital, que siempre ha disfrutado del mayor mimo político. Las jurisdicciones locales de todo el país ya estaban abandonando sus propios controles. Pekín decidió entonces que los controles pandémicos ya no eran sostenibles. Y así llegó el virus.

Xi Jinping no hizo muchas apariciones públicas entre diciembre y enero. Nunca salió a explicar la reversión de una política en la que insistió de forma personal y enérgica, ni intentó ofrecer mucho consuelo a la gente que afrontó una enfermedad sobre la que su Estado pasó tres años aterrorizando a la población. Los crematorios funcionaron sin parar desde finales de diciembre de 2022, aunque el Estado no llegó a anunciar que muchas personas hubieran muerto por COVID. Fue interesante que la Academia China de Ciencias publicara una oleada de obituarios en diciembre de 2022 por los académicos veteranos que acababan de fallecer.

En enero, la agencia oficial del Estado, Xinhua, publicó una nota para intentar rebatir la idea de que el paso del COVID cero al COVID total hubiera sido fruto de una planificación chapucera.[38] La agencia afirmó que «todas las decisiones fueron tomadas tras un análisis científico y unos cálculos meticulosos» y que «de ningún modo fueron decisiones impulsivas».

La reversión pareció demasiado abrupta como para ser meticulosa, pero… en fin. El XX Congreso del Partido concluyó con un éxito apabullante para Xi. Su elección de un nuevo primer ministro (el jefe de gobierno de China) escoció a muchos: fue Li Qiang, el secretario del Partido de Shanghái bajo cuya supervisión tuvo lugar el confinamiento. Durante 2024, todos los partidos que gobernaban las democracias desarrolladas perdieron cuota de voto, incluido el Partido Demócrata en Estados Unidos, a medida que los votantes echaron a los políticos a quienes culpaban de la gestión de la pandemia.[39] En la China autoritaria, el político que supervisó el mayor confinamiento fue elevado al segundo cargo más alto.

Y así la pandemia de la COVID-19 terminó en China tal y como empezó, secuestrada por acontecimientos políticos: ignorada deliberadamente por las autoridades de Wuhan al comienzo y luego por el gobierno central al final.

Cuando me mudé de China a Yale para trabajar en la Facultad de Derecho, encontré nuevos puntos de vista. Fue bueno que Estados Unidos tropezara hasta «aprender a convivir con el virus». Me di de bruces con un elemento particularmente irritante a mi regreso a Estados Unidos en 2023: un cartel de jardín que rezaba: «En esta casa creemos que la ciencia es real». El Partido Comunista «siguió la ciencia» del COVID cero hasta su conclusión lógica: impedir que la gente saliera de casa, someter a la gente a pruebas casi diarias y hacer todo lo que pudo por romper las cadenas de transmisión. Hace cuatro décadas, «siguió la ciencia» para impedir a la fuerza muchos embarazos en el seno de la política del hijo único.

Podemos estar de acuerdo en que «la ciencia es real», pero debemos tener presente que existe una determinación política en cómo interpretar la ciencia. Y eso es algo en lo que la sociedad jurídica es mejor. Tiene abogados interesados en proteger derechos, economistas capaces de pensar la ciencia social, humanistas que consideran la ética, y muchas otras voces intentando abrir las prescripciones políticas al debate. China no tiene un sistema robusto de disputa política; los ingenieros simplemente seguirán la ciencia hasta que conduzca a la miseria social.

La ingeniería solo funciona si se apoya en buenos datos. Pero la fiabilidad de los datos es otra de las pérdidas de China tras la COVID. El compromiso del gobierno con la precisión de la información ha sido vacilante incluso en los mejores tiempos. Y después de la pandemia, el gobierno ha sucumbido con más regularidad a la tentación de no compartir malas noticias. China anunció un total de alrededor de ciento veinticinco mil muertes relacionadas con la COVID-19, un recuento absurdamente bajo cuando las estimaciones académicas llegan a casi dos millones de exceso de muertes.[40] A partir de 2023, China está maquillando muchos otros datos, desde las tasas de natalidad hasta el desempleo juvenil.

Imagina la comedia disparatada que podría hacerse sobre compañeros de trabajo que se odiaban, y que aprenden a entenderse atrapados durante dos semanas, sin poder lavarse, en la oficina. O el drama romántico de una pareja en Disneyland, intentando resolver sus problemas mientras siguen sin poder abandonar el lugar más feliz de la tierra. Por desgracia, el Estado ha suprimido toda memoria oficial del propio confinamiento de Shanghái. Los ingenieros quieren que la gente olvide, no que se burle de esta experiencia.

Después del COVID cero, Shanghái es un poco menos como el París de Oriente, y un poco más como otra Pionyang. La ciudad sigue siendo increíblemente bella, con su *art déco*, y su arquitectura neoclásica y modernista. Los placeres que pone al alcance de sus habitantes siguen ampliándose, con emprendedores que compiten con ferocidad por introducir nuevas formas de divertirse. Pero también tiene viejas heridas abiertas que no son tan visibles. Owen, que aún está en Shanghái, me dijo que ya no se habla mucho de los confinamientos. «Pero cuando la gente se emborracha de verdad, sigue siendo algo con lo que se enciende».

Mis amigos sentían que los habían dejado en bragas dos veces: primero, cuando no pudieron acumular suministros esenciales tras el anuncio sorpresa del confinamiento y, más tarde, cuando no pudieron acumular medicinas. Se preguntan para qué sirvió el confinamiento de abril-mayo, si solo nueve meses después se abandonó todo. Algunas personas mayores decían que el confinamiento no fue lo peor que les había ocurrido, y señalaban la Revolución Cultural. Las personas más jóvenes nacidas después de 1990, sin embargo, que solo habían conocido la prosperidad creciente, tuvieron su primera prueba real del desastre que podía infligir el Estado ingenieril.

Las élites shanghainesas que conocía atravesaron una crisis de fe. Ninguna de ellas imaginaba del todo que los instrumentos más punzantes y coercitivos del Estado chino pudieran apuntarles de forma directa. Los más nacionalistas se quedaron en silencio durante un tiempo, después de haber parloteado durante dos años sobre cómo los controles pandémicos de China demostraban su superioridad sobre Occidente. No es de extrañar que el dinamismo empresarial haya caído en la ciudad más rica y cosmopolita de China.

Los tres años de controles pandémicos permitieron a Xi Jinping entregarse a la planificación central, no solo para expresar ciertos ideales igualitarios incrustados en la Prosperidad Común, sino también para controlar el movimiento físico de millones de personas. La política del hijo único llevó al Partido Comunista a adentrarse en profundidad en el cuerpo de las mujeres; la vigilancia digital desarrollada como parte del COVID cero le ha permitido controlar incluso el acceso diario de una persona a la ducha. Ahora existe un vínculo institucional directo entre ambas políticas. Los comités vecinales que desempeñaron un papel protagonista en la aplicación de los confinamientos por COVID no han sido disueltos; ahora sirven para llamar a mujeres recién casadas y preguntarles por su ciclo menstrual, y por si no les gustaría tener unos cuantos hijos. Algunas son capaces de soportarlo, pero muchos jóvenes chinos están cansados de que los viejos les den lecciones sobre trabajar duro y tener hijos mientras se enfrentan a un mercado laboral horrible.

Capítulo 6

La fortaleza china

El neologismo más notable en la jerga china que surgió durante la pandemia fue *rùn*.

Los chinos se han apropiado de esta palabra (que significa 'humedecer') por su significado en inglés ('correr') para expresar su deseo de huir. A lo largo de esos confinamientos imprevisibles y prolongados, *rùn* pasó a significar marcharse de las grandes ciudades, donde los controles pandémicos eran más estrictos. O significaba emigrar de China sin más. Después de que yo saliera de China en 2023, seguí encontrándome con chinos que, en los últimos años, han decidido emigrar, apostando a que tendrían una vida mejor en el extranjero.

Los jóvenes quieren ir a Europa, a Estados Unidos o a algún país anglófono, pero estos gobiernos suelen ser cicateros a la hora de conceder visados a los chinos. Así, muchos emigrantes van a países cercanos de Asia. Quienes tienen ambición y ganas de emprender acuden en masa a Singapur, donde empresas chinas como ByteDance han instalado grandes oficinas. Quienes tienen riqueza y medios pueden permitirse tener una vida agradable en Japón. Todos los demás, holgazanes, espíritus libres, o chavales que simplemente quieren relajarse, se quedan en Tailandia.

A finales de 2023 pasé un mes en Chiang Mai, en Tailandia, con personas que habían hecho *rùn*. A muchos de ellos los había conocido el año anterior, cuando viví en Yunnan. Eran jóvenes con un perfil creativo. Estas personas, que se dedicaban al periodismo, las artes o la tecnología, se habían ido a esta zona montañosa del suroeste de China porque los confinamientos y los controles políticos sobre la expresión los asfixiaban. Los funcionarios de Yunnan tendían a ser más laxos y miraban hacia otro lado cuando estos jóvenes se sumergían durante el día en proyectos de criptomonedas y se relajaban por la noche en los bares clandestinos. Estos espíritus libres me resultaban interesantes como contrapunto al *mainstream* cultural. Ellos rechazan el machaque corporativo de Pekín y Shenzhen. Quieren inventarse su propia vida.

Pero incluso Yunnan se ha vuelto más restrictiva en los últimos años. Por eso, algunos de ellos tomaron un avión para cruzar las cordilleras que separan la provincia de Tailandia. ¿Por qué Tailandia? Porque es fácil. Los chinos pueden realizar estancias cortas sin visado; una residencia de larga duración no es difícil de gestionar. Con solo apuntarse a clases de idiomas o a lecciones de boxeo tailandés podían optar a un visado educativo. Ninguno de ellos se toma muy en serio estas exigencias educativas, ni la vida en general. Están en la veintena o a comienzos de la treintena, e intentan divertirse para recuperar tres años perdidos por la estrategia de COVID cero.

Muchos de ellos practicaban esa intensa espiritualidad que impregna Tailandia. Chiang Mai es una hermosa ciudad sagrada salpicada de templos y monasterios de tejados dorados. En estos templos se puede realizar un retiro espiritual. También hay retiros aún más apartados, en las montañas cercanas. En estos lugares se medita en silencio hasta catorce horas al día, se habla solo con el monje principal cada mañana para contarle los ejercicios de respiración del día anterior y escuchar el siguiente conjunto de instrucciones. Tras veinte días seguidos de este régimen, una persona me contó que empezó a tener experiencias alucinógenas.

La otra fuente espiritual tailandesa procede del uso de psicodélicos reales, que son fáciles de encontrar en Chiang Mai. Tailandia fue el primer país de Asia en despenalizar la marihuana, y las tiendas de cannabis son casi tan comunes como las cafeterías. Parecía que todo el mundo tenía alguna anécdota que contar sobre el consumo de setas, ayahuasca o mandangas aún más fuertes. Se supone que las mejores setas psicodélicas crecen en el estiércol de elefante, lo que me lleva a una historia que me contaron sobre un legendario grupo de mochileros que han ido saltando de un montón de estiércol a otro en un viaje largo e ininterrumpido.

Hablé tanto con los jóvenes chinos que están en Chiang Mai para pasarlo bien como con los residentes de más larga duración sobre por qué decidieron vivir allí. Ninguno de ellos tomó la decisión de emigrar a la ligera.

Yiju era una de las personas que estaban empezando de cero en Chiang Mai. Es un desarrollador de *software* afable, treintañero, algo rechoncho por pasar demasiado tiempo delante de la pantalla de un ordenador. Trabajó durante un tiempo en Silicon Valley antes de verse atrapado por la fiebre de las criptomonedas en 2018. Así que regresó a China en un momento en que el país era un gran centro de actividades relacionadas con las criptomonedas. Como muchas personas del mundo cripto, Yiju encarna un cierto idealismo. Se notaba en su entusiasmo al proclamar sus opiniones en manifiestos llenos de frases lapidarias sobre cómo debería funcionar la economía, y sobre la necesidad de que la gente sea más amable. A diferencia de muchas personas del sector, también se inclinaba por una reflexión tranquila sobre los límites de la tecnología, así como sobre lo que significaba China para él.

«China se siente como un espacio en el que el techo no deja de bajar», me dijo Yiju un día. «Quedarse significa que tenemos que caminar con la cabeza gacha y la espalda encorvada».

Los jóvenes de Chiang Mai me dijeron que toda su visión del mundo se había roto, casi sin darse cuenta, a lo largo de la década del gobierno de Xi Jinping. Son personas que crecieron en grandes ciudades y asistieron a buenas universidades, algunas de ellas en el extranjero, lo que les hizo tener ciertas expectativas: que podrían seguir una carrera con sentido, que la sociedad ganaría mayores libertades y que China seguiría integrándose más con el resto del mundo. Estas aspiraciones, en gran medida, se han marchitado. Aunque su vida en las grandes ciudades puede ser bastante agradable, con nuevas teterías que probar o espacios artísticos en los que hacerse selfis, tienen un trabajo estresante y servil. Los controles políticos los asfixian. Tras los confinamientos, muchos de ellos se dieron cuenta de que tendían a imaginar cualquier escenario futuro con cierto catastrofismo.

No a todo el mundo le ha encantado el traslado a Tailandia, donde no tienen grandes perspectivas laborales. No todos han reunido el valor necesario para decirles a sus padres dónde están en realidad: mamá y papá creen que están estudiando en el extranjero, en Europa. Eso puede dar lugar a elaborados juegos para mantener el engaño, como correr las cortinas para oscurecer la habitación cuando hacen videollamadas con la familia, ya que se supone que están en una zona horaria totalmente distinta, o mantenerse al día del tiempo en la ciudad en la que supuestamente se encuentran para no sorprenderse cuando los padres les preguntan por la lluvia o la nieve.

Yiju huyó a raíz de las protestas del papel en blanco contra la política de COVID cero. Cuando la policía fue a buscarlo para interrogarlo, se escondió en un monasterio. Muchos de los otros residentes de Chiang Mai habían participado en las protestas contra las restricciones por la COVID y tenían amigos que fueron detenidos. Todos habían experimentado algún tipo de alienación. Algunos se quedaron sin trabajo en la ofensiva de Pekín contra las plataformas digitales. Varios habían trabajado en medios de comunicación nacionales chinos, y estaban profundamente descontentos con los censores. Los escritores, en particular, tienen dificultades para afrontar el golpe de trabajar durante meses en una historia para que los censores la borren horas después de su publicación. La primera vez te cabreas, la segunda te amargas. A la tercera, haces *rùn*.

En Chiang Mai, estos perfiles creativos se reunían en torno a una librería fundada por un periodista. Nowhere Books tuvo su primera sede en Taiwán antes de abrir una segunda en

Chiang Mai, donde ofrecían libros que no se pueden comprar en el continente. Las referencias políticas de Nowhere son sutiles. Mezcladas con libros populares —novelas, guías de viaje, libros de cocina— hay obras de autores que no podrían publicarse en la China continental. La tienda se enorgullece de tener una traducción china del *Whole Earth Catalog,* la revista contracultural californiana publicada a finales de los años sesenta y principios de los setenta que defendía que cada lector debía «llevar a cabo su propia educación». Y alrededor de la librería hay señales ligeramente subversivas: una pegatina de la señal de la calle Urumqi, el foco de las protestas de Shanghái, y pasaportes de broma repartidos por la librería que invitan a los clientes a convertirse en ciudadanos de la República de Nowhere ('Ninguna parte').

Muchos de mis amigos, tanto chinos como extranjeros, también han hecho *rùn.*

La población extranjera de Shanghái ya estaba en declive incluso antes de la pandemia: entre 2010 y 2020, la ciudad más internacionalizada de China perdió una cuarta parte de sus residentes extranjeros de larga duración.[1] Desde los confinamientos, esta población ha sufrido otra gran caída. Shanghái atraía a extranjeros y chinos entusiasmados con el auge económico y creativo de la ciudad. Para los ejecutivos empresariales, un destino en China allanaba el camino hacia la alta dirección. Eso empieza a dejar de ser así, dado que China se ha convertido en un mercado tan diferente (por las complejidades políticas y los controles de datos) que acabar allí se percibe ahora como un problema. A medida que la economía china se ralentizaba, la gente empezó a preguntarse por qué vivir en un lugar con un crecimiento incierto y un montón de drama.

Puede que Xi no esté tan molesto con los perfiles creativos que quieren marcharse. Puede que tampoco le incomode demasiado la salida de los expatriados extranjeros de Shanghái, aunque trabajen en empresas importantes como Apple o Tesla. Pero Pekín sí ha mostrado una mayor preocupación por el número de ricos que sacan su dinero del país.

Mi amiga Jessie es hija de una familia acomodada, criada a caballo entre su Shanghái natal y Vancouver. Alta y de pelo rizado, siempre se ha interesado más por frecuentar clases de *fitness* que por leer las noticias. Antes no prestaba mucha atención a los acontecimientos políticos, pues sentía que no merecía la pena detenerse en asuntos que a menudo eran lúgubres y siempre impenetrables.

Pero vivió el confinamiento de dos meses en Shanghái. Después, Jessie empezó a seguir la política. «Estas cosas podrían afectarnos, ¿sabes?», me dijo un día mientras estaba de visita en Nueva York. Hablaba de la reunión del Tercer Pleno del Comité Central. «¿De verdad?», le pregunté, sorprendido de oír que seguía ese encuentro partidista que duraba una semana. «Nunca sabes lo que van a hacer», dijo Jessie. Cuando le pregunté si los anuncios del partido la habían llevado alguna vez a actuar, respondió que no. Prestar atención ya era una actividad nueva para ella. Creo que podría conducirla a una implicación política más activa en el futuro.

Jessie mantiene sus raíces en Shanghái, aunque planea pasar cada vez más tiempo en Vancouver. Muchos otros chinos ricos han decidido establecerse en otro lugar de forma permanente. Las cifras exactas son difíciles de calcular, pero una empresa de emigración con sede en el Reino Unido estimó que cerca de catorce mil millonarios emigraron de China en 2023 y proyectó que más de quince mil lo harían en 2024.[2] Las zonas de Estados Unidos más populares entre los chinos, como Irvine, en California, han visto un aumento de nuevos compradores de vivienda.[3] Tanto Estados Unidos como Canadá han informado de una duplicación del número de migrantes chinos que han obtenido la residencia permanente tras realizar una gran inversión (lo que puede significar comprar una propiedad): de dos mil a cuatro mil en Canadá entre 2019 y 2023, y de tres mil novecientos a siete mil quinientos en Estados Unidos entre 2019 y 2024.[4]

Los chinos menos afortunados toman un camino diferente hacia Estados Unidos: a través de una extenuante travesía por la frontera suroeste. Los agentes fronterizos estadounidenses cada vez detienen a más ciudadanos chinos: de cuatrocientos cincuenta en 2021, la cifra se disparó a treinta y ocho mil en 2024. El flujo disminuyó en la segunda mitad de 2024 debido a un control fronterizo más estricto. Aun así, durante dos años ha habido más de un millar de ciudadanos chinos cada mes intentando cruzar la frontera a pie. Muchos han volado a Ecuador (que no exigía visado a los ciudadanos chinos hasta julio de 2024) y luego han tomado la peligrosa ruta a través del tapón del Darién.

La diáspora creativa ha puesto en marcha eventos culturales en Estados Unidos. Nueva York y Washington D. C. cuentan con nuevas librerías chinas como la Nowhere, la de Chiang Mai. Una vez al mes, en Nueva York, un grupo feminista organiza un micro abierto para que las cómicas actúen en mandarín. Las entradas se agotan muy rápido, pero tuve suerte de conseguir una. En un día frío de octubre fui a un restaurante italiano del Midtown de Manhattan que alquilaba su sótano para hacer espectáculos. Unas cien personas se reunieron aquel día para escuchar a diez mujeres interpretando un *story slam* en lugar del *stand-up* habitual. Una persona habló de cómo se las ingenió para colarse en una discoteca exclusiva de Berlín, y varias compartieron relatos de su vida sentimental. La mayoría de las historias tendían a ser tristes: lidiar con un despido o con la muerte de una abuela. El público reaccionaba con un enorme apoyo cada vez que a las intérpretes se les quebraba la voz o su narración flaqueaba.

Hace una década habría sido difícil imaginar que Nueva York tendría un grupo de feministas organizando eventos de monólogos en mandarín, impregnados de una corriente de descontento político. A medida que Xi se ha convertido en un líder más asertivo, más chinos se han mostrado descontentos con la dirección del país. Lo más sorprendente es que los migrantes desesperados estén dispuestos a abandonar el «sueño chino» que Xi ha predicado y a emprender un peligroso viaje de meses para cruzar la frontera suroeste de Estados Unidos.

¿Por qué se siguen marchando tantos chinos? Porque generaciones enteras se sienten zarandeadas por los violentos cambios de humor del Estado ingenieril. Su empleo, y en realidad su vida, en China parecía un callejón sin salida. Tampoco ganan mucho dinero en Tailandia, pero pueden divertirse mucho en su atmósfera relajada.

Xi ha hablado de alcanzar la grandeza nacional sin respaldarla con crecimiento económico. El problema es que cuando la gente sufre (como ocurre con un colapso inmobiliario, una alta tasa de desempleo o los confinamientos) empieza a preguntarse qué está obteniendo en realidad a cambio de ese sufrimiento. Desde luego, no es riqueza. Y cuando reciben un bofetón frío y contundente de algo que para nada parece grandeza, quedan desorientados. Esta sensación de alienación ha sido una de las grandes razones para hacer *rùn*.

Tras seis años en China, echaba de menos el pluralismo. Es maravilloso estar en una sociedad compuesta por muchas voces, no solo por un registro oficial destinado a imponerse sobre todas las demás. Echaba de menos la amabilidad de los estadounidenses, combinada con un gobierno que, en general, deja a la gente tranquila. Y, sobre todo, echaba de menos la posibilidad de pedir libros. Para poder leer libros físicos dependía de que mis padres me enviaran paquetes periódicos por correo, por lo general en lotes de veinte kilogramos, aceptando la incertidumbre de que los agentes de aduanas me pudieran confiscar cualquiera de ellos. Eso intensificaba el éxtasis físico de abrir la caja y comprobar cuántos habían logrado pasar el guantelete del censor. Pero era una emoción de la que podría haber prescindido.

Así que yo mismo hice *rùn* tras el colapso de la estrategia COVID cero: me trasladé de Shanghái a Yale para trabajar en la Facultad de Derecho. Shanghái tiene muchas cosas que son superiores a las de cualquier ciudad estadounidense: calles transitables y seguras, una vida callejera vibrante, una comida espléndida, o esa facilidad para desplazarse por cualquier punto de la ciudad o del país gracias al transporte público. La presencia asfixiante del Gobierno chino (la censura, la intolerancia hacia la disidencia, una amenaza persistente de catástrofe) fue lo que me empujó a marcharme. En fin: los operadores del Gran Cortafuegos decidieron que mi pequeño sitio web personal, donde publico mis cartas anuales, debía ser bloqueado. Todavía estoy a cuadros.

A lo largo de mi estancia en China cambié de opinión sobre varias cosas.

Cuando me mudé a Hong Kong a comienzos de 2017, barajaba la idea de que estuviéramos viviendo el inicio de un «siglo asiático», en el que China y la India devolverían a Asia el papel dominante en lo económico que había desempeñado siglos atrás. No es que estuviera muy convencido de ello, pero tampoco parecía un escenario descabellado. Donald Trump, al fin y al cabo, lanzaba miradas de admiración a los países autocráticos mientras descargaba su petulancia contra Canadá, Europa y otros aliados estadounidenses. Xi, en cambio, mostraba una resolución paciente para reforzar las capacidades chinas. Parte de eso todavía es real, aunque ahora aprecio mejor las debilidades de China. Hay muchas cosas en las que China tendrá éxito, pero abandoné el país con una conciencia más clara de los rasgos autolimitadores de su sistema. En particular, el Partido Comunista desconfía y teme al pueblo chino, lo que limita su potencial de prosperar.

El Estado ingenieril tiende a empezar de forma impresionante y a terminar de manera desastrosa. El objetivo de COVID cero no es el único ejemplo de esa tendencia que viví en mis propias carnes. La tormenta regulatoria que Xi desató contra las plataformas digitales chinas es otro caso paradigmático.

En mayo de 2024, en un simposio de emprendedores e inversores al que asistí en la provincia de Shandong, Xi Jinping preguntó al grupo: «¿Por qué estamos produciendo cada vez menos unicornios?».[5] Este comentario cayó en el estanque de Internet como una piedrecita que causa algunas ondas. ¿Por qué China ya no es líder en la creación de *startups* tecnológicas valoradas en más de mil millones de dólares? Antes de que los comentarios acabaran censurados, la gente escribió cosas como: «Pero, presidente, ¡si la causa es usted!»; «¿El puesto de mando de Pekín tiene conexión a Internet?»; o «Porque los asustaron con hojas de papel en blanco».[6]

La pregunta de Xi había generado una nueva inquietud entre las empresas. A los sistemas autoritarios no se les da bien difundir malas noticias. El coronavirus se había propagado, al fin y al cabo, porque los funcionarios locales de Wuhan se negaron a permitir que la noticia de un virus perturbara su serenidad política mientras arrestaban a los médicos denunciantes. Las empresas y los inversores se preguntaban, por tanto, si Xi de verdad no era consciente del grado en que sus políticas habían destruido segmentos enteros de la economía. Tal vez nadie le había dicho a Xi que era el cazador de unicornios más temido de todos.

Durante un tiempo, China produjo una manada tan vigorosa que parecía estar a punto de adelantar incluso a los unicornios de Silicon Valley. Corrían codo con codo con sus homólogos estadounidenses en el comercio electrónico, el transporte bajo demanda y las redes sociales. A veces contaban con la ayuda de Pekín (de forma más notable cuando el Estado expulsó a Google y Facebook en beneficio de plataformas locales como Baidu y Tencent). Otras veces superaban a empresas estadounidenses como Amazon y Uber de manera más o menos justa, mediante brutales guerras de maniobras. ByteDance había creado una nueva categoría de aplicaciones de vídeo corto con TikTok, mientras surgían nuevas plataformas de comercio electrónico para desafiar a Alibaba. El extravagante fundador de esta última, Jack Ma, habría encajado a la perfección entre las personalidades más excéntricas de Silicon Valley.

Durante esta era de regulación laxa, los unicornios chinos crecieron hasta convertirse en bestias poderosas. Lu Wei era el director de la Administración del Ciberespacio, lo que lo convertía en el principal regulador de Internet. Fue un personaje pintoresco, en ese cargo. Cuando visité algunas *startups* en Pekín, hacia 2018, me enteré de historias bastante sórdidas: supuestamente Lu compraba participaciones en empresas y luego aprovechaba su posición para inclinar la balanza a su favor; a veces pasaba por una oficina y comentaba lo guapa que era una empleada, y esperaba que los directivos captaran la indirecta. Su mandato se caracterizó por una indulgencia regulatoria, quizá porque él mismo se beneficiaba personalmente del crecimiento del sector.

En 2018, Lu cayó en desgracia. La Comisión Central de Inspección Disciplinaria lo expulsó del Partido Comunista y publicó una lista inusualmente explícita de sus delitos. La cosa iba más allá de la acusación habitual de soborno; incluía cargos por «engañar a la dirección central» e «intercambiar poder por sexo». Después, Lu escribió una carta tan autohumillante que fue exhibida en un museo nacional que celebraba los cuarenta años de la política china de reforma y apertura.[7]

Las empresas tecnológicas chinas estaban a punto de convencer a los inversores mundiales de que podían alcanzar las valoraciones de los gigantes de Silicon Valley. En casa, sin embargo, generaban un descontento similar al de sus homólogas estadounidenses, y se enfrentaban a acusaciones de ejercer poder corporativo contra empresas más pequeñas y de proteger de forma insuficiente los datos. La caída de Lu Wei se llevó por delante la era de la regulación laxa.

Posteriormente, los nuevos reguladores anunciaron que las plataformas digitales estarían sujetas a «medidas de rectificación». Un antiguo directivo de ByteDance acusó públicamente a la empresa de haber sobornado a Lu.[8] ByteDance se convirtió en objetivo de una investigación, que más tarde daría lugar a una humillante disculpa pública por parte de su fundador. «Me han invadido el remordimiento y la culpa, soy totalmente incapaz de dormir», escribió Zhang Yiming, entonces consejero delegado, a su personal. «Nuestro producto se ha desviado de los valores fundamentales del socialismo [...]. Yo soy el responsable, porque no estuve a la altura de la orientación y las expectativas que exigen los órganos supervisores».[9]

Sin embargo, las plataformas tecnológicas chinas siguieron creciendo, y desarrollaron ciertas capacidades digitales que el Estado no tenía y apenas comprendía. Desde la cúpula central empezaron a oírse rumores inquietantes. Xi lanzó advertencias contra la «expansión desordenada del capital» y prometió «profundizar en las reformas estructurales». A partir de finales de 2020, Pekín abrió la veda contra la economía digital. Todos los organismos gubernamentales se alinearon para disparar.

Los reguladores de valores descarrilaron la salida a bolsa de Ant Financial, una empresa *fintech* fundada por Jack Ma, acusándola de sembrar inestabilidad financiera. Los reguladores de datos investigaron a Didi, una aplicación de transporte que acababa de salir a bolsa en la Bolsa de Nueva York, con cargos vagos por poner en peligro la seguridad nacional. El regulador de prensa anunció que a los menores solo se les permitía jugar a videojuegos durante tres horas semanales concretas: entre las 20.00 y las 21.00 de los viernes, sábados y domingos. Las autoridades antimonopolio lanzaron una avalancha de investigaciones contra las grandes plataformas. Incluso el Ministerio de Educación participó en la gran cacería: declaró que el sector de la educación en línea, que ofrecía clases complementarias fuera del sistema escolar formal, ya no podía obtener beneficios.[10]

A lo largo de 2021, casi ninguna gran empresa tecnológica china salió indemne. La tormenta regulatoria de Xi borró un billón de dólares de valor de mercado de las empresas chinas. New Oriental, una de las compañías educativas, perdió el noventa por ciento de su capitalización bursátil y luego despidió al sesenta por ciento de su plantilla.[11] Alibaba pasó de ser una empresa de ochocientos mil millones de dólares a valer apenas una cuarta parte de esa cifra dos años después. Jack Ma desapareció de la escena pública durante meses tras la cancelación de la salida a bolsa de Ant Financial. Mientras tanto, los reguladores bursátiles tanto de Estados Unidos como de China dificultaban cada vez más que las empresas cotizaran en bolsa. Y el empeño en el COVID cero por parte de Xi pulverizó el sector servicios, al que se dirigían las empresas tecnológicas. La economía que emergió de la pandemia se caracteriza por un elevado desempleo juvenil, poca confianza en el hogar y una demanda de consumo muy lánguida.

No es fácil criar unicornios en pastos tan empobrecidos. Y menos aún cuando hay un cazador gigante acechando para asegurarse de que se ajustan a los valores fundamentales del socialismo. En consecuencia, cada vez menos emprendedores fundan *startups,* y la inversión de capital de riesgo en China se ha desplomado.

El control que Xi ha impuesto a los gigantes tecnológicos no es del todo distinto de lo que muchos reguladores estadounidenses y europeos desearían hacer con Silicon Valley. Todos los gobiernos del mundo lidian con empresas que tienen demasiada influencia sobre el flujo de información y de comercio. Consideradas de forma individual, las regulaciones chinas sobre competencia, protección de datos o riesgos financieros pueden pasar el examen desde un punto de vista tecnocrático. Pero Pekín promulgó las normas con una rapidez y una ferocidad que ningún otro Estado puede igualar. Y lo hizo por razones que Occidente no compartiría: desviar la inversión y el talento hacia industrias que el Estado prioriza, y aplastar el poder que estas empresas estaban acumulando a expensas del propio Estado.

Esta es otra de las maneras en que los sistemas políticos estadounidense y chino son inversos el uno del otro. En Estados Unidos, el drama político gira en torno a los procesos legislativos y las sentencias del Tribunal Supremo; la aplicación de las políticas se olvida con rapidez a medida que la atención política pasa al siguiente gran asunto. En China, el proceso de elaboración de políticas se lleva a cabo en gran medida en secreto, y luego su resultado se arroja sobre la población.

Mientras que Estados Unidos o Europa podrían forcejear durante años en los tribunales con un gigante tecnológico de Silicon Valley y luego extraer unos cuantos miles de millones de dólares en multas, las empresas chinas no impugnan las acciones administrativas. En su lugar, emiten comunicados sumisos, como hizo el fundador de ByteDance, o como escribió Didi tras recibir una enorme multa: «Agradecemos sinceramente a las autoridades competentes su inspección y orientación».[12]

Las regulaciones no fueron solo un ejercicio de gobernanza tecnocrática. En conjunto, constituyeron una vasta demostración de control político. La ofensiva china consistió tanto en la regulación tecnocrática como en un esfuerzo por imponer disciplina política a un sector que iba por libre. Xi ha recordado con contundencia a las empresas tecnológicas chinas que no pueden representar un centro de poder que desafíe la soberanía del Estado. Fue, en otras palabras, un intento de cambiar la mentalidad cultural de las empresas. El Partido Comunista les recordó que conserva el poder discrecional para intervenir en todos los aspectos de la sociedad, lo que significa poner a las empresas tecnológicas en su sitio.

Pueden decirse algunas cosas a favor de este tipo de enfoque. ¿Y si, por ejemplo, el Gobierno de Estados Unidos hubiera respondido a la crisis financiera de 2008 remodelando la cultura de gestión del riesgo de Wall Street en lugar de entablar interminables negociaciones que dieron como resultado un estatuto de dos mil trescientas páginas que nadie entiende? Pero el intento de Xi de lograr un cambio cultural ha generado descontento entre la gente, y sectores enteros desfigurados.

El problema de Xi Jinping es que quizá tenga razón en un sesenta por ciento de todo.* Avanza hacia un objetivo a largo plazo que es, por lo general, loable. Pero, en pos de lograr el cambio, el Estado ingenieril propina tales palizas a personas o sectores que estos son incapaces de volver a levantarse. Incluso cuando el juicio de Xi es acertado, sus soluciones de fuerza bruta empeoran sistemáticamente las cosas. ¿Tienen las grandes tecnológicas demasiado poder? De acuerdo, pero aplastar sus

---

* He elegido esta cifra deliberadamente. Deng Xiaoping formuló un día que Mao Zedong había estado en lo cierto un setenta por ciento, y equivocado en un treinta por ciento. Estoy seguro de que Xi sería la última persona sobre la faz de la Tierra en considerarse más grande que Mao. Por eso le asigno aquí una puntuación ligeramente inferior.

negocios ha traumatizado a los emprendedores. ¿Los promotores inmobiliarios asumen demasiada deuda? Sí, pero empujar a muchos de ellos hacia la suspensión de pagos desencadenó después un colapso de la confianza de los compradores de vivienda, y prolongó así la caída del sector. ¿Necesita el Gobierno frenar la corrupción? Desde luego, pero Xi ha aterrorizado a la burocracia hasta la parálisis.

A veces, lo único más aterrador que los problemas de China son las soluciones de Pekín.

Esa es una de las características definitorias del Estado ingenieril. El Gobierno chino a menudo se asemeja a una brigada de bomberos expertos que apagan incendios que han provocado ellos mismos. El esfuerzo nacional chino contuvo la propagación de la COVID durante un tiempo, después de que los funcionarios de Wuhan no hicieran nada para prevenirla. Décadas antes, el Estado ingenieril reaccionó de forma exagerada al crecimiento de su población con la política del hijo único. La confianza económica no sería tan frágil si no fuera por esos truenos regulatorios que emergen de Pekín.

Aquí es donde brilla la sociedad de abogados. No tenemos que preocuparnos de que el Gobierno de Estados Unidos imponga la política del hijo único o la de COVID cero, porque nunca haría lo primero y no podría hacer lo segundo. Estados Unidos tampoco habría enjaulado a tantas de sus empresas tecnológicas. A los abogados, como dije en la introducción, se les da muy bien servir a los ricos. Los fundadores de empresas tecnológicas chinas (y sus inversores) son, en efecto, muy ricos. Dada la ausencia de abogados y de una cultura política sensible a los derechos, no encontraron ninguna protección.

Tras poner en su contra a tanta gente, ¿ha decidido Xi cambiar de rumbo? La respuesta es negativa: está redoblando su apuesta por promover ingenieros a puestos de liderazgo. Cuando Xi se coronó como líder de China para un tercer mandato en 2022, presentó un nuevo equipo dirigente repleto de ejecutivos de las industrias aeroespacial y de defensa chinas.[13] Son personas con experiencia práctica en la gestión de megaproyectos. Yuan Jiajun, jefe de diseño del programa espacial tripulado chino, se convirtió en secretario del partido en Chongqing; Li Ganjie, ingeniero nuclear, pasó a ser el principal responsable de personal del partido; y Zhang Guoqing, antiguo ejecutivo de uno de los mayores contratistas de defensa de China, se convirtió en viceprimer ministro.

La ingeniería social también se intensificará. En 2018, Xi elogió a los profesores llamándolos ingenieros del alma, una expresión que utilizó por primera vez Iósif Stalin un siglo antes.[14] Las instrucciones de Xi se han desplazado cada vez más hacia lo físico. Ha hablado de cómo el amor al partido y al país debe empezar pronto, lo que significa «agarrar a los pequeños desde la cuna».[15] Los mensajes del partido deben «entrar en la mente, entrar en el corazón y entrar en las manos».[16] La oficina de seguridad pública de Pekín ha prometido acercarse al máximo en sus intentos de ofrecer un «servicio a distancia cero».[17] Estos esfuerzos en chino suenan igual de siniestros que en otras lenguas.

Desde que Xi inició su tercer mandato en 2022, ha advertido de forma cada vez más lúgubre sobre escenarios «extremos». En sus discursos dirigidos a la comunidad de seguridad nacional de China, ha hablado de «garantizar el funcionamiento normal de la economía nacional en circunstancias extremas». ¿Qué significa eso? Como de costumbre, el líder supremo se expresa de forma oblicua, pero sugiere que le preocupa que algún día China quede desconectada del resto del mundo. «Debemos estar preparados para los peores casos y los escenarios extremos», dijo Xi en 2023.[18] «Y estar listos para resistir cuando las ventiscas, las marejadas e incluso las tormentas más peligrosas nos pongan a prueba». Por eso se ha rodeado de ejecutivos procedentes de las agencias aeroespaciales y de defensa. La intención, al menos a mi parecer, es convertir China en una gran fortaleza.

¿Para qué tipo de tormenta peligrosa se está preparando Xi? Probablemente para un conflicto abierto con Occidente. Bajo el liderazgo de Xi, el Estado ingenieril está trabajando en serio para endurecerse y ganar una guerra, si es que alguna vez llega a producirse.

Xi ya ha levantado muros más altos. En 2018, cuando vivía en Hong Kong, empecé a decirle a la gente que China podría cerrar sus puertas en cuarenta años, para el centenario de la fundación de la República Popular. Llegado ese punto, volvería a convertirse en el Imperio Celeste, con su población tranquila, ajena a las turbulencias de los bárbaros más allá de sus fronteras. La mayoría de mis amigos reaccionaba con incredulidad; decían que era inimaginable cerrar un país tras haberse globalizado. Resultó que me equivoqué de centenario: China estuvo en gran medida cerrada en 2021, cien años después de la fundación del Partido Comunista. La pandemia fue como un ensayo general: un ejercicio de cómo sería la vida en China con las puertas cerradas al mundo exterior. Al parecer, a Xi le gustó bastante. Tras la pandemia, Xi ha redoblado su apuesta por la autosuficiencia.

Una de las cosas que me han sorprendido en los últimos años es cuántos estadounidenses que antes viajaban a China con regularidad ya no tienen interés en visitarla. Eran gente de negocios, inversores y académicos familiarizados con el país. Muchos de ellos sentían un miedo real a no poder salir una vez entrasen. La mayoría no tendría de qué preocuparse, estoy seguro. Pero es difícil sacudirse ese miedo después de que China tomara a dos canadienses como rehenes y después de que haya prohibido la salida a tantos ciudadanos extranjeros por disputas empresariales o cargos relacionados con drogas.[19] Incluso quienes no temen la detención citan la molestia de ver su vida digital cortada de raíz. Sin una VPN, a un estadounidense que viaje a China le costará comunicarse con su familia (puesto que muchas aplicaciones de mensajería y correo electrónico están bloqueadas), le costará echar un vistazo a los titulares del *New York Times* o del *Wall Street Journal* y le costará moverse por las ciudades sin aplicaciones chinas de pago.

Yo solo he vuelto a China una vez tras el fin del COVID cero. A finales de 2024, el país parecía más fortificado que antes de la pandemia. Shanghái está extrañamente apagada; los restaurantes se ven menos llenos, a las zonas comerciales les falta vida. Es evidente que los consumidores tienen menos poder adquisitivo. La gente ha sentido una profunda incertidumbre económica después de que la economía no lograra remontar tras el fin de los controles por la COVID en 2022. No es alentador para el futuro de las relaciones chino-estadounidenses que haya apenas un millar de estudiantes estadounidenses en China. Justo antes de la pandemia, había diez veces más.[20]

China llevaba tiempo alejándose de Occidente. Cuando el Partido Comunista eligió a Xi como secretario general en 2012, el partido había tomado una decisión importante: China no intentaría parecerse a Estados Unidos. La crisis financiera que se originó en Wall Street en los años anteriores había inquietado a los dirigentes chinos. ¿De verdad debería China adoptar un sistema propenso a semejante inestabilidad? Más o menos en ese momento, zanjaron un debate sobre el constitucionalismo. Antes, algunos juristas chinos habían intentado impulsar la idea de que el Partido Comunista debía estar sujeto a las leyes. Los abogados habían obtenido algunas victorias sorprendentes en la protección de las libertades individuales, y se habían ganado una cobertura significativa en los medios nacionales conforme lo hacían. Luego, las victorias se frenaron. El presidente del Tribunal Supremo chino denunció públicamente la idea de la independencia judicial, una acción que situaba al partido por encima de la ley. En retrospectiva, está claro que la elección de Xi formaba parte de un rumbo marcado por el Partido Comunista para no seguir los pasos de Estados Unidos.

La economía china flaquea al tiempo que el Gobierno central se vuelve más represivo. Se enfrenta a más problemas relacionados con la deuda, unas relaciones diplomáticas hostiles con Occidente y el declive demográfico, que ya era un problema antes incluso de que tantos intentaran emigrar. Todo esto se ve agravado por un factor político imprevisible: los autócratas envejecidos se vuelven irascibles con facilidad, lo cual es un problema, dado que Xi probablemente seguirá en el cargo hasta pasados los ochenta años de edad.

¿Sigue en marcha el siglo asiático? Las cuestiones sobre el futuro de Asia son más sutiles e interesantes que quién gana. Aunque yo no creo que China vaya a superar de manera significativa a Estados Unidos como potencia global, aun así representa un desafío formidable.

El Estado ingenieril sigue siendo increíblemente capaz. Aunque Xi Jinping se ha ido sintiendo cada vez más cómodo despreciando el crecimiento económico en favor de la seguridad nacional, eso no significa que el país se haya convertido en Corea del Norte. Las empresas chinas siguen operando en un entorno empresarial robusto, aunque sin duda más restringido. Las relaciones del país con Occidente no son tan amistosas, pero seguirá habiendo comercio e intercambio educativo. China no dejará de ser un mercado gigantesco, con un número enorme de personas ambiciosas que quieren dejar huella. Solo que, ahora, el país trabaja de manera constante para aislarse de un mundo turbulento lleno de conflictos.

El Estado ingenieril aún conserva muchas de sus fortalezas. Hay una cosa sobre la que no he cambiado de opinión desde 2017: estoy más convencido que nunca de que China se convertirá en el líder tecnológico en las industrias manufactureras.

A los marxistas les gusta razonar a través de contradicciones. ¿Cuál es la contradicción central a la que se enfrenta China? Sostengo que debemos reconciliar dos realidades cuando leemos los titulares. Primero: los ricos, los creativos y los desesperados han optado por hacer *rùn* por el abatimiento económico y político que impregna el tercer mandato de Xi. Segundo: el sector manufacturero sigue haciéndose fuerte en el dominio de los vehículos eléctricos, la tecnología limpia y otras tecnologías avanzadas.

¿Cómo reconciliarlas? Con la idea del Estado ingenieril.

Las intervenciones temerarias que los ingenieros han infligido a la economía y a la sociedad han dejado a mucha gente profundamente descontenta, y la han empujado a trasladar su riqueza (o a trasladarse a sí misma) al extranjero. Mientras tanto, China se ha embarcado en una misión para construir un país tecnológicamente poderoso. En eso creo que podría tener éxito. Mi opinión es que Xi no logrará su mayor apuesta, que es impulsar a China para desplazar a Estados Unidos como nación preeminente del mundo, medida no solo por el tamaño económico, sino también por la influencia diplomática, la producción cultural y el prestigio nacional. La neurosis de control de los ingenieros es el límite fundamental del poder de China. Pero también empujará a China a ser un fabricante avanzado con una posición dominante en muchas de las cadenas de suministro de alta tecnología del siglo XXI, con una capacidad militar a la altura y grandes posibilidades de desafiar la hegemonía estadounidense en Asia.

Hay varias cosas que los ingenieros hacen mal. Por ejemplo, no se les da muy bien hacer productos culturales atractivos.

En el apogeo de la pandemia, Xi declaró que China necesita volverse más «adorable».[21] La imagen del país había sufrido; gente de todo el mundo culpaba a China de la propagación del virus. Pero China se enfrentaba a un problema más fundamental que la pandemia. En los últimos cuarenta años, el Estado ingenieril ha hecho un trabajo pésimo en cuanto a la producción cultural; el resto del mundo no la encuentra atractiva.

Suelo preguntar a los estadounidenses qué productos culturales chinos disfrutan. Incluso las personas cosmopolitas tienen que pararse un momento a pensarlo. Vamos, dale una vuelta tú también. Las respuestas tienden a ser de nicho. La gente cita las películas de Zhang Yimou, quien dirigió *La linterna roja,* mientras quienes se inclinan más por el cine de autor mencionan a Jia Zhangke. Quienes leen ciencia ficción suelen aludir a *El problema de los tres cuerpos,* de Liu Cixin. TikTok podría ser otra respuesta, aunque no sé hasta qué punto cuenta, ya que la aplicación no suele ofrecer contenido chino en el extranjero. Los coleccionistas de arte moderno y los fanáticos de los videojuegos suelen tener más que decir. En términos generales, sin embargo, la mayoría de estadounidenses no busca música, arte, cine o literatura procedentes de China.

No es, creo yo, por prejuicio. A los estadounidenses no les ha costado abrazar los productos culturales del Asia oriental. Japón produjo una ola de cultura popular que incluía el anime y el manga, novelistas ganadores del Premio Nobel y productos de consumo populares como el Walkman de Sony y la Game Boy de Nintendo. Corea del Sur sigue fabricando éxitos, ya sean bandas de pop o fenómenos como *Parasite* o *El juego del calamar*. Los jóvenes chinos tienen tantas probabilidades de ver un drama coreano o una película de Hollywood como de escoger un equivalente nacional.

Cuatro décadas después de la liberalización china, sus aportaciones a las culturas globales se limitan en gran medida a los márgenes artísticos. Y es porque los ingenieros no saben convencer. El Partido Comunista insiste en su narrativa en la que el partido siempre tiene razón y todos los errores son culpa de traidores o extranjeros. En lugar de reconocer sus fallos y contar historias persuasivas, el instinto del Estado ingenieril consiste sencillamente en censurar las narrativas alternativas. Xi se muestra como alguien demasiado ansioso por obtener una deferencia servil por parte del resto del mundo, que es precisamente por lo que nunca la conseguirá.

El problema no es que los chinos sean, de algún modo, menos imaginativos. Más bien es la mano amortecedora del Estado la que ha suprimido su creatividad. Sé que los niños chinos son creativos, y serían capaces de impulsar una oleada de cultura que cruzase fronteras, si no tuvieran que enfrentarse a un censor asfixiante. Cuando, en 2023, un monologuista en Pekín hizo un chiste cuyo remate empleaba un eslogan militar, los censores aplastaron la industria de la comedia. El humorista, Li Haoshi, fue detenido, sus redes sociales suspendidas y el estudio que lo empleaba recibió una multa de dos millones de dólares.[22] A las compañías de comedia, que deben presentar sus guiones a los censores semanas antes de cualquier actuación, les cancelaron espectáculos por todo el país.[23] Y los clubes de comedia de toda Shanghái permanecieron cerrados meses después de aquel incidente.

Los ingenieros no saben encajar una broma. Es difícil que el arte prospere en una atmósfera de paranoia política y control social. Hoy, los artistas y los escritores chinos deben seguir los valores fundamentales del socialismo, y no pueden incluir ni una pizca de crítica política. Los directores ven cómo sus películas se retiran de los cines o de los festivales internacionales de manera inexplicable. La mayoría de las películas estrenadas en el mercado nacional son *blockbusters* nacionalistas, romances empalagosos o cintas sobrenaturales de acción. No es de extrañar que no sean exportables. Ni siquiera entre el público chino cautivo son demasiado populares.

El Departamento de Propaganda del Partido Comunista ha tratado los medios como un jardín bien podado. Ha levantado muros contra mucho contenido extranjero: ha bloqueado el acceso a Wikipedia, redes sociales y muchos sitios de noticias. Solo un puñado de películas de Hollywood al año se aprueba para su exhibición en cines nacionales. Los artistas saben que deben podar su contenido para alinearlo con las sensibilidades políticas o acabarán arrancados de raíz. Y las autoridades de propaganda dedican mucho esfuerzo a apuntalar las voces oficiales. En casi todas las librerías de China hay una mesa llena de recopilaciones de ensayos de Xi, dispuestas con pulcritud (y en su mayor parte intactas). En los museos siempre hay una de sus citas pegada en una pared, aunque no tenga nada que ver con ninguna exposición. Incluso plataformas que no dirige el Estado, entre ellas ByteDance, siempre reservan los espacios destacados para mensajes dirigidos por las autoridades de propaganda.

La neurosis de control de los ingenieros también supone un obstáculo para otra característica de una gran potencia: una moneda global. El dólar estadounidense es, con diferencia, la moneda dominante en el mundo, mientras que el renminbi chino representa el tres por ciento de los pagos globales. Esa cuota apenas ha crecido en una década. Pekín ha impuesto un rígido sistema de control de capital para evitar que el dinero salga con facilidad, lo cual promete una mayor estabilidad para el sistema financiero altamente apalancado del país. Estas son exactamente la clase de restricciones que resultan anatema para las instituciones financieras globales. Mientras Pekín insista en el control de capital, el resto del mundo no se interesará mucho por su moneda.

China ha tropezado en su ascenso por muchas razones. Pero hay una cosa que no ha dejado de hacer bien. ¿Qué les gusta hacer a los ingenieros? Construir.

Eso ha producido beneficios considerables dentro del país, ya que ha extendido beneficios materiales por todo el territorio, incluso en provincias muy pobres. Ha ayudado a construir resiliencia alimentaria y energética en toda la economía. El Estado ingenieril aún está en camino de convertirse en un fabricante avanzado que domine la mayor parte de las cadenas de suministro tecnológicas del siglo XXI. Gracias a este enfoque constructivo, los países en desarrollo están apoyando en cierta medida a China.

Exportar infraestructuras chinas es el núcleo de la Iniciativa de la Franja y la Ruta (BRI), una de las iniciativas más emblemáticas de Xi. Las empresas chinas han llevado al extranjero su experiencia en la construcción de carreteras, puentes, ferrocarriles, túneles, presas y centrales eléctricas. A veces también llevan esa clase de sistemas de vigilancia y herramientas de censura que a los dirigentes autocráticos les encantan. Se han lanzado a una orgía de gasto en el exterior, con préstamos pendientes por valor de un billón de dólares en ciento cincuenta países.[24] China ha financiado trenes en el sudeste asiático, puertos en Europa, tranvías ligeros en África, carreteras, puentes, bibliotecas, estadios deportivos y muchas otras cosas. Según Deloitte, China se ha convertido en el mayor financiador individual de infraestructuras en África: construye uno de cada cuatro proyectos del continente.[25]

Los resultados son dispares. Algunos proyectos de infraestructuras han ayudado a consolidar a China como centro comercial: su enlace ferroviario de alta velocidad con la vecina Laos, por ejemplo, ha facilitado las exportaciones y la inversión. Pero ni siquiera las empresas constructoras chinas son inmunes a los sobrecostes y los retrasos cuando construyen en el extranjero. Uno de los proyectos insignia de la BRI es una línea de alta velocidad que conecta Yakarta, la capital de Indonesia, con la ciudad de Bandung. Aunque el ferrocarril tiene un uso elevado, los constructores chinos se pasaron mil millones de dólares del presupuesto y lo completaron con cuatro años de retraso.[26] La población local se ha quejado de que los proyectos de la BRI tienden a traer toda la mano de obra desde China. Varios países que se sumaron a la iniciativa se han retirado desde entonces, siendo Italia uno de los casos más destacados. En el Internet chino han circulado dos fotografías: la del Foro de la Franja y la Ruta en 2017, cuando Xi Jinping estaba rodeado por ciento veinte líderes mundiales, y la del mismo foro en 2023, cuando solo había poco más de treinta.[27]

Aunque las constructoras chinas no siempre han mostrado un respeto consistente hacia los trabajadores extranjeros y el medio ambiente local, y aunque varios países de la Franja y la Ruta estén reclamando a Pekín la condonación de deuda, en conjunto parece haber resultado en un saldo positivo neto para China. En una lectura estrictamente financiera, el Banco Mundial concluyó en 2024 que los proyectos de la BRI han generado un retorno positivo para los prestamistas chinos, aunque pequeño.[28] China ha construido infraestructuras útiles en países que las necesitan. Así que no sorprende que, en conjunto, los países en desarrollo vean a China con mejores ojos que los estadounidenses y los europeos.[29]

Así, la estrategia de China ha consistido en intentar atraer al resto del mundo en desarrollo. Quienes la defienden dirían que China quizá no necesite grandes relaciones con Occidente cuando hay miles de millones más de personas en el mundo en desarrollo, con tasas de crecimiento económico más altas que Estados Unidos y Europa, y todo eso es cierto. Sin embargo, los consumidores de África, el sudeste asiático y América Latina tienen un poder adquisitivo muy inferior al de los europeos. A las empresas chinas les resultará más difícil liderar a nivel global si se les impide vender a los consumidores más ricos, que son quienes les darían beneficios para competir con otras que sí pueden. Mientras tanto, las relaciones diplomáticas rara vez son sencillas, y los fabricantes en países en desarrollo también han sufrido por las exportaciones chinas. Funcionarios de Brasil, India, Indonesia y Sudáfrica han pedido a Pekín una relación comercial más equilibrada.[30]

Hay una cosa más que a los ingenieros se les da especialmente bien: construir resiliencia dentro de la economía. En lugar de venerar la eficiencia y las entregas puntuales, China ha invertido en redundancias y amortiguadores de choque.

Por ejemplo, China se toma muy en serio la seguridad energética. El enorme esfuerzo que ha realizado para desarrollar la capacidad de reducir las emisiones de carbono —energía solar, eólica y nuclear— debe entenderse como parte del objetivo más amplio de hacer que el país dependa de sus propias fuentes de energía. Pekín está intentando mitigar el dolor que sufriría si algún día perdiera el acceso a las rutas marítimas por las que les llega el petróleo. Por eso también, en 2023, China añadió veinte veces más capacidad de carbón que el resto del mundo en conjunto.[31] Se toma en serio abordar la cuestión del cambio climático, sí. Pero Pekín no está dando la espalda a sus ricas reservas de carbón. Eso también explica por qué China se entusiasma tanto con electrificar el parque automovilístico: prefiere quemar carbón nacional que petróleo de Oriente Próximo para obtener combustible para sus coches.

China también se toma en serio la seguridad alimentaria. Se ha visto a Xi Jinping plantarse en medio de un campo de trigo y soltar un comentario campechano, del estilo: «Los cuencos del pueblo chino deberían llenarse sobre todo con grano chino». La pandemia y la invasión rusa de Ucrania han hecho a Pekín más consciente de la necesidad de autosuficiencia alimentaria. De hecho, los dirigentes chinos siempre han sido conscientes de que las hambrunas han acabado con dinastías imperiales. Así que una de las cosas por las que se evalúa a los gobernadores provinciales es si son autosuficientes en cuanto al arroz y el trigo, mientras que los alcaldes de las grandes ciudades deben asegurarse de que se cultive localmente una variedad de alimentos. Se evalúa a los alcaldes por la cantidad de tierra que dedican a las hortalizas y por garantizar que la mayoría de los residentes puedan llegar a pie a los mercados de abastos; es importante que no haya escándalos de seguridad alimentaria y que los precios sean estables.

Cuando uno se monta en un tren de alta velocidad desde Pekín, enseguida ve tierras de cultivo. Si uno conduce por las afueras de Shanghái, casi siempre se encuentra con vastos sistemas de invernaderos que producen verduras. Tras los comentarios de Xi, China ha intentado en los últimos años recuperar marismas salobres formadas por el mar y convertir minas inactivas en tierras de cultivo, aunque probablemente no sean muy productivas. No me importa, sin embargo, que China esté demoliendo campos de golf, que son un derroche ambiental, y esté entregando esa tierra a los agricultores.[32]

El coste de este impulso hacia la autosuficiencia es que mucha tierra valiosa alrededor de las ciudades queda inmovilizada para la agricultura, en zonas que no siempre son adecuadas para cultivar. Más importante aún, una parte mucho mayor de la fuerza laboral china se mantiene en el campo: pese a su rápida urbanización durante la última generación, China todavía tiene el doble de población viviendo en áreas rurales que Estados Unidos. El beneficio es que, durante la pandemia de COVID, China no sufrió una escasez alimentaria intensa. Las tierras de cultivo y los invernaderos incluso en torno a las ciudades con confinamientos más fuertes (Wuhan, Xi'an y Shanghái) producían comida, pero un sistema logístico desbordado no permitió que los residentes la recibieran. Mientras que el sistema alimentario chino logró una producción bastante estable, la inseguridad alimentaria se disparó entre los estadounidenses de ingresos bajos al comienzo de la pandemia en 2020.[33] La producción de carne y verduras está concentrada en relativamente pocos lugares. Cuando los trabajadores de los mataderos del Medio Oeste enfermaron, las tiendas de alimentación de la Costa Este se quedaron sin ternera.

La comida no fue lo único que escaseó durante la pandemia en Estados Unidos. Había muchos otros artículos difíciles de encontrar: muebles, semiconductores, equipos de protección individual. El Gobierno y las empresas chinas tienden, de media, a mantener mayores reservas de distintos bienes, de modo que resisten mejor en estas situaciones. El dogma corporativo estadounidense es que «el inventario es el mal». Aunque tener capacidad sobrante perjudica a diversas métricas de beneficio de las empresas chinas, en especial a las empresas estatales, están mejor preparadas para ponerse en marcha en cualquier crisis. Contar con mucha capacidad de fabricación y de producción alimentaria es algo útil si hay otra pandemia... o una guerra.

La capacidad manufacturera es lo más importante de todo aquello que el Estado ingenieril puede construir. Aunque China tiene mucho en contra, sigue reforzando su posición en una amplia gama de industrias tecnológicamente intensivas, así como su capacidad militar. Incluso si Estados Unidos es capaz de superar a China en diplomacia, finanzas e innovación, la pugna entre estas dos grandes potencias va a estar reñida si Estados Unidos no es capaz de construir nada físico.

El viento que sopla con más fuerza para las velas de China es la fuerza laboral asentada que conserva el conocimiento de procesos del que escribí en el capítulo 3 sobre el poder tecnológico. Aunque quizá el cincuenta por ciento de la economía china sea disfuncional, un cinco por ciento lo está haciendo extraordinariamente bien (una aproximación que tomo prestada de Greg Ip, del *Wall Street Journal*). Ese cinco por ciento es peligroso para los intereses estadounidenses: es la capacidad manufacturera de China, que va minando la base industrial estadounidense.

Recordemos que las empresas chinas dominan por completo muchas partes de la cadena de suministro de tecnología limpia, en especial las relacionadas con la energía solar y las baterías. Siguen exportando vehículos eléctricos a todo el mundo (aunque muchas de esas exportaciones son productos de empresas extranjeras como Tesla). Han ganado terreno en todo tipo de fabricación avanzada, como los drones de consumo, la robótica industrial y las prensas de acero. China sigue por detrás en semiconductores y aviación, pero ha establecido cadenas de suministro en estos ámbitos y está decidida a ponerse al día. Los cimientos de buena parte de los éxitos chinos se asentaron antes de que Xi llegara al poder. Estos vibrantes ecosistemas de producción tecnológica están habitados por diseñadores, ingenieros y técnicos que se reúnen a diario para resolver problemas. Su vida no depende necesariamente de los vaivenes políticos de Pekín ni de Washington D. C.

También es una cuestión de personal. China tiene alrededor de cien millones de trabajadores en la industria manufacturera.[34] La población del país está disminuyendo, sí, pero conviene tener presente que solo una pequeña fracción de la fuerza laboral se dedica a la producción tecnológica. Alemania y Japón son exportadores poderosos con, respectivamente, ocho y diez millones de trabajadores manufactureros. Un país no necesita tanta gente para tener una industria robusta de semiconductores: bastan unos pocos cientos de miles de trabajadores altamente cualificados. En 2025, en China se graduarán más del doble de doctores en campos STEM que en Estados Unidos (y muchos en universidades estadounidenses son nacionales chinos con probabilidad de repatriarse).[35]

Convertir China en una potencia tecnológica se ha convertido en una prioridad importante del tercer mandato de Xi. Ya habló de ello al comienzo de su primer mandato, cuando comentó que el mayor problema histórico de China era su carencia tecnológica. En el relato de Xi, China fue incapaz de mantenerse al día con la modernidad, puesto que el imperio Qing se pudrió por dentro mientras «los barcos occidentales y sus cañones» lo asediaban.[36] Más tarde, su gobierno anunció Made in China 2025, un plan amplio para dominar diez industrias tecnológicas. En 2023, Pekín anunció la creación de un nuevo órgano de alto nivel: la Comisión Central de Ciencia y Tecnología. Y al año siguiente, Xi declaró que, para 2035, el país debe convertirse en una «superpotencia científica y tecnológica».

«La competencia por la fuerza nacional», dice un comentario del Ministerio de Ciencia y Tecnología en 2024, «es en esencia un concurso de innovación científica y tecnológica, que en última instancia demuestra qué sistema político es superior».[37] Es una declaración un tanto extraña, que implica que los países no deberían ser juzgados por si crean mejores resultados económicos, si son más fértiles estética o intelectualmente o si producen alguna medida más general de bienestar para la población. En la Guerra Fría, Estados Unidos y la Unión Soviética discutían sobre medidas más amplias de éxito. Para un segmento de las élites en la China de Xi (que se hace eco de las creencias del Partido Industrial), lo más importante será quién haga más avances en ciencia y tecnología.

De un modo crucial, Estados Unidos aceleró el progreso de China en ciencia y tecnología. En su primer mandato, Donald Trump desató una guerra comercial contra los exportadores chinos y una guerra tecnológica contra sus principales empresas. Su administración incluyó a líderes tecnológicos chinos (Huawei, el fabricante de drones DJI, el líder de chips SMIC) en listas opacas de sanciones, lo que estranguló su capacidad de acceder a las tecnologías estadounidenses. A algunos los llevó al borde del colapso. De forma paralela, el Departamento de Justicia de Trump sometió a científicos (en su mayoría de ascendencia china) a la dulce misericordia del sistema penal estadounidense, por lo general por cargos relacionados con problemas que afectaban a la integridad de la investigación. Joe Biden amplió los controles tecnológicos, exigiendo que el Gobierno de Estados Unidos aprobara todos los chips avanzados y el equipamiento para fabricarlos antes de poder venderlos a China.

Pasé años cubriendo las idas y venidas de estas restricciones tecnológicas. Cuanto más se prolongaban, más tenía la impresión de que Estados Unidos se había enfocado en la estrategia de destruir su propio sistema científico e industrial (mediante el enjuiciamiento de científicos y el corte de las ventas de los fabricantes de chips) con el fin de salvarlo. Pero, en lugar de vivir su propio momento Sputnik, Estados Unidos provocó uno en China.

Los líderes tecnológicos chinos siempre compraron chips estadounidenses porque querían vender productos competitivos a nivel global. Ignoraban las súplicas de Pekín para que compraran a los proveedores nacionales por la sencilla razón de que las tecnologías chinas no eran lo bastante buenas. Pero la Administración Trump dio a los líderes tecnológicos chinos todas las razones para temer que les cortaran el grifo de las tecnologías estadounidenses. Y así, el Gobierno estadounidense empujó a aquellas empresas chinas que antes eran reacias a reforzar la base industrial nacional con la agenda de autosuficiencia de Pekín a volcarse ahora en ello. Todo el dinero y el talento de ingeniería que las empresas tecnológicas chinas más dinámicas antes enviaban a Estados Unidos ahora se quedan en casa.

¿Merecía la pena devaluar la fiabilidad de las empresas estadounidenses, no solo para las firmas chinas sino para las empresas de todo el mundo? Hasta ahora, las restricciones de exportación no han asestado ningún golpe decisivo a las compañías tecnológicas chinas, que han encontrado la manera de ir tirando sin acceso pleno a los chips estadounidenses. Incluso Huawei, que sufrió las restricciones estadounidenses más duras, sigue vendiendo equipos 5G en todo el mundo y teléfonos inteligentes en el mercado nacional. A veces pienso que la competición tecnológica de Estados Unidos con China (políticas caóticas bajo Trump, implementación porosa bajo Biden) ha desembocado en el peor de los mundos posibles. Estas restricciones han chamuscado las empresas más dinámicas de China sin matarlas, lo que las enardece para liberarse de las limitaciones estadounidenses.

Mientras tanto, Pekín está financiando con entusiasmo el desarrollo tecnológico. A medida que el crédito bancario para proyectos inmobiliarios se ha ido desplomando, la financiación se ha desplazado con fuerza hacia los fabricantes. En parte, Pekín propició este escenario. Aunque China ha perdido perfiles ricos y creativos, ha ido ganando científicos. Desde 2020, científicos de alto perfil de ascendencia china han abandonado Estados Unidos, atraídos tanto por las generosas ofertas chinas de fondos de investigación como empujados por las investigaciones de la Administración Trump sobre mala conducta investigadora. Menos de mil científicos de ascendencia china se mudaron de Estados Unidos a China en 2010; más de dos mil quinientos lo hicieron en 2021.[38] Una oleada de prensa positiva en China ha dado la bienvenida a biólogos o matemáticos que se trasladan desde una universidad estadounidense de élite a China. Probablemente Xi esté encantado de cambiar jóvenes descontentos por científicos veteranos.

¿Es posible hacer ciencia en un entorno político cada vez más cerrado? Una afirmación habitual que escucho es que China no puede innovar porque «no tiene libertad de expresión».

No hay duda de que Xi ha estrechado el ya limitado espacio para la libertad de expresión en el país. El pensamiento libre es esencial para las humanidades y las ciencias sociales, pero no estoy tan seguro de que sea una condición necesaria para las ciencias naturales, porque hay muy poco en la química, la física, las matemáticas y la ingeniería que sea intrínsecamente político. A lo largo de la historia, muchos sistemas autocráticos han producido avances tecnológicos asombrosos.

Los Estados alemanes, por ejemplo, lo hicieron. El Estado prusiano del siglo XIX combinó autocracia con la invención de la universidad moderna de investigación. Cuando Bismarck unificó los Estados alemanes bajo el dominio prusiano en Berlín, el país se volvió pionero en química —posiblemente la primera industria basada en la ciencia— y también en ingeniería eléctrica. Los Premios Nobel de ciencias siguieron concediéndose a los científicos de la Alemania nazi mientras esta los reclutaba para fabricar *Wunderwaffen*[*] como los primeros misiles

---

* 'Armas maravillosas' en Alemán. *(N. del T.)*

balísticos y cazas a reacción para la guerra. La Unión Soviética ofrece un ejemplo aún más contundente. Su ecosistema científico llevó a cabo investigación pionera incluso bajo la Gran Purga de Stalin. El Estado arrestó a un número asombroso de científicos, incluidos el teórico jefe de la bomba de hidrógeno y el director del programa espacial soviético. Más de un científico salió a rastras de los gulags de Stalin para realizar un trabajo que le valdría un Premio Nobel. Los soviéticos construyeron la bomba atómica bajo la dirección de Lavrenti Beria, el odioso jefe de Policía de Stalin. Al igual que en la Alemania nazi, los soviéticos siguieron logrando avances científicos durante el periodo de tiranía más intensa.

La China moderna no se acerca ni de lejos a los Estados policiales de Stalin o Hitler. ¿Cómo puede la ciencia coexistir con la autocracia? Principalmente, creo, porque la condición previa para la ciencia es que haya fondos abundantes, que son mucho más importantes para su éxito que la libertad de expresión, y eso es algo que los dictadores pueden proporcionar.

De una manera perversa, la represión podría animar a los científicos a volcarse aún más en su trabajo en lugar de prestar atención al resto de ese mundo que se desmorona a su alrededor. No estoy diciendo que la autocracia sea buena para la ciencia, solo que no garantiza su destrucción. China ha llevado a cabo mucho progreso industrial (energía solar, vehículos eléctricos, brazos robóticos) en una atmósfera de represión política creciente. Ahora, Xi está enterrando a los científicos en montañas de dinero. He entrevistado a más de una veintena de científicos en China, la mayoría formados en Estados Unidos, que me han dicho que es más fácil recibir financiación en universidades chinas que en universidades estadounidenses. El dinero de China llega con pocas condiciones, mientras que una solicitud de subvención a la National Science Foundation exige un escrúpulo obsesivo con el formato, requisitos interminables, informes y la amenaza de cárcel si no hacen una divulgación correcta.

Me imagino a China convirtiéndose en algo parecido a una Alemania Oriental más exitosa, un Estado que combine vigilancia y controles políticos con resultados sólidos en ciencia y tecnología. El Partido Comunista no cederá en lo político; mientras tanto, continuará su promoción de la ciencia y la tecnología. Aunque la Alemania Oriental fue líder dentro del bloque soviético, seguía por detrás de Occidente, pero espero que China tenga más éxito. Las empresas chinas harán productos de alta calidad, quizá a solo unos años de los líderes globales y solo en unos pocos sectores. Fabricarán chips no lo bastante potentes como para que los lleve el último iPhone, pero sí lo bastante buenos para los vehículos eléctricos y los drones; aviones no tan eficientes como los más recientes de Airbus, pero sí lo bastante buenos para hacer el trayecto entre Bangkok y Shanghái.

Mi interés, durante gran parte de la última década, se ha centrado en el rechazo de China a la tecnología avanzada con características estadounidenses. Aunque me encantaría que China adoptara mayor protección legal para la gente, no estoy seguro de que haya elegido este camino tecnológico desde la insensatez.

A lo largo de este libro, he evitado calificar la tormenta regulatoria de Xi como una represión tecnológica. Mientras disciplinaba con una mano a las plataformas digitales y la economía virtual, Pekín dispensaba con la otra su favor a tecnologías más duras como los semiconductores. Xi estaba intentando reorientar a las empresas tecnológicas para que se centraran menos en la innovación virtual o financiera y, en cambio, que los mejores y más brillantes de las universidades de Tsinghua y Pekín trabajaran en industrias estratégicas.

En la base de las acciones de Pekín contra las plataformas digitales hay una sospecha: que las empresas digitales tremendamente rentables no están produciendo valor para el resto de la sociedad. El dinamismo emprendedor en la educación en línea, las redes sociales o las *fintech* genera diversas formas de daño social. La economía virtual, incluidas las criptomonedas y el metaverso, absorbió demasiado talento y dinero. A Xi y el resto del Politburó les incomodaba que la vanguardia de la economía pareciera impulsada por los caprichos de los inversores en vez de por los intereses del Estado.

Mi sensación, mientras presenciaba el desarrollo de la ofensiva en China, era que Pekín intentaba evitar la estructura económica de Estados Unidos en la era contemporánea. En las últimas dos décadas, las grandes historias de crecimiento estadounidenses han estado en Silicon Valley, en una costa, y en Wall Street, en la otra. Con el tiempo, tanto la tecnología como las finanzas han sido culpadas de muchos males sociales. Si hay una era de la innovación estadounidense que atraiga a Pekín, quizá sea el Silicon Valley de los años sesenta y setenta. Los fabricantes de chips como Intel estaban en plena forma; se convirtieron en parte en los grandes proveedores del Pentágono y la NASA. Fue un periodo en el que las empresas tecnológicas fabricaban cosas, empleaban grandes plantillas y atendían las necesidades de seguridad nacional del Estado.

Así que Pekín intentó una cirugía económica. El liderazgo chino quería dinamismo en las industrias basadas en la ciencia que pudieran salvar sus deficiencias estratégicas. En particular, eso significaba impulsar industrias de fabricación avanzada como los semiconductores o las tecnologías limpias. Significaba que China necesita seguir produciendo y «no desindustrializarse nunca». Pekín entiende las redes sociales, como Facebook o TikTok, principalmente como plataformas descontroladas de expresión. Aportan poco a la productividad económica, mientras crean un potencial enorme de agitación política. Mientras tanto, el liderazgo chino mira con más anhelo a lugares como Alemania, un país que no ha desarrollado gigantes digitales pero está asentado con firmeza en industrias manufactureras.

En Estados Unidos, los doctorados en física y matemáticas apenas se plantean trabajar en su campo; antes, un gigante tecnológico o un fondo de cobertura se los llevará a un lado durante una conferencia, los deslumbrará con un paquete salarial descomunal y los atrapará para siempre en su abrazo glamuroso. Asesores gubernamentales de alto nivel han afirmado que Pekín pretende bloquear estas tentaciones. Yao Yang, decano de la Universidad de Pekín, ha comentado con satisfacción que los salarios han caído en el sector financiero tras el tope salarial de cuatrocientos mil dólares que los reguladores impusieron al sector.[39] La idea, dijo Yao, es «reducir el atractivo de las finanzas y aumentar el desarrollo de la manufactura».

La estrategia ha salido escandalosamente mal. En particular, al aplastar los negocios de tantos de ellos, les ha quitado las ganas. Y también es poco probable que dirigir grandes industrias tecnológicas como proyectos científicos de seguridad nacional produzca siempre éxitos incontestables. La Unión Soviética, al fin y al cabo, acabó fracasando a la hora de mantenerse al día con la frontera tecnológica que le marcaba Occidente, aunque fuera puntera en ciencia. China sí ha creado empresas comerciales exitosas, de una forma que los soviéticos nunca lograron, aunque estas corren el riesgo de ser engullidas por el Estado. Por su parte, Estados Unidos aún conserva cierto grado de excelencia manufacturera, representado por empresas como Tesla. Pero eso es una excepción. Aunque Tesla podría liderar al país de vuelta hacia la fortaleza manufacturera, también podría ser engullida por la disminución del conocimiento de procesos que ha pasado factura a Boeing e Intel, antaño poderosas.

Aunque las empresas chinas trabajan bajo las restricciones políticas de Pekín y las restricciones de chips de Washington D. C., han logrado avances. DeepSeek, creado por una empresa con sede en Hangzhou, es uno de los pocos modelos punteros de IA, cuyos costes son una fracción de los que exige el ChatGPT de OpenAI. Los investigadores chinos en IA no han ido a la zaga. Publican un gran número de artículos sobre el tema y sus empresas han lanzado modelos con una puntuación alta en los *benchmarks* técnicos. Además, el Estado está desplegando IA, aunque más enfocada a la censura, el reconocimiento facial y a otros medios de control.

China tiene ventajas que puede poner al servicio de la inteligencia artificial. Cada vez resulta más evidente que las empresas estadounidenses no están tan limitadas por la potencia de cómputo como por la potencia eléctrica. Los servidores de datos para la IA devoran tanta energía que Microsoft ha intentado reiniciar la infame central nuclear de Three Mile Island, y Meta estaba a punto de construir un centro de datos (también alimentado por energía nuclear) pero tuvo que detenerse tras el descubrimiento de una especie rara de abeja cerca de ese emplazamiento.[40] Pues bien, nada entusiasma tanto al Estado ingenieril como las inversiones gigantescas en producción energética para la industria. Quizá China compense con potencia eléctrica lo que le falta en sofisticación tecnológica.

También existe el riesgo de que China aplique mal la IA. El sistema chino a veces se entusiasma en exceso con nuevas tecnologías o ideas teóricas. En 1978, uno de los principales científicos de China viajó al extranjero para aprender sobre una ciencia emocionante llamada cibernética, y se llevó de vuelta a casa las semillas de una idea que desembocó en la política del hijo único. Tal vez la sociedad de abogados tenga la resiliencia ideológica para no dejarse seducir por la inteligencia artificial, mientras que los países autoritarios se destrozan al hacerlo. Pero también es posible que la IA destruya las mentes occidentales. En Estados Unidos, cada cambio en los medios de comunicación de masas (la televisión por cable en los años noventa, Internet en los dos mil, redes sociales en los dos mil diez y ahora la IA) ha aumentado el descontento entre las masas y las élites, así como el de las élites entre sí. La sociedad estadounidense es mucho más desordenada que hace dos décadas, cuando la gente estaba ligada por una realidad consensuada en lugar de escindirse en mundos distintos.

No está claro a qué país desestabilizará más la IA. La fortaleza china está protegida de los estragos de las redes sociales. Al imponer límites estrictos a Internet y a la IA, Xi ha construido China como un Estado de seguridad capaz de vigilar vastos flujos de información. La esperanza de Pekín quizá sea que los estadounidenses enloquezcan ante las tormentas sociales producidas por el doble combo de redes sociales más inteligencia artificial. Tal vez estas cosas amplifiquen las divisiones internas de los estadounidenses. Mientras cada vez más estadounidenses se refugian en un fantasma digital, Xi estará pastoreando a los chinos por el mundo físico para fabricar bebés, fabricar acero y fabricar semiconductores.

Y la IA no debería distraernos de las deficiencias estadounidenses más amplias. No creo que una guerra abierta entre Estados Unidos y China vaya a darse inevitablemente, pero ambos bandos estudian de cerca las fortalezas y debilidades militares del otro; anticipan un posible conflicto. Si llegara a suceder, sería un escenario apocalíptico para el mundo. La guerra podría estallar en el Pacífico, o en otra parte. A medida que las relaciones entre Estados Unidos y China se vuelven más hostiles, aumentan las posibilidades de conflicto. Estados Unidos se enfrenta a un competidor de su mismo nivel que tiene cuatro veces su población, una economía con un potencial dinámico considerable y un sector manufacturero capaz de producir sustancialmente más que él mismo y que sus aliados. Si China y Estados Unidos llegaran a las manos, estarían entrando en una conflagración con fortalezas muy distintas. ¿Qué preferirías tener en este caso: *software* o *hardware*?

Las disparidades cuantitativas entre Estados Unidos y China son contundentes.[41] En 2022, China tenía casi mil ochocientos barcos en construcción y Estados Unidos tenía cinco. El apoyo estadounidense a Ucrania frente a la agresión rusa también dejó al descubierto el estado raquítico de su capacidad nacional para fabricar munición. En dos días, Ucrania podía disparar la cantidad de proyectiles que Estados Unidos fabrica en un mes.[42] Al final de la Administración Biden, el asesor de seguridad nacional Jake Sullivan dijo sin rodeos que Estados Unidos experimentaría un «agotamiento muy rápido de las reservas de munición» si alguna vez tuviera que enfrentarse al ejército chino.[43]

A China no le falta munición. En caso de emergencia, podrá aumentar a gran escala la producción, igual que hizo con el equipo de protección individual durante el COVID, mientras Estados Unidos tropezaba con cosas básicas. Me preocupa que Estados Unidos esté confiando demasiado en que la IA dé la vuelta a la tortilla. Incluso si Estados Unidos logra una inteligencia artificial general, necesitará ser capaz de fabricar drones o munición; los algoritmos por sí solos nunca ganarán una batalla. Aunque Estados Unidos tiene los cazas y los submarinos más sofisticados del mundo, fabrica poquísimos. La base industrial de defensa estadounidense no suele buscar la eficiencia cuando distribuye la producción entre las jurisdicciones de miembros favorecidos del Congreso.

En el mundo moderno, muchos productos manufacturados pueden adaptarse para usos militares. Los teléfonos inteligentes que llevamos tienen sensores que habrían sido de grado militar hace una década. El dron de consumo también es de doble uso, por eso los ucranianos y los rusos han intentado comprar drones DJI de China para usarlos en el campo de batalla. La capacidad industrial debe entenderse, cada vez más, como capacidad militar. Todos los drones, teléfonos inteligentes y baterías que se producen en un volumen abrumador en China le dan una ventaja sobre Estados Unidos.

La gran y adaptable base manufacturera de China sigue creciendo. En 2024, la Organización de las Naciones Unidas para el Desarrollo Industrial pronosticó que China tendrá el cuarenta y cinco por ciento de la capacidad industrial mundial para 2030. Estados Unidos, Europa, Japón, Corea del Sur, Taiwán y todos los demás Estados de renta alta juntos suman el treinta y ocho por ciento de la capacidad. En una crisis, China ha demostrado un mayor historial de expansión de la producción manufacturera que Estados Unidos, así que no está claro si las condiciones de guerra cambiarían esta proporción. Mientras tanto, la capacidad manufacturera estadounidense afronta una erosión mayor a medida que los fabricantes chinos, apuntalados por los subsidios, producen incluso sin beneficios. La potencia industrial de China es una ventaja estratégica que podría abrumar a todos los países ricos del mundo.

Me gusta imaginar cuánto mejor sería el mundo si ambas superpotencias pudieran adoptar unas pocas patologías de la otra. No creo que los estadounidenses se despierten un día con un gobierno que aplaste de forma efectiva toda oposición para construir grandes proyectos, y no espero que los chinos se encuentren con un gobierno por fin dispuesto a dejarlos en paz. Más bien, espero que China aprenda a valorar el pluralismo a la vez que adopta protecciones legales sustantivas para los individuos, y que Estados Unidos recupere la capacidad de construir para su gente.

No quiero deshacerme de los abogados. Más bien quiero ayudar a volver a elevar a los ingenieros (y también a sus hermanos tecnocráticamente inclinados, los economistas). No para colocarlos en un pedestal, sino para que se escuchen otras voces distintas. A Estados Unidos le vendrían bien menos abogados que dediquen su carrera a litigar hasta la extenuación a las agencias gubernamentales, y más abogados del perfil negociador, interesados en averiguar cómo ofrecer mejores servicios. El profesor de Derecho Nick Bagley concluyó su influyente artículo sobre el procedimentalismo (al que me referí en el primer capítulo) con una proposición cortés, pero engañosamente poderosa, que quiero apropiarme: los abogados deberían plantearse si en algunos casos no podrían lograr más cosas quitándose de en medio.[44]

Más difícil me resulta imaginar cómo China podría alejarse de los ingenieros. Los emperadores chinos ya practicaban el absolutismo un milenio antes de que los monarcas europeos olieran esa idea. La sociedad civil china ha sido débil desde hace mucho, con clanes familiares fuertes, pero carente de grupos como las organizaciones religiosas y la aristocracia militar que produjeron tanta contestación política en Europa. Y desde la introducción de los exámenes imperiales en el siglo VI por parte de la dinastía Sui, los aspirantes a intelectuales se han conformado sobre todo con estudiar un currículo fijado por el emperador. Una razón por la que China carece de tradición liberal, centrada en la protección de las libertades individuales, es que los intelectuales de la corte tendían a no desarrollar filosofías basadas en limitar al emperador o a su burocracia.

China necesita abogados. O, para ser más precisos, la capacidad de que la gente rechace los designios del Estado sobre su cuerpo, su habla y su mente.

Al país no le faltan regulaciones ni estatutos. Xi se lo proporciona todo a sus amigos; para sus enemigos, tiene la ley. Desde que convirtió en prioridad distintiva imponer el «estado de derecho», el país se ha ahogado en leyes y regulaciones. Eso no significa un estado de derecho tal como Occidente podría entenderlo. Xi ha rechazado la idea del constitucionalismo, y el presidente del Tribunal Supremo Popular ha denunciado la idea de la democracia constitucional como un «falso ideal occidental».[45] China carece de un compromiso real con el respeto de los derechos individuales. El Estado permite solo un margen limitado para que los ciudadanos impugnen acciones gubernamentales, mientras que el Partido Comunista está fuera del alcance de las demandas. El sistema judicial no siempre publica los registros de un caso y, en cualquier caso, conserva un amplio margen para hacer que los desafíos legales se resuelvan a su favor... o desaparezcan.

¿Cómo podría llegar el cambio? Quizá a través de actos ordinarios de resistencia. Durante milenios, los líderes chinos han intentado imponer un control más estricto sobre la gente. Y la gente ha desarrollado sus propias estrategias para lidiar con ese control. Aunque el Estado quiere ver la sociedad como un ejercicio de ingeniería, la realidad de China (evidente para quienes hemos pasado allí algún tiempo) es que es un país desordenado. La vida cotidiana en China es mucho más caótica que la imagen que proyectan los medios estatales, en la que cada aldea es inmaculada y todo el mundo se sienta con la espalda recta mientras escucha las declaraciones de Xi.

Tampoco el Partido Comunista está dotado de una tecnocracia que planifique tan a largo plazo, ni es capaz de apretar tanto como quisiera para lograr la seguridad nacional. La gente encuentra formas de adaptarse a las exigencias más pesadas de los ingenieros. Empuñan las armas de los débiles. Cuando la gente ve una avalancha de normas insensatas del Gobierno, puede reaccionar con pasos lentos, pequeños incumplimientos, ignorancia fingida y discusión. Ese sistema de negociabilidad es una de las razones por las que la gente ha podido acostumbrarse a los ingenieros.

El futuro sería mejor si el Partido Comunista pudiera aprender cierta contención y darle mayor valor al individuo. Pasar tiempo con jóvenes que han hecho *rùn* es un buen recordatorio de que el Politburó no es representativo del país. El Partido Comunista nunca aceptará que unos chavales chinos colocados hasta las cejas con drogas psicodélicas representen un activo oculto para el país. Lo que yo veo en ellos, y también entre otros chinos que hacen lo posible por lidiar con el Estado ingenieril, es un esfuerzo constante por mantenerse en pie con todo en contra. Es la esperanza de que el Partido Comunista algún día permita que su gente prospere al dejarla en paz.

Los jóvenes creativos no fueron las primeras personas de China en hacer *rùn*. Hace dos décadas, un par de personas en plena treintena emigraron desde Yunnan. No eran ni de lejos tan modernos como los chicos de Chiang Mai, pero mis padres se fueron de China por muchas de las mismas razones: sentir decepción con la dirección del país y estar dispuestos a lanzar los dados por una vida mejor en el extranjero. Cuando era un niño de siete años, me llevaron con ellos a Canadá.

CAPÍTULO 7

Aprender a querer a los ingenieros

Al trasladarse a Occidente, mis padres tomaron una decisión personal desgarradora basada, en el fondo, en lo que no era más que una conjetura sobre el futuro. Una conjetura informada, asentada en parte en una larga historia familiar que incluía algunos encuentros inquietantes con el Estado. Pero, sobre todo, esta decisión tenía que ver con lo que estaba por venir. ¿Dónde tenían ellos y su hijo pequeño —yo, con siete años— más posibilidades de vivir una buena vida? ¿Qué gobierno, y qué conjunto de normas, era mejor para su bienestar? Al contemplar un mundo que conocían, gobernado por ingenieros, y otro seductor pero misterioso, gobernado por abogados (aunque entonces aún no lo sabían), tenían que elegir, apostar. Aún tantos años después, no está nada claro que tomaran la decisión correcta.

Mis dos padres nacieron en Kunming, la capital de la provincia suroccidental de Yunnan. Los yunnaneses tienen fama de ser tranquilos, más inclinados a sentarse a charlar tomando té durante toda la tarde que a exigirse demasiado. No es que haya mucho en lo que centrarse. La ciudad era un lugar atrasado cuando mis padres se marcharon y sigue siendo insulsa hoy en día. El Gobierno clasifica Kunming como una ciudad de tercer nivel, algo que se refleja en los salarios estancados y en el débil valor de la propiedad inmobiliaria. Cuando pienso en la cultura de mis padres y en cómo se criaron, me sorprende que tomaran la decisión de emigrar. Somos una familia muy yunnanesa. Mi madre, Rachel, y mi padre, Frank, tienen cada uno un progenitor con profundas raíces en Yunnan y otro que llegó allí arrastrado por la guerra.

El padre de mi padre, mi Yeye, nació en la familia mercantil más prominente de Yunnan. Los Jardines de la Familia Zhu eran la mayor residencia de la provincia, con unos parajes tan espléndidos que habrían encajado entre las propiedades más encantadoras de Suzhou. Hacia el final de la dinastía Qing, en el siglo XIX, el patriarca de la familia supervisaba un negocio centrado en la minería de estaño y cobre, que fue ampliándose (como hacían los comerciantes de éxito de la época) a la venta de té, la destilación de licores, la producción de seda y, con toda probabilidad, a la participación en el comercio del opio, aunque mis parientes han sido algo imprecisos cuando les he preguntado por este punto.

Yeye nació en los Jardines de la Familia Zhu pocos años después del colapso de la dinastía Qing. Para entonces quedaba poco de su antigua fortuna. La familia Zhu perdió su riqueza tras alinearse una y otra vez con los perdedores políticos: con los Qing justo antes de que los señores locales de la guerra derrotaran a las fuerzas imperiales, y después con los nacionalistas antes de su derrota a manos de los comunistas. El cabeza de la familia Zhu ya había sido ejecutado por deslealtad política cuando nació mi abuelo. Así que Yeye acabó en Kunming con sus hermanos, dispersos y pobres.

Mi abuelo tenía los medios justos para poder recibir una educación. Allí conoció a una mujer que también había caído desde la élite de sus orígenes. La madre de mi padre, mi Nainai, nació en Nankín, entonces capital del país. Su padre era uno de los varios secretarios de Chiang Kai-shek, jefe del Partido Nacionalista. Antes de que los japoneses tomaran Nankín, el secretario se retiró con mi abuela, todavía un bebé, junto con el resto del gobierno de Chiang a Chongqing. Nainai me contó una vez uno de sus primeros recuerdos: personas que intentaban con desesperación hacerla callar cuando lloraba, por miedo a que atrajera la atención de los bombarderos japoneses.

Desde Chongqing fue a Kunming, la segunda capital del gobierno en tiempos de guerra.

Nainai conoció a Yeye cuando ambos estaban estudiando ingeniería química. En la década de 1960, su vínculo familiar con los nacionalistas la desacreditó. El Partido Comunista la envió a trabajar al campo y estuvo seis años sin poder ver a mi padre ni a su hermano. Cuando mi padre tenía cinco años, su hermano enfermó tras comer una seta venenosa, un problema habitual entre los yunnaneses aficionados a los hongos. Intentó enviar una carta a Nainai para avisarla, pero como no sabía escribir el carácter de «seta», dibujó una. Ella recordaba lo confusa y alarmada que le dejó aquella nota de mi padre: «Hermano mayor enfermó por comer una (dibujo de una seta)». Hasta el final de su vida, Nainai maldijo a Mao por sus descabellados planes para desmembrar las familias.

La familia de mi madre tiene orígenes rurales. Su padre, mi Laoye, nació en la provincia septentrional de Henan. De adolescente, sobrevivió por los pelos a la gran hambruna que asoló la provincia en 1942; sus dos hermanos no lo lograron. Laoye asistió a una escuela administrada por los sucesivos regímenes que se disputaron el control de Henan: primero nacionalistas, luego japoneses y después de nuevo nacionalistas, hasta la victoria comunista. Desarrolló un profundo amor por los libros. Como su familia había muerto, se alistó en el ejército y, dado que tenía cierta formación y sabía leer y escribir, fue seleccionado para convertirse en oficial. Se incorporó al Segundo Ejército de Campo, cuyo comisario era Deng Xiaoping, enviado para expulsar a las tropas nacionalistas de Sichuan, Guizhou y Yunnan.

En los primeros días de la Revolución Cultural, el ejército se dividió en distintas facciones; cada una se proclamaba más fervientemente devota de Mao que las demás. Mi abuelo cayó en la facción que fue etiquetada como «derechista» y, por tanto, quedó fuera del favor político. La facción vencedora confinó a su unidad a trabajar en casa produciendo muebles. No tenía ni idea de cómo hacerlo, pero afrontó el encargo con la fortaleza propia de un soldado. Tras la muerte de Mao, Laoye volvió a entrar en combate por última vez en su vida, cuando China invadió Vietnam en 1979. Como oficial de propaganda, desempeñó un trabajo (lanzar octavillas sobre las tropas vietnamitas, instándolas a no resistir) que, visto con perspectiva, resulta casi risible. Las curtidas tropas vietnamitas que habían rechazado a los estadounidenses solo unos años antes no iban a rendirse porque lo leyeran en un panfleto.

Mi familia dice que me parezco a este abuelo más que a nadie: la cara redonda, los ojos grandes y los pómulos altos. Estos rasgos también podrían proceder de su esposa, mi Laolao, descendiente de una vieja estirpe yunnanesa. En lugar de poder rastrear su linaje durante una decena de generaciones a través de una próspera familia de comerciantes, los orígenes familiares de la madre de mi madre son alegremente insignificantes. Mis antepasados han sido cultivadores de té negro en el sur de Yunnan durante generaciones. En la zona de donde procede mi abuela predominan varios grupos étnicos. En la familia es casi una broma que tenga ascendencia tibetana o wa por su parte, dado que tengo un aspecto un poco inusual.

Laolao creció en una familia con una parcela de tierra algo mayor que la de los demás. Eso le permitió recibir una educación y trasladarse a Kunming para convertirse en maestra de educación infantil. Tenía una buena vida, hasta que el Partido Comunista designó a su familia como pequeña terrateniente, condenándola a un mal origen de clase. Así que también fue enviada a trabajar al campo, separada de sus tres hijas. La mayor parte de su familia sigue cultivando té negro en el sur de Yunnan. Cada vez que los parientes de Laolao visitaban Kunming, casi siempre para acudir al hospital de la ciudad, llevaban consigo algo de té y un pollo local, que ella guisaba en un maravilloso caldo dorado.

Soldado, terrateniente, traidor, capitalista. Cada uno de mis abuelos sufrió las convulsiones políticas de Mao. La antigua riqueza y el pasado nacionalista condenaron a la familia de mi padre. Pero el historial militar y rural del lado de mi madre tampoco produjo favor político alguno. La China de Mao era un caldero en ebullición, en el que la posición de las personas flotaba y se hundía de forma deliberada: Mao buscaba una revolución continua. Cuando hablé con mis abuelos sobre sus experiencias, solo mi Nainai seguía resentida. Los demás se reían de la inutilidad de su vida durante la Revolución Cultural; restaban importancia a las veces que fueron separados de mi madre y de mi padre. Me dijeron que no habían sufrido especialmente. Y era cierto. Ninguno murió de hambre ni sufrió las palizas ritualizadas que destruyeron a otras familias.

Mientras enviaban a sus padres al campo, mi madre y mi padre, en su mayor parte, se lo pasaron bien. Recuerdan la Revolución Cultural como una buena época en la que se hacían pellas y ponían de su parte para impulsar el comunismo coreando consignas y tocando el tambor. Mi madre y mi padre tuvieron suerte. Por ser residentes urbanos y buenos estudiantes, ambos pudieron más tarde asistir a la universidad. Los dos nacieron en el año dorado de 1959. Formaban parte de la generación que iba a la universidad y empezaba negocios. Tras el instituto, mi padre fue a Guangzhou a estudiar informática, y mi madre estudió ingeniería térmica en Kunming.

Cuando estaban en la universidad, Deng Xiaoping había empezado a desmontar la economía planificada. Mi madre comenzó el primer curso con cuatro cupones de racionamiento de carne al mes. Tenía cuidado de no gastarlos todos en la primera semana para poder comer cerdo estofado en salsa roja durante todo el mes. El sistema de cupones había desaparecido casi por completo cuando llegó al último curso, y podía comer carne cuando le apeteciera.

Pero el socialismo no se disipó de golpe. Cuando mis padres se graduaron, a mediados de la década de 1980, se vieron envueltos en un programa de Deng que recordaba a la agenda de Mao: ambos formaron parte de un cuerpo docente enviado a una ciudad pequeña para dar clase a estudiantes de secundaria. El Estado los destinó a la ciudad yunnanesa de Dali, que además es el lugar adonde Silvia y yo huimos en 2022 para escapar de los confinamientos por la COVID. Cuesta imaginar un destino mejor. Se hicieron pareja cuando formaban parte de aquel cuerpo docente de más o menos una treintena de jóvenes. Cuando mis padres se casaron, la mayoría de los invitados eran sus compañeros profesores. Por entonces, nadie tenía mucho dinero. Los novios ofrecieron una cena a los invitados y luego le entregaron a cada uno un caramelo de leche.

Una vez completado su servicio docente, mis padres regresaron a Kunming. El Estado asignó a mi padre un puesto como profesor de programación en la universidad local. En aquel momento, una licenciatura en informática obtenida en Guangzhou era cualificación suficiente para ser profesor universitario en Kunming. El Estado asignó a mi madre un trabajo en una central de carbón. El trabajo era sucio. Como a mi madre le encantaba leer y escribir, igual que a su padre, acabó editando el boletín interno de noticias de la planta.

Mi madre estaba decidida a dejar la central de carbón y dedicarse a algo relacionado con el periodismo. Creció hablando mandarín estándar, rodeada de oficiales del ejército procedentes de todo el país, en lugar del dialecto local de Yunnan. Cuando solicitó un traslado a la agencia de noticias, la emisora provincial se fijó en su mandarín claro y resonante y la contrató para informar sobre cultura y salud. Con el tiempo, la agencia la ascendió a presentadora de informativos de radio y, en ocasiones, de televisión. Siempre que me ve en la televisión o me escucha en un pódcast, comenta primero cómo sueno antes de decirme qué piensa sobre lo que he dicho. La voz es mejor, me recuerda, si el discurso nace del vientre, mientras que el sonido debe proyectarse como si surgiera de la frente (un consejo para todos los presentadores de pódcast de hoy en día).

Mis padres emigraron tras un periodo de abatimiento en China durante la década de 1990. Entonces, las perspectivas económicas de Yunnan eran sombrías. El optimismo político y económico que la gente había sentido durante la década anterior se derrumbó con la orden de Deng de reprimir con violencia a los estudiantes que se manifestaban, lo que desencadenó sanciones internacionales. Mis padres —unos años mayores que los manifestantes— se sintieron afligidos al ver al ejército tomar el control de Pekín. En todo el país abundaban las dudas sobre si Deng lograría sacar adelante su política de reforma y apertura. Países como Estados Unidos, Canadá y Australia animaban a los chinos a emigrar. Mudarse no fue fácil para una pareja de poco más de treinta años con un hijo pequeño. Sus posesiones más preciadas eran las pilas de libros amontonadas en nuestro pequeño apartamento, de las cuales apenas podrían llevarse unas pocas. Pero cuando el Gobierno canadiense los declaró inmigrantes altamente cualificados y les concedió el visado de trabajo, decidieron marcharse.

En febrero del año 2000 nos vimos en las afueras de Toronto. No era el mejor momento. Entonces descubrí que las nevadas podían medirse en pies y que la nieve podía mantenerse durante meses y convertirse en hielo cada vez más sucio. Peor aún: la burbuja de las *puntocom* acababa de estallar. Las habilidades de programación de mi padre se volvieron de pronto inservibles para el mercado. Mi madre pasó de leer las noticias en Yunnan a aceptar trabajos esporádicos en Canadá, entre ellos de limpiadora, trabajadora textil y masajista. Poco después nos trasladamos a Ottawa para que mi padre pudiera estudiar un máster de informática. A veces me metía en líos mientras mi padre estudiaba y mi madre trabajaba, pero no les creí cuando me amenazaron con enviarme al ejército. Para mi sorpresa, cumplieron su palabra. Para su sorpresa, a mí me encantó ser cadete del Ejército Real Canadiense. Dos veces por semana, después del instituto, iba al cuartel cercano a Parliament Hill para practicar la lectura de mapas, vivac y, en ocasiones, tiro. Quien más contento estaba con todo esto era mi Laoye, feliz por que yo hubiera elegido el ejército, como él.

Mis padres siempre estuvieron estresados por el dinero mientras yo iba creciendo. Pude hacer la mayoría de las cosas que hacían los demás niños, pero de vez en cuando recibía un recordatorio brutal de lo poco que teníamos. No iba a fiestas de cumpleaños porque no podíamos permitirnos comprar un regalo. Un invierno, mis padres me llevaron a un centro para recoger, con gran alegría por mi parte, una bolsa de juguetes para Navidad. La alegría se agrió cuando otros niños me dijeron, sin delicadeza alguna, que si tenía derecho a esos juguetes era porque era pobre. Nunca tuvimos botas adecuadas para caminar durante el horrible invierno de Ottawa. Cuando comíamos fuera, era en un Subway, donde un bocadillo de palmo y medio costaba cinco dólares. Hoy siento una ligera repulsión cuando percibo el olor característico del pan de Subway.

Cuando mi padre encontró trabajo como desarrollador de *software* en Pensilvania, recogimos todas nuestras cosas en Canadá y nos mudamos a las afueras de Filadelfia. De nuevo, no era un buen momento: tres meses después de dejar Canadá, el mercado bursátil estadounidense empezó a convulsionar en respuesta a la crisis financiera de 2008. Por suerte, no despidieron a mi padre. Yo fui al instituto en el condado de Bucks, un lugar que la gente describe como bucólico. En esa época, un día mi padre me dijo que no tenía dinero para que fuera a la universidad. No lo dudé: en aquel momento, el sistema de inmigración estadounidense solo le permitía trabajar a él, no a mi madre. Fui a estudiar a la Universidad de Rochester, uno de los pocos lugares que concedían ayudas económicas a ciudadanos canadienses, y me ofrecieron una beca prácticamente completa. En cuanto empecé la universidad, comencé a trabajar para cubrir mis gastos.

De vez en cuando, me pregunto qué habría ocurrido si mis padres no se hubieran marchado de Yunnan. Ellos también suelen pensar en ello.

En ocasiones, mi madre y mi padre se arrepienten. Emigraron justo cuando el auge económico de China empezaba a ser algo serio. El país había ingresado en la Organización Mundial del Comercio y las reformas de Deng de verdad liberaron la energía empresarial reprimida del país. Si mis padres se hubieran quedado en Kunming, el Estado les habría asignado una vivienda. Esas casas no experimentaron el vertiginoso aumento de valor visto en Shanghái o Shenzhen, pero aun así habrían supuesto una suma ordenada de dinero. Habrían estado cerca de sus padres, de sus hermanos y de sus amigos. Y podrían haber tenido una carrera mejor en lugar de volver a empezar de cero en un país muy extraño.

Cuando mis padres se preguntan cómo habría sido la vida si se hubieran quedado, solo tienen que mirar cómo le ha ido al resto de sus compañeros de clase. En China, los compañeros de escuela son amigos de por vida. A partir de cierta edad, la socialización típica tiene lugar en un salón de banquetes con una veintena de antiguos compañeros, emborrachándose y rememorando los viejos tiempos. Mirar alrededor de la mesa les daría una idea de lo que se han perdido.

Algunos de sus compañeros aprovecharon el auge, y sacaron partido de las dos grandes fuentes de creación de riqueza en China: la propiedad inmobiliaria (o la participación en la gran ola de construcción) o la posesión de una fábrica (y la participación en la gran ola exportadora). Como mi padre fue a la universidad en Guangzhou, conocía a varios empresarios que hicieron su fortuna vendiendo muebles u otros bienes de consumo. No son milmillonarios, pero han podido comprarse una vivienda (y a veces un visado de inversión) en el extranjero, tener un coche alemán e irse de vacaciones al extranjero cuando les apetece.

Mis padres no tienen instinto empresarial, así que probablemente se habrían parecido más a la mayoría de sus compañeros, que se ganaban la vida con un salario. No ganarían tanto según los estándares estadounidenses (dos mil dólares al mes se consideraría un buen sueldo), pero su riqueza procedería de poseer quizá dos o tres viviendas en los alrededores de Kunming. Con vender una de ellas ya podrían enviar a su hijo a estudiar al extranjero: a Estados Unidos si la propiedad estuviera en el centro, a Australia o Canadá si se encontrara en la periferia. Algunos de esos compañeros universitarios podrían considerarse de clase media baja. Tal vez tuvieron mala suerte en los negocios, quizá enfadaron a su jefe, que decidió no asignarles un apartamento, y solo tenían su salario.

«Por supuesto, ojalá no nos hubiéramos ido», nos decía a veces mi madre a mi padre y a mí. Sus amigas de la emisora provincial han tenido una buena carrera en la radio o la televisión, y se han retirado a la edad obligatoria de cincuenta y cinco años con una pensión. Mi madre podría estar pasando el rato con su hermana, una enfermera ya jubilada, que dedica las mañanas a hacer taichí en el parque y por las tardes participa en un coro. Estaría cuidando de su anciano padre mientras su madre la saca de quicio. Mis padres tendrían la libertad de probar nuevos restaurantes y de pasar su abundante tiempo libre con la familia y los amigos de la universidad.

Mi padre es más cauto. «La mayoría de nuestros compañeros se cambiarían por nosotros, ya lo sabes», replica. Sí, mi madre lo sabe.

Tardaron bastante en lograr que les fuera bien en Occidente, pero alcanzaron una posición de clase media unos veinte años después de emigrar. Mi padre trabaja ahora en el departamento de informática de una compañía de seguros. Mi madre pasa el tiempo en casa, feliz de haberse librado de los trabajos duros. Su casa en Pensilvania vuelve a estar llena de libros, como en Yunnan. Los fines de semana pasean por el Pennypack Trail o visitan parques como el Delaware Water Gap. Como me preocupaba dejarlos solos siendo hijo único, llevé a casa un perro cuando estaba en la universidad, lo que les dio alegría durante años. Ir a Costco es para ellos un ritual del fin de semana, como lo es para muchas familias inmigrantes. Incluso se han aficionado al *pickleball*. Obtuvieron la nacionalidad, y ambos votaron en las elecciones presidenciales de 2024.

El mayor beneficiario de la emigración de mis padres soy yo. No tengo ni idea de cómo sería si hubiera crecido en Kunming en lugar de Ottawa. Mis padres me cuentan que los hijos de sus compañeros de clase, en su mayoría, no han encontrado un trabajo que les resulte especialmente significativo, ni siquiera los más talentosos, que lograron llegar a Pekín o Shanghái. Mis tres primos, que están en la veintena, viven todos en casa con mis tíos, porque no quieren gastar su escaso sueldo en un alquiler. Si mis padres no hubieran emigrado, aun así podrían haberme enviado a una universidad estadounidense. De hecho, probablemente les habría resultado más fácil permitírselo. Pero con toda seguridad no habría podido dedicarme a aquello de lo que me siento orgulloso, como escribir este libro.

Me siento algo avergonzado porque yo me he beneficiado de su decisión. Me siento culpable, incluso. En lo material, mis padres son más pobres que la mayoría de sus amigos. En muchos sentidos, también lo están espiritualmente. No han hecho muchos amigos en los suburbios de Filadelfia. Para ir a cualquier sitio desde su urbanización hay que conducir. Para llegar a un supermercado asiático o a un buen restaurante de Sichuan, deben hacer dos horas en la autopista entre la ida y la vuelta de Princeton, en Nueva Jersey. Les digo que en gran medida es culpa suya que no tengan una gran red de amistades: realmente no han hecho un esfuerzo. Pero les falta el contexto para implicarse más en este entorno suburbano estadounidense, donde es difícil conocer a los demás.

Entonces, ¿por qué sus compañeros envidian a mis padres? Porque llevan una vida agradable sin tener que lidiar con los problemas que conlleva la vida en China, incluso para los ciudadanos acomodados. La clase media china está muy expuesta a los cambios de humor de Pekín. Quienes tienen negocios afrontan un estrés increíble, enfrentándose a amenazas de competidores o del gobierno local. Tienen la constante sensación de que el aire que respiran o los alimentos que comen les acortan la vida. Y sienten muchísima incertidumbre sobre el valor de sus propiedades, el futuro del crecimiento económico o si Pekín desatará algún tipo de desastre sobre ellos o sus empresas. La vida en China tiene muchísimos matices y te abraza a todos los niveles. Pero la intensidad de las exigencias familiares y sociales puede asfixiar, y ese abrazo puede llegar sin ser invitado, firme e inevitable, desde el Estado. Para muchos chinos, una vida en los suburbios estadounidenses merece la pena, incluso si su relación con la comunidad resulta tan endeble como una telaraña. Las familias en China siguen preguntándose si pueden construir una vida mejor en el extranjero y se plantean las mismas preguntas que se hicieron mis padres antes de emigrar. Generaciones de chinos han prosperado en Estados Unidos, en parte, estoy seguro, porque sus culturas se parecen mucho. Millones de personas miran al otro lado del océano e imaginan su futuro; sopesan las ventajas y los inconvenientes, las similitudes y las diferencias. Se preguntan: ¿sería mejor allí?

Mis padres están satisfechos y resignados con su vida. Yo, sin embargo, tengo un deseo. Por su bien, espero que se muden a mi barrio favorito de la ciudad de Nueva York: Sunset Park.

Si uno camina hacia el sur desde el acomodado barrio brooklyniano de Park Slope (donde las casas de piedra rojiza se venden por unos cuatro millones de dólares), llegará a Sunset Park. Las viviendas no son tan hermosas como esas casas. Hasta la década de 1960, Sunset Park estaba poblado de inmigrantes italianos, noruegos y finlandeses, que trabajaban en oficios marítimos cerca de la zona portuaria. Hoy el barrio está dominado por inmigrantes que llevan menos tiempo. Las casas adosadas ocupan las calles y los comercios se alinean en las avenidas, donde médicos y agentes inmobiliarios se anuncian en inglés, español y chino. Los negocios latinos se agrupan en la Quinta Avenida, mientras que las tiendas chinas ocupan la Sexta, la Séptima y la Octava. En las calles al oeste ofrecen chicharrón, mientras que de los mostradores orientales cuelga el pato asado y el pollo escaldado en rosticerías cantonesas. En el lado oeste se vende papaya y plátano macho, y en el este, durianes y melones. En muchas de las tiendas chinas, para fastidio de los clientes, solo aceptan efectivo, pero merece la pena por sus productos tener que pasar antes por el cajero. Algunos fruteros ofrecen en otoño cangrejos chinos peludos, con las huevas de un naranja intenso, igual que los que se encuentran en Shanghái.

Al norte está el propio Sunset Park, cuyo nombre da cobijo al resto del barrio, que ofrece excelentes vistas de Manhattan y del puerto de Nueva York. Su elemento más destacado es el Sunset Play Center. Estas instalaciones cuentan con una de las once piscinas que el comisionado de Parques Robert Moses inauguró en 1936, con su típico y audaz diseño. El edificio es de ladrillo, de estilo *art déco,* con un vestíbulo de azulejo cerámico y piedra azul que se eleva hasta una rotonda. Alrededor de la piscina siempre hay gente practicando movimientos de taichí. A todas horas, los adolescentes juegan mientras las familias pasean.

Los chinos sentirán cierta familiaridad con Robert Moses. Fue un planificador urbano estadounidense que construyó a toda máquina. Moses acumuló una docena de cargos; algunos insoportablemente aburridos (como comisionado de Parques) y otros bastante más tentadores (presidente de la comisión de planificación de la ciudad de Nueva York y coordinador municipal de obras). Moses arrasó barrios urbanos para dar paso a grandes puentes y autopistas, vastos parques en el norte del estado y una enorme presa que producía energía a partir de las cataratas del Niágara, además de servicios urbanos que la ciudad anhelaba con desesperación, como la piscina del Sunset Play Center.

Mis padres no han respondido a mis súplicas de que se muden a Sunset Park. Entiendo que ya asumieron un gran riesgo —marcharse al extranjero con un niño pequeño a cuestas— y ya no tienen ganas de otro gran cambio. Pero me gustaría que hubieran acabado en un lugar más vibrante que los suburbios de Filadelfia. No deberían tener que elegir entre una vida típica en China, donde la política puede dar un vuelco a la vida en cualquier momento, y una vida típica en Estados Unidos, donde la mayoría de la gente tiene un estilo de vida suburbano algo gris.

No, no todo el mundo tiene que vivir en las zonas residenciales de las afueras. Pero a menudo los estadounidenses han de elegir entre ciudades mal gobernadas o una vida suburbana de dependencia del coche. Ojalá hubiera más espacios como Sunset Park: un barrio relativamente asequible en una ciudad conectada por transporte público masivo, que permite que personas de distintas culturas se mezclen. Con todos los defectos de la ciudad de Nueva York, sigue siendo uno de los pocos lugares verdaderamente urbanos de Estados Unidos, denso, transitable a pie, con cierto grado de integración económica. Pero, en lugar de seguir mejorando y modernizando esos lugares, como Robert Moses intentó hacer, los hemos dejado en un estado raro y desconectado, mientras canalizábamos el abundante talento del país hacia la creación de nuevos mundos virtuales. ¿Es ese el intercambio que desean los estadounidenses?

Cuando mis padres y yo emigramos a Estados Unidos en la década de los 2000, Moses ya llevaba mucho tiempo fuera del mapa. No solo estaba muerto: estaba desacreditado. La motivación que impulsaba a Moses —mejorar la sociedad mediante proyectos de gran escala liderados por el Gobierno— se había ido a la tumba con él. Mis padres no saben quién es Robert Moses.

Antes, los neoyorquinos estaban orgullosos de Moses y su memoria. Luego, en 1974, Robert Caro publicó una biografía suya titulada *The Power Broker*, que inmortalizaba a Moses por sus grandes proyectos y por sus errores de juicio igual de grandes.[1] Llamar monumental a esta biografía se queda corto: Caro volcó una investigación minuciosa y una gran potencia literaria en cada una de sus mil trescientas páginas. No por casualidad, *The Power Broker* fue también uno de los libros que contribuyeron a la consolidación de la sociedad de abogados. A la altura de *Silent Spring*, de Rachel Carson, y *Unsafe at Any Speed*, de Ralph Nader, enseñó a los estadounidenses a temer y a despreciar a los ingenieros.

Lo gracioso es que Robert Moses no era ni abogado ni ingeniero. Pero, como gran constructor de Nueva York, fue ambas cosas, y más. *The Power Broker* puede entenderse mediante varias listas: la lista de los cargos oficiales de Moses; la lista de sus proyectos de construcción, que incluían puentes, autopistas y monumentos neoyorquinos; y la lista de sus errores, defectos y prejuicios, que ha convertido su nombre en una imprecación contra el cambio físico. Moses, como demostró Caro, era un elitista que arrasaba barrios pobres al servicio de la clase media. Era arrogante, reacio a implicar a nadie más en la interpretación del interés público, y menos aún a los miembros del público. Conspiraba contra cualquiera, pobre o poderoso, que osara oponerse a sus planes. Aunque fuera un entusiasta, también lo lastraban el racismo y una inclinación por la venganza más mezquina.

Cuando se publicó, el libro pareció premonitorio. *The Power Broker* llevaba un subtítulo apropiado para su tiempo: *Robert Moses and the Fall of New York.** Lo mal que se vivía en la Nueva York de la década de 1970 es algo casi legendario, con la ciudad sumida en la agitación urbana y bajo la amenaza de la bancarrota. En uno de los capítulos más convincentes de Caro, Sunset Park aparece descrito como un tugurio irredimible. Moses apenas echó un vistazo al barrio antes de encajarle una autopista elevada sobre la calle comercial más concurrida. La autopista, por parafrasear la vívida imagen de Caro, le arrancó el corazón al barrio al expulsar los restaurantes finlandeses y las tiendas noruegas para que pudieran pasar los camiones.[2] El comercio desapareció cuando llegó la autopista, y la comunidad quedó abandonada ante su previsible desmoronamiento.

Pero paséate hoy entre los restaurantes de Sunset Park que venden empanadas y fideos, y cuéntales a los que están allí que al barrio le arrancaron, hace tiempo, el corazón: sus vecinos se quedarían perplejos. La autopista que construyó Moses sigue ahí. Los inmigrantes de clase trabajadora también siguen ahí, solo que ahora los vecinos hablan español, cantonés o mandarín. El Sunset Play Center que Moses construyó para el barrio también sigue en pie, y ahora lo disfruta una nueva generación de familias. En lugar de colapsar fatalmente tras perder el corazón, Sunset Park ha perdurado. Ha perdurado porque el barrio es más grande que un solo proyecto de construcción. Y ha perdurado porque los migrantes siguen buscando una vida mejor en Estados Unidos. Me encantaría que mis padres se mudaran a Sunset Park. Los acercaría a las cosas buenas de China a las que ya no tienen acceso: un barrio transitable a

* 'Robert Moses y la caída de Nueva York'. (*N. del T.*)

pie donde podrían encontrar comida que les encanta, un gran parque donde podrían practicar taichí o jugar al *pickleball,* y la opción de tomar el metro por la ciudad de Nueva York para ir a librerías y eventos culturales.

The Power Broker ha envejecido mal. Nueva York puede ser imperfecta, pero no ha caído. La ciudad se echó hacia atrás cuando estaba al borde del abismo de un modo que las ciudades industriales como Detroit, San Luis y Cleveland no han logrado. Estas ciudades han perdido dos tercios de su población desde la década de 1950, mientras que Nueva York ha crecido, atrayendo no solo a la clase trabajadora, sino también a los ricos.

Como muchos constructores, Moses blandió con vigor sus prejuicios y cometió grandes errores. Su reinado terminó en el momento oportuno: críticos como Jane Jacobs y Lewis Mumford lo frenaron antes de que arrasara el Bajo Manhattan con otro proyecto de autopista. Sin embargo, su legado de dinamismo físico también ha impulsado a Nueva York hasta convertirse en la ciudad global que es hoy. Moses pensó con más profundidad en cómo atraer a las familias a la ciudad de lo que sus críticos le reconocen. Los centros culturales que construyó han prestado su brillo a una ciudad que sigue atrayendo también a gente con creatividad.

Lo que Nueva York ha perdido desde la década de 1960 son las actualizaciones de su entorno físico. La ciudad sigue dependiendo de la infraestructura que se detuvo cuando terminó el reinado de Moses, lo que me hace pensar que no se gana mucho pisoteando aún más su nombre. Nueva York, y Estados Unidos en su conjunto, no pueden sobrevivir de forma indefinida con una infraestructura construida hace casi un siglo. Siempre hay compensaciones y compromisos inherentes a la construcción de grandes obras públicas y, en lugar de vilipendiar a las personas de nuestro pasado que tomaron decisiones difíciles, debemos afrontarlas nosotros mismos.

Estados Unidos se ha debilitado no solo por una izquierda obsesionada con el procedimiento (tan decidida a evitar los errores de Moses que casi no se construye ninguna gran obra), sino también por una derecha irreflexiva y destructiva. Saco a colación a Moses para sugerir que la izquierda estadounidense necesita espabilar y ocuparse de los problemas del presente en vez de los de mediados del siglo pasado.

Y espero que la derecha estadounidense recuerde que es posible construir maravillas por medio del Gobierno. En 2025, la derecha tecnológica celebra los logros de Elon Musk, cuyo Departamento de Eficiencia Gubernamental (DOGE) pretende hacer trizas el gobierno federal. Nadie puede negar que el Gobierno estadounidense es capaz de una ineficiencia asombrosa, pero antes también era capaz de entregar cosas asombrosas desde el punto de vista tecnológico. Si la izquierda puede hacer las paces con Robert Moses, la derecha debería hacerlas con el almirante Hyman Rickover, un ingeniero que mejoró la seguridad nacional mediante un proyecto a gran escala liderado por el Gobierno.[3]

Más conocido como el padre de la marina nuclear, Rickover botó el *USS Nautilus* en 1954. Fue el primer submarino de propulsión nuclear del mundo, capaz de viajar bajo el agua durante semanas (en lugar de las pocas horas que podían permanecer sumergidas las naves diésel), lo que supuso una ventaja decisiva contra los soviéticos cuando se presentó. Era un ingeniero perfeccionista que tenía la paciencia suficiente para trabajar durante décadas en el gobierno y plasmar su visión. Lo que entregó Rickover fue una flota de submarinos que hoy sigue siendo el orgullo de la Marina estadounidense. Durante la Segunda Guerra Mundial, los industriales entraron en el gobierno para ampliar la producción de aviones y buques. El gobierno estadounidense concentró recursos para acometer grandes tareas tecnológicas como el Proyecto Manhattan, que produjo la bomba, y el Programa Apolo, que llevó a la humanidad a la Luna. Este tipo de hazañas tecnológicas masivas solo podían lograrse a través del gobierno.

Pienso en Robert Moses y en Hyman Rickover no porque fueran almas buenas. Cada uno tenía unas ansias de poder muy poco decorosas. Ambos eran unos idealistas con los colmillos afilados. Ambos hombres, además, eran judíos, y sufrieron los prejuicios en las instituciones que se pretendían refinadas: la Universidad de Yale en el caso de Moses, y la Marina estadounidense en el de Rickover. Ambos fueron también servidores públicos devotos que dedicaron toda su vida a construir grandes obras a cambio de un salario público. Rickover y Moses lograron algo que ya no vemos entre los cargos públicos: entregaban proyectos a tiempo y por debajo del presupuesto, año tras año, evitando al mismo tiempo las acusaciones de corrupción.

Sigue habiendo hoy en día muchas personas con una visión y un empuje formidables. Solo que, como Elon Musk, es más probable que funden empresas tecnológicas o fondos de cobertura que trabajen por el interés público. O que creen departamentos como el DOGE. El Departamento de Eficiencia Gubernamental solo ha traído desprecio hacia el gobierno, amputado instituciones y aniquilado servicios esenciales. ¿No son acaso más responsables los milmillonarios como Musk que la generación anterior de constructores estadounidenses? Yo defiendo que solo son más molestos. El problema de la derecha estadounidense no es su deseo de hacer más eficiente el gobierno. Su problema es que diagnostican mal las causas de la ineficiencia, y buscan el problema en una plantilla, en lugar de en las montañas de procedimientos bajo las que están enterrados los funcionarios. El DOGE sería más eficaz si apuntara a reducir procesos en vez de personal.

Espero que la derecha estadounidense recuerde que el gobierno también es capaz de construir obras poderosas. Si la gente ambiciosa trabaja sobre todo en el mundo del consumo virtual, no debería extrañaros la decepción que se palpa en ciertas ocurrencias como esta de Peter Thiel: «Queríamos coches voladores y, en cambio, nos dieron ciento cuarenta caracteres».[4] Pongan una vela por los estadounidenses, malheridos por las claras tendencias destructivas de la derecha después de que la izquierda los haya estrangulado y hundido.

La competición definitiva entre China y Estados Unidos no se decidirá por qué país tiene la fábrica más grande o la mayor valoración corporativa. Esta contienda la ganará el país que sea mejor para la gente que vive en él. Estados Unidos tiene ventajas profundas y duraderas sobre China. Pero el Estado de ingenieros tiene una baza poderosa: puede aprovechar el dinamismo físico. China posee mayores capacidades manufactureras, una infraestructura física más sofisticada, una base industrial de defensa más robusta y una oferta de vivienda más abundante. Estados Unidos podrá demostrar que es el país más fuerte a lo largo de este siglo si logra mantener el pluralismo mientras construye más.

Ahora mismo está fracasando. No podrá responder al cambio climático, lograr mejores resultados económicos ni ofrecer medidas más amplias de igualdad social si el mundo físico sigue poco desarrollado. La gobernanza estadounidense será más sólida si puede demostrar que tiene un sistema político capaz de prestar servicios esenciales a su gente, incluida la seguridad en las calles, un transporte público masivo que funcione y vivienda abundante. Para que los diversos ideales estadounidenses se realicen en plenitud, el país tendrá que recuperar su *ethos* de construir, lo cual, creo, resolverá la mayoría de sus problemas económicos y también muchos de sus problemas políticos.

Estados Unidos será más fuerte si puede fabricar cosas. Si no recupera la capacidad manufacturera, China seguirá desindustrializando a la fuerza el país. El poder global de Estados Unidos se reducirá si a la gente de todo el mundo le resulta más atractivo conducir coches chinos, desplegar robots chinos y volar en aviones chinos. El mundo es más peligroso si Pekín cree que Estados Unidos no dispone de suficientes barcos y munición para responder a un acto agresivo contra Taiwán o en el mar de China Meridional. No está nada claro que Estados Unidos vaya a ganar si las dos superpotencias luchan en Asia Oriental. El país debe construir para evitar que China lo arrolle comercial o militarmente.

Estados Unidos también será más fuerte si construye más vivienda. Los progresistas estadounidenses tienen un lema: que cada milmillonario es un fracaso de las políticas públicas. Puesto que la gente común me preocupa más, propongo una enmienda: cada subida del precio de la vivienda es un fracaso de las políticas públicas. Los lugares prósperos con una creación de empleo sustancial —en especial Nueva York, San Francisco y Boston— han sido, de una forma perversa, los que más han bloqueado la construcción de vivienda nueva. En conjunto, se considera que la mitad de los inquilinos estadounidenses soportan una carga excesiva (es decir, que gastan más del treinta por ciento de sus ingresos antes de impuestos en el alquiler), y muchas personas que querrían comprar su primera vivienda no pueden permitírsela.[5] La falta de construcción de vivienda nueva ha expulsado a la gente de las ciudades aunque tuvieran un buen trabajo. Está aumentando la segregación por clase y por etnia.

Por último, Estados Unidos será más fuerte si logra ofrecer una mejor infraestructura. Aunque Nueva York tiene transporte público, la mayor parte se construyó hace un siglo, de modo que entrar en una estación de metro en Manhattan parece a menudo como sumergirse en un pozo negro, donde uno aguarda entre basura y goteras inquietantes hasta que un estridente chirrido metálico anuncia la llegada del tren. No es que la ciudad no gaste lo suficiente en estos problemas: Nueva York tiene el dudoso honor de albergar cinco de los seis proyectos de transporte público más caros del mundo. Construir un kilómetro de metro en la ciudad de Nueva York cuesta cinco veces más de lo que cuesta en París.[6] Si costara el doble, quizá sería una tragedia nacional; como cuesta cinco veces más, es solo una estadística. No hay razón para que ciudades europeas mucho más antiguas puedan construir más barato que Nueva York. Y quienes están al mando no parecen capaces de hacer nada al respecto.

En defensa de la Administración Biden, hay que decir que hizo un intento serio de llevar a cabo una política industrial y reforzar la infraestructura estadounidense. Sin embargo, el ritmo de construcción ha sido terriblemente lento. En 2021, el Congreso asignó cuarenta y dos mil millones de dólares para ampliar los servicios de banda ancha a las comunidades rurales en un plan conocido como Internet for All. Cuatro años después, ni un solo hogar está conectado a esta red.[7] Dos años después de que el Congreso asignara siete mil quinientos millones de dólares para construir estaciones de carga para vehículos eléctricos en todo Estados Unidos, solo siete se han vuelto operativas.[8] El ritmo parsimonioso de la construcción fue un fracaso político para los demócratas: tras ganar las elecciones de 2024, el presidente Trump podrá o bien cosechar los beneficios políticos de poner su nombre a muchos puentes nuevos, o bien cancelar algunos de estos proyectos.

La representante Alexandria Ocasio-Cortez tuvo un primer momento viral en 2019 cuando arremetió contra quienes frenaban la transición verde: «El mundo se va a acabar en doce años si no abordamos el problema del cambio climático», dijo. «¿Y vuestra mayor preocupación es cómo vamos a pagarlo?».[9] Uno no puede mirar los proyectos de transporte de Nueva York, donde cuesta miles de millones construir una milla de metro, y concluir que la ciudad no paga. El problema, más bien, es que el gobierno se empeña en ponerse la zancadilla a sí mismo. El ritmo ridículamente lento de la construcción en Estados Unidos no sería tan grave si el mundo no estuviera afrontando, como señala Ocasio-Cortez, una crisis climática. Lo que Estados Unidos ha perdido de vista es que el público quizá prefiera un gobierno que haga cosas antes que uno tan exquisito con el proceso. Cuando las obras públicas terminan muy por encima del presupuesto, cuando el Estado apenas es capaz de mantener la infraestructura existente, cuando los plazos para un tren nuevo o una estación pueden quedar a más de una década vista, tenemos que preguntarnos si el enfoque actual es el adecuado.

Para triunfar, Estados Unidos no necesita adoptar los métodos de construcción de China. En este libro he detallado cómo el enfoque del Estado ingenieril ha generado monstruos y ya no es adecuado ni siquiera para China. Más bien, Estados Unidos puede fijarse en otros países occidentales, como España, Alemania y Japón, que logran un mejor equilibrio entre la consulta pública y la evaluación ambiental, por un lado, y la construcción efectiva de cosas, por el otro.

Para lograr todo esto, propongo (sin acritud) deshacernos de la hegemonía de los abogados en Estados Unidos. Eso exigirá afrontar el procedimentalismo que existe dentro del gobierno y en la sociedad en general. Y también exigirá renovar nuestra fe en que las instituciones públicas pueden prestar servicios esenciales.

Es difícil, lo admito, arrancar a las instituciones políticas estadounidenses de las garras de las facultades de Derecho. Han construido no solo una tubería que canaliza directamente a los graduados hacia la judicatura federal; los estudiantes ambiciosos han abierto también el camino hacia la Casa Blanca y las agencias del poder ejecutivo. Hoy es todavía más difícil cambiar la base filosófica más fundamental del derecho estadounidense. Estados Unidos heredó un sistema de *common law* típico de los países anglófonos, en el que los jueces tienen mucha más discrecionalidad (en relación con las legislaturas) para dar forma a la ley. No es casualidad que los costes de vivienda e infraestructura sean astronómicamente altos en toda la angloesfera, incluido el Reino Unido, Nueva Zelanda e Irlanda.

Estados Unidos no romperá los límites de la sociedad de abogados debatiendo el tipo de cuestiones que entusiasman a los estudiantes de Derecho: el fallo correcto en un caso concreto o las personalidades del Tribunal Supremo. Quiero invocar la frase clásica del profesor Grant Gilmore, en un texto que a menudo se asigna a los estudiantes de primer curso de Derecho: «Cuanto peor es la sociedad, más derecho habrá. En el infierno solo habrá derecho, y se observará meticulosamente el debido proceso».[10]

Yo más bien quiero que los estadounidenses experimenten lo que la generación anterior de chinos ha sentido: una sensación de optimismo respecto al futuro impulsada en gran medida por el dinamismo físico. Los chinos que han vivido el vertiginoso crecimiento económico del país durante las últimas cuatro décadas miran al pasado con orgullo y al futuro con esperanza. Cuando los habitantes de Chongqing o Shenzhen ven desplegarse ante sus ojos un nuevo paisaje urbano, esperan que el futuro siga cambiando para mejor. Cuando mis padres emigraron, la economía china crecía por encima del diez por ciento anual; si se hubieran quedado en Kunming, habrían sentido que vivían en una ciudad nueva más o menos cada siete años, porque ese es el tiempo que tarda la economía en duplicarse. Cada vez que vuelven para visitar a sus padres, descubren una ciudad nueva, más limpia, mejor. Ese tipo de tasas de crecimiento están más allá de los sueños más salvajes de Estados Unidos. Y también están ya fuera del alcance de China. Pero el Estado de ingenieros sigue construyendo grandes obras porque toda su economía política está orientada a ello. Mis padres cambiaron su vida en China por las silenciosas comodidades de los suburbios de Filadelfia. Nos ha venido bien, sí, pero todos sentimos que Estados Unidos ha perdido casi toda la ambición.

El camino hacia delante exige recuperar uno de los sentidos del optimismo: la capacidad de hacer planes y cumplirlos. Estados Unidos tiene que hacer dos cosas para superar la sociedad leguleya.

Primero, debe recordar que el país tiene un legado de ingeniería del que enorgullecerse. Estados Unidos construyó ciudades hermosas llenas de edificios monumentales. A lo largo del siglo XIX llenó esas ciudades de maravillas de la ingeniería: el entonces puente colgante más largo del mundo que conectaba Brooklyn y Manhattan (más tarde superado en longitud por el Golden Gate), los primeros rascacielos del mundo en Chicago, líneas de metro en la ciudad de Nueva York que podían compararse con cualquiera de Europa. Construyó puentes, túneles, autopistas y ferrocarriles. Mostró lo sublime de la tecnología, como las flotas de submarinos de propulsión nuclear, así como las naves que llevaron a los humanos a caminar sobre la superficie de la Luna.

Segundo, Estados Unidos necesita un coro diverso de voces entre sus élites. La virtud estadounidense más importante es el compromiso con el pluralismo: la capacidad de que culturas diversas coexistan y prosperen bajo la misma protección. Eso significa que los abogados deberían estar acompañados de ingenieros, economistas y otros tipos de humanistas, para garantizar que el país sea capaz de funcionar para la mayoría, no solo para unos pocos.

China, clasificada en 2025 como país de «renta media alta» por el Banco Mundial, cruzará en unos años el umbral de la «renta alta». Pekín no celebrará ese logro. «Con independencia de cómo se desarrolle la economía de China en el futuro y de cómo mejore su estatus internacional», bramaban en 2023 los órganos de propaganda del Partido Comunista, «China siempre será un país en desarrollo».[11]

Me parece hermoso.

Esta declaración forma parte de un esfuerzo diplomático cínico destinado a convencer a los países más pobres del mundo de que China defiende sus intereses. Esa no es, para mí, la razón de su atractivo. Más bien, creo que declararse «en desarrollo» es una decisión sabia. Estados Unidos debería hacer lo mismo. ¿No es mejor que ser un país «desarrollado», lo cual implica que ya has terminado, que estás hecho, al final del camino? Propongo que dejemos el estatus de «desarrollado» a la hermosa economía mausoleo de Europa.

A lo largo de los últimos cuarenta años, China se ha parecido al Estados Unidos de finales del siglo XIX. Ambos iban tanteando el camino hacia el estatus de superpotencia. Fue un tiempo de construir grandes obras, pero también un tiempo en el que abundaban los estafadores y los timadores, que engañaban a la gente y le arrebataban sus ahorros con fantásticos proyectos de inversión. Ambos se centraban en escalar tecnologías ya establecidas, en lugar de hacer una gran ciencia nueva. En esos periodos, ninguno de los dos países destacó por la invención de productos nuevos. Más bien, se dedicaron a robar y copiar a los auténticos innovadores científicos: el Reino Unido y Alemania a finales del siglo XIX, el mundo occidental a comienzos del siglo XXI.

Luego, Estados Unidos salió de su Edad Dorada. A las masas, los barones ladrones* dejaron de caerles simpáticos, si es que alguna vez les habían parecido eso, y su dominio del sistema político. Los progresistas estadounidenses impulsaron toda clase de reformas para encaminar al país hacia una senda mejor. El país aprovechó su compromiso con la transformación para mejorar su función pública, construir nuevas ciudades a lo largo de sus vastos territorios y demostrar que las democracias no son débiles desde el punto de vista militar.

Ese compromiso con la transformación es una ideología que comparten tanto Estados Unidos como China. Estados Unidos es una nación con un carácter marcadamente ideológico, fundada sobre valores y principios más que sobre una herencia; la China moderna está empeñada en demostrar que su legado histórico es glorioso. Ambos países tienen un *ethos* de autotransformación que se ha deformado de diversas maneras. Para que ambos países desarrollen el potencial de su gente, tienen que averiguar cómo expresar la plenitud de su impulso transformador.

Parte del proceso que llevó a Deng Xiaoping a emprender la reforma y la apertura tuvo que ver con sus viajes a países ricos: una visita a un supermercado de Texas, con tanta variedad, lo abrumó; cuando oyó que un trabajador del automóvil en la Nissan de Japón quizá podía producir noventa y cuatro coches al año, mientras que un trabajador del automóvil en China solo producía uno, comprendió que eso era la modernidad.[12] Hoy los papeles se han invertido. Es China la que ejecuta tareas de gran complejidad, y son los estadounidenses quienes deberían mirar con asombro, preguntándose si pueden recuperar la capacidad de hacer ellos también esas cosas.

El método del Partido Comunista para expresar su impulso transformador es un esfuerzo de arriba abajo para organizar campañas centralizadas de inspiración, que desplegó para al-

---

* Término despectivo utilizado en su momento para describir a los industriales estadounidenses del xix, como Cornelius Vanderbilt o Russell Sage, que se enriquecieron usando todo tipo de métodos poco ortodoxos. *(N. del T.)*

canzar el comunismo y, después, el crecimiento económico. Lo más normal era esperar que Deng fracasara cuando se convirtió en el principal dirigente de China en 1980. El país acababa de atravesar los experimentos utópicos letales de los años de Mao. Deng desató el terror de la política del hijo único al mismo tiempo que su programa de reforma económica. La reforma y la apertura sufrieron duros reveses a lo largo de los quince años siguientes, en especial cuando Deng ordenó al ejército despejar Pekín de manifestantes en 1989. Pero entonces el crecimiento económico sí aumentó de verdad.

La pregunta hacia la que conduce todo esto es: ¿quién está en mejor posición de cara al futuro?

Pekín se ha tomado el futuro muy en serio durante las últimas cuatro décadas. Por eso China no superará a Estados Unidos. El Estado de ingenieros ha entregado grandes cosas, pero el Partido Comunista está compuesto por demasiados dirigentes que desconfían de su propia gente y tienen poca idea de cómo atraer al resto del mundo. Seguirán aportando soluciones literalistas a todos sus problemas, los convertirán en desafíos de ingeniería hasta hacerlos desaparecer, y dejarán en el proceso las cosas un poco peor de cómo las encontraron. Pekín nunca podrá recurrir al mejor rasgo de Estados Unidos: abrazar el pluralismo y los derechos del individuo. El Partido Comunista tiene demasiado miedo del pueblo chino como para darle una agencia real. Pekín no reconocerá que los creativos y los emprendedores a los que está empujando al exilio no son el enemigo. No aceptará que su energía creadora podría aportar tanto prestigio a China como las grandes obras públicas.

Pero aún hay algunas cosas que Estados Unidos puede aprender del Estado de ingenieros. Aunque la clase creativa quiera hacer *rùn,* los beneficios materiales para la mayor parte de la población china están ampliamente repartidos. La razón por la que el consentimiento de los gobernados sigue siendo bastante fuerte en China es que los chinos han visto mejorar de forma inconmensurable sus condiciones de vida, de modo que la mayoría de la gente tiene espacio en su vida para hacer casi todo lo que quiere durante la mayor parte del tiempo. Parte de la esperanza de las décadas anteriores se ha evaporado bajo Xi, lo cual es otra razón sustancial por la que China no superará a Estados Unidos. Pero Xi aún puede contar con el impulso de las muchas fortalezas de China para empujar al Estado de ingenieros a lograr asombrosas hazañas constructivas durante la próxima década.

Estados Unidos ha perdido no solo la capacidad de construir, sino también, en parte, la capacidad de gobernar. La izquierda obsesionada con el procedimiento y la derecha destructiva han arrebatado a la gente la sensación de que el dinamismo material sea algo deseable. Pero Estados Unidos tiene valores pluralistas, lo cual lo sitúa en mejor posición para encontrar las soluciones adecuadas.

He escrito este libro porque aquello mismo que atrajo a mis padres a Estados Unidos (no los abogados, sino el pluralismo) sigue proporcionando el potencial para corregir el rumbo. La razón última para tener esperanza respecto a Estados Unidos es que puede mirar a su propia historia para ver el camino hacia delante. Puede verse la musculatura del Estado de ingenieros entre las poderosas obras industriales dispersas por todo el país. Hay un legado natural del que puede nutrirse para escenificar este siguiente acto de transformación.

Lo que a Estados Unidos le falta hoy es la urgencia de tomar las decisiones difíciles necesarias para construir. Los estadounidenses tienen que confiar en que la sociedad pueda florecer sin dar poder a los abogados para microgestionarlo todo. Estados Unidos debería abrazar su impulso transformador. Espero que algún día Estados Unidos pueda declararse también un país en desarrollo. Puede demostrar que el país es capaz de reformarse, de desbloquearse y romper el *statu quo* y, en última instancia, de liberar tanto potencial humano como sea posible. «En desarrollo» es un término que hay que abrazar con orgullo.

Agradecimientos

Gavekal Dragonomics fue el mejor lugar posible para pensar sobre China. Cuando quedé para comer con Arthur Kroeber en Nueva York un día cualquiera de 2016, no imaginé que su encargo de estudiar el desarrollo tecnológico de China me lanzaría a una aventura entre Hong Kong, Pekín y Shanghái. Arthur es una fuente de sabiduría y buen juicio, no solo sobre China, sino sobre prácticamente todo. Andrew Batson me enseñó a ser analista y me hizo mejor escritor. Louis Gave dirigió la empresa con buen humor y la llenó de compañeros profundamente curiosos. Simon Cartledge, amigo de la casa, hizo de Hong Kong una ciudad más intelectual. Me alegro de haber trabajado con todos ellos.

El Paul Tsai China Center de la facultad de Derecho de Yale fue el mejor lugar posible para escribir un libro sobre China. El profesor Paul Gewirtz fue el mentor más alentador que uno pueda imaginar. Estoy inmensamente agradecido a Paul por haberme proporcionado un observatorio desde el que reflexionar sobre China a la distancia justa de las neurosis tanto de Pekín como de Washington, D. C. El Paul Tsai China Center estaba repleto de colegas maravillosos y bien informados. Me considero afortunado por haber tenido acceso al MacMillan Center (que generosamente me nombró profesor), a la Jackson School y a la comunidad académica más amplia de Yale, incluidos Arne Westad, Jing Tsu, Dan Mattingly, Paul Kennedy, Zach Liscow, David Schleicher y muchos otros.

Me hierve la sangre cada vez que oigo a alguien prever con seguridad lo que hará Pekín. Algunos sabemos que la realidad

262

es distinta. Éramos analistas, periodistas, directivos y diplomáticos que sabíamos a la perfección que ninguno de nosotros tenía más que un conocimiento fragmentario de lo que se le pasa por la cabeza a los dirigentes. Agradezco a las decenas de personas de Pekín, Shanghái, Hong Kong, San Francisco, Nueva York y Washington, D. C, con quienes charlé tomando café, comiendo o bebiendo algo, haber participado en ese ejercicio de humildad: el de recomponer a partir de fragmentos.

Toby Mundy confió en este libro antes de que yo tuviera una idea clara de cómo iba a escribirlo. Toby es el agente más reflexivo y competente que uno podría desear en cada fase del proceso, desde la presentación del proyecto hasta la producción. Me considero afortunado de que Toby me llevara hacia Caroline Adams, mi editora en Norton, que me deja boquiabierto con su combinación de talento, paciencia y entusiasmo. Gracias a Pat Wieland, Rebecca Homiski, Kyle Radler y a todo el equipo de Norton, con el que es un placer trabajar. Leah Paulos, de Press Shop, dio a conocer este libro a mucha gente. En Penguin Press pude contar con el apoyo constante de Casiana Ionita, mientras que Fiona Livesey ayudó a acercar el libro a un público global.

Este libro no sería lo que es sin el apoyo y la compañía de Hugo Lindgren, que elevó mis ambiciones y dio vida a las historias. Me beneficié de las dosis regulares de confianza literaria que me aportó Hugo. Mi agradecimiento a Uri Bram, que me presentó tanto a Toby (a quien calificó como «el mejor de todos los agentes») como a Hugo («el mejor editor del mundo»). Uri tiene razón. Cuando mi ánimo flaqueaba, podía contar con que Nick Bagley me espoleara con su exuberancia. La sociedad jurídica se articuló después de que escuchara la intervención de Nick en *The Ezra Klein Show* y durante las comidas habituales en Ann Arbor. Recomiendo su próximo libro, así como sus servicios como oficiante de bodas.

Este libro es más sólido gracias a los talleres de escritura dirigidos por Stephen Kotkin en el Hoover History Lab de Stanford, así como por Henry Farrell y Jessica Chen Weiss en la Johns Hopkins SAIS. *A toda máquina* está escrito desde una perspectiva que molesta a la mayoría de los politólogos e irrita a muchos historiadores. Estoy profundamente agradecido de que, aun así, tantos académicos se reunieran para leer mi manuscrito y ofrecer sus comentarios: Stephen Kotkin, Joseph Torigian, Joseph Ledford, Glenn Tiffert, Graham Webster, Covell Meyskens, Anthony Gregory, Eyck Freymann, Weila Gong y Ria Roy en Palo Alto; Henry Farrell, Jessica Chen Weiss, Tom Orlik, Todd Tucker, James Palmer, Jeremy Wallace, Eugene Wei y Steven Teles en Washington, D. C. Henry Farrell y Eugene Wei son ositos intelectuales; cada vez que los veo me entran ganas de abrazarlos y achucharlos.

Muchas personas me dieron ánimos para llevar a cabo este proyecto antes de que comenzara a escribir, sobre todo Tyler Cowen. Desde que estaba en la universidad siento una gratitud ininterrumpida por el interés que Tyler ha mostrado por mi trabajo. Hemos continuado nuestras conversaciones en Dali, Taipéi, Virginia y, espero, en muchos lugares más. Eva Dou, Noah Smith, Ben Thompson, Tracy Alloway, Brad DeLong, Patrick Collison, Ezra Klein, Chris Schroeder, Simon Cartledge, Yiren Lu, Stephen Green, Yanmei Xie, Kevin Kelly, Arjun Narayan, Kevin Kwok y muchos otros me apoyaron desde el principio para hacer este libro. Quedo enormemente agradecido a Chris Miller, Evan Osnos, James Crabtree, Tim Hwang y Henry Farrell por compartir borradores de sus propuestas.

Estoy en deuda con Arthur Kroeber, Greg Ip, Nick Bagley, Christian Pfrang y Ola Rye Malm por haber leído el manuscrito completo. Y con quienes lo leyeron por partes, en especial mis amigos de Shanghái, que aportaron su perspectiva sobre el confinamiento: Ken Jarrett, Ian Driscoll, Gavin Cross, Mattie Bekink, Victor Bekink, Eric Goldwyn, Christian Shepherd, Teng Bao, Jeff Lonsdale, Chris Delong, Hollis Robbins, Kristina Daugirdas, David Schleicher, John Ryan, Patrick Steigler, Gabriel Crossley, Chris Zheng y otros.

En New Haven tenía una vida sencilla: iba de la biblioteca a las pistas de *squash* y de vuelta a la biblioteca. En las pistas, me alegró tener como compañeros habituales a Nick Frisch, John Ryan y Nicholas Bequelin, todos nosotros igualmente dotados de poca destreza y mucho entusiasmo. Darius Longarino, Karman Lucero, Changhao Wei y Jeremy Daum mantuvieron el ambiente animado en la oficina con alguna que otra noche de juegos de mesa. Paul Gewirtz me consiguió asientos increíblemente privilegiados en el *ballet.* Soaring Eagle puso las cosas interesantes. Cuando ansiaba algunos de los estímulos de Nueva York, Dave Petersen y Eugene Wei me ofrecían cama. Gracias a todos los que lo hicieron tan divertido.

Escribir un libro habría sido mucho más solitario sin la compañía de Silvia Lindtner. Es sensible al asunto no solo porque ella misma ha escrito también un libro; Silvia es también la persona más sabia y atenta que conozco. Hemos vivido aventuras juntos, hemos afrontado el duelo juntos, hemos debatido juntos y hemos experimentado la mayor alegría el uno con el otro. No quiero que nuestra conversación termine nunca.

Este libro está dedicado a mis padres, Frank y Rachel. Respeto a mi madre y a mi padre por haber tenido la audacia de hacer *rùn* antes de que fuera algo habitual, y además con una criatura pequeña a cuestas. No cambiaría nada de mi infancia. La mejor lección que aprendí como cadete del Royal Canadian Army fue tratar las cosas más difíciles como si fueran las más sencillas. Quiero lo mejor para vosotros, y por eso espero que consideréis lo difícil: salir a hacer más ejercicio, adoptar otro perro, implicaros en la comunidad local y, quizá algún día, mudaros a Sunset Park.

Notas

Capítulo 1: Ingenieros contra abogados

1. Rose Yu, «China's Busiest High-Speed Rail Line Makes a Fast Buck», China Realtime blog, *Wall Street Journal*, actualizado el 20 de julio de 2016.
2. «京沪高铁累计旅客发送量约13.5亿人次» ['El tren de alta velocidad Pekín-Shanghái ha transportado aproximadamente 1 350 millones de pasajeros'], *People's Daily*, 24 de junio de 2021.
3. Ralph Vartabedian, «New Cost Estimate for California High-Speed Project Puts it Deeper in the Red», *Los Angeles Times*, 11 de marzo de 2023.
4. Ralph Vartabedian, «How California's Bullet Train Went off the Rails», *New York Times*, 9 de octubre de 2022.
5. «News Release: Putting Jobs First: California High-Speed Rail Crosses 13 000 Construction Jobs Milestone», California High-Speed Rail Authority, 19 de marzo de 2024.
6. Austan Goolsbee and Chad Syverson, «The Strange and Awful Path to Productivity in the U. S. Construction Sector», Working Paper n.º 30 845, Oficina Nacional de Investigación Económica, enero de 2023, rev. en febrero de 2023.
7. Paul Sabin, *Public Citizens: The Attack on Big Government and the Remaking of American Liberalism* (W. W. Norton, 2021), 101.
8. Alexis de Tocqueville, *Democracy in America* (Library of America, 2004), 309.
9. Nicholas Bagley, «The Procedure Fetish», *Michigan Law Review 118*, n.º 3 (2019): 345-401.
10. Cara Lombardo, «On Wall Street, Lawyers Make More Than Bankers Now», *Wall Street Journal*, 22 de junio de 2023.
11. Maureen Farrell y Anupreeta Das, «Pay for Lawyers Is So High People Are Comparing It to the NBA», *New York Times*, 1 de julio de 2024, actualizado el 2 de julio de 2024.

12. Kevin M. Murphy, Andrei Shleifer, y Robert W. Vishny, «The Allocation of Talent: Implications for Growth», *Quarterly Journal of Economics* 106, n.º 2 (1991): 503–530.

Capítulo 2: Construir a lo grande

1. Mark Elvin, *Retreat of the Elephants: An Environmental History of China* (Yale University Press, 2006), 265.

2. «Economic Watch: Chinese Guitar-Making Industry Rides on Wave of Belt and Road Initiative», Xinhua, 21 de septiembre de 2023.

3. «Chongqing's Air-Raid Shelters Revived as Commercial Venues», Xinhua, 5 de enero de 2024.

4. «2022年中国高速公路里程同比增加0.29万公里　其中广东省高速公路里程居于首位» ['En 2022, las autopistas de China aumentaron en 2 900 kilómetros comparado con el año anterior, con la provincia de Guangdong en primera posición en crecimiento de autopistas'], Insight and Info, 22 de noviembre de 2023.

5. «China National Human Development Report 2013 Sustainable and Liveable Cities: Toward Ecological Civilization», (Programa de Desarrollo de las Naciones Unidas, 2013), 108.

6. «Long Walk to School through Mountains in SW China», *China Daily*, 29 de marzo de 2013.

7. Jean-Paul Rodrigue, «Length of the Interstate Highway System and of the Chinese Expressway System, 1959-2021», Geography of Transport Systems, consultado el 29 de enero de 2025.

8. «Road Map to Easy Ride in Beijing», *China Daily*, 5 de septiembre de 2003.

9. «China Reports Annual Average of 21 Million New Drivers Over Last Two Decades», Xinhua, 2 de mayo de 2024.

10. Ria Dutta y Surupasree Sarmmah, «Know the Top 10 Busiest Ports in the US», Container X-Change, 13 de septiembre de 2023, actualizado el 12 de julio de 2024.

11. «China Approves Record 11 New Nuclear Power Reactors», Bloomberg. com, 20 de agosto de 2024.

12. Arthur Kroeber, *China's Economy: What Everyone Needs to Know* (Oxford University Press, 2016), 67.

13. *Op. cit.*, 108.

14. Vaclav Smil, «How the World Really Works by Vaclav Smil—What Powers Our Economies», *Financial Times*, 25 de enero de 2022.

15. Hu Min, «Shanghai Aims to Become "a City in the Parks" by 2025», *Shine,* 28 de septiembre de 2022.

16. Michael Pettis, «There's a Cost to Mainland Overinvestment», Carnegie Endowment for International Peace», 26 de octubre de 2009.

17. Martha Lawrence, Richard Bullock, y Ziming Liu, «China's High-Speed Rail Development», International Development in Focus (Grupo del Banco Mundial, 6 de junio de 2019), 68.

18. «2023 Project Update Report», California High-Speed Rail Authority, 1 de marzo de 2023, 61.

19. Xiaokang Wu y Jijun Yang, «High-Speed Railway and Patent Trade in China», *Economic Modelling* 123 (marzo de 2023).

20. Yue Lu et al., «The Influence of High-Speed Rails on Urban Innovation and the Underlying Mechanism», *PLoS One* 17, n.º 3 (4 de marzo de 2022): e0264779.

21. Lawrence, Bullock y Liu, «China's High Speed Rail Development», 4.

22. Fondo Monetario Internacional, Departamento de Asia-Pacífico, «A Revenue Mobilization Strategy for China», IMF Staff Country Reports 2024, 050 (2024), A002, consultado el 29 de enero de 2025.

23. «Society at a Glance: Asia/Pacific» (OECD, 19 de marzo de 2019), 25.

24. Nicholas R. Lardy y Tianlei Huang, «China's Weak Social Safety Net Will Dampen Its Economic Recovery», Peterson Institute for International Economics, 4 de mayo de 2020.

25. Rob Schmitz, «In China, the Communist Party's Latest, Unlikely Target: Young Marxists», NPR, 21 de noviembre de 2018.

26. Xi Jinping, «扎实推动共同富裕» ['Promover la prosperidad común'], *Seeking Truth,* 15 de octubre de 2021.

27. James Mayger, «Next China: Roads to Nowhere», Bloomberg News, 13 de julio de 2023.

28. Rebecca Feng y Cao Li, «A Poor Province in China Splurged on Bridges and Roads: Now It's Facing a Debt Reckoning», *Wall Street Journal,* actualizado el 21 de mayo de 2023.

29. «反腐专题片揭李再勇 '政绩冲动':三年新增债务1500亿元» ['Documental anticorrupción expone el "deseo de lograr objetivos": una deuda acumulada de 150 mil millones de yuanes en tres años'], Televisión Central de China, 8 de enero de 2024.

30. «Former Senior Guizhou Political Advisor Given Death Sentence with Reprieve», Xinhua, 13 de agosto de 2024.

31. Amanda Lee, «China Debt: These 3 Regions Have the Most Daunting Debt Piles—So What Can Be Done about It?», *South China Morning Post,* 12 de agosto de 2023.

32. Lucy Hornby, «Top-Tier Chinese City Could See 2017 GDP Revised Down Almost 20%», *Financial Times,* 11 de enero de 2018.

33. «China Is Trying to Turn Itself into a Country of 19 Super-Regions», *Economist,* 23 de junio de 2018.

34. Brad Setser, «Will China Take Over the Global Auto Industry?» Follow the Money, Council on Foreign Relations, 8 de diciembre de 2024.

35. Yoko Kubota y Clarence Leong, «Why China Keeps Making More Cars Than It Needs», *Wall Street Journal,* actualizado el 28 de abril de 2024.

36. Andrew Batson, «What Would It Have Cost China to Support House-hold Incomes?» Tangled Woof (blog), 9 de agosto de 2020.

37. Eric Martin y Ana Monteiro, «US-China Goods Trade Hits Record Even as Political Split Widens», Bloomberg News, 7 de febrero de 2023, actualizado el 8 de febrero de 2023.

38. Entrevistado por el autor el 18 de octubre de 2021.

39. Franklin Allen et al., «Dissecting the Long-Term Performance of the Chinese Stock Market» (28 de diciembre de 2023), *Journal of Finance,* próximamente; disponible en SSRN.

40. Javier Blas, «We're Burning More Coal Than Ever Thanks to China», Bloomberg, 18 de diciembre de 2024.

41. Yonten Nyima y Emily T. Yeh, «The Construction of Consent for High-Altitude Resettlement in Tibet», *China Quarterly* 254 (marzo de 2023): 1-19.

42. Chen Chen, «Letting Omicron Loose», Think Global Health, 16 de diciembre de 2022.

43. «Flood Prevention, Disaster Relief Top Priorities in Issuance of 1-Trln-Yuan Gov't Bonds: Official», Xinhua, 25 de octubre de 2023.

44. «Lo que esto significa es que la inversión se vuelve menos efectiva al generar crecimiento con el paso del tiempo. El producto marginal del capital, el incremento de PIB producido por cada renminbi en que ha aumentado la inversión de capital, ha pasado de un pico de 0,4 a cerca del 0,2 recientemente», Gavekal, «The Supply-Side Structural Problem», https://research.gavekal.com/article/the-supply-side-struc-tural-problem/.

45. «Estimated Capital Formation and Capital Stock by Economic Sector in China», World Bank Data Catalog, 21 de octubre de 2021.

46. «Offshore Wind Market Report: 2023 Edition», US Department of Energy, Wind Energy Technologies Office, 24 de agosto de 2023.

47. «US Wind Energy Monitor: 2023 Year in Review», Wood Mackenzie and American Clean Power, 28 de marzo de 2024.

48. Kostantsa Rangelova, «2023's Record Solar Surge Explained in Six Charts», Ember, 30 de mayo de 2024.

49. *Op. cit.*

50. «Ezra Klein Interviews Adam Tooze», *New York Times,* 17 de septiembre de 2021.

51. Ezra Klein y Derek Thompson, *Abundance,* (Avid Reader, 2025).

Capítulo 3: Poder tecnológico

1. Its population soared: «深圳市第七次全国人口普查公报[1](第一号) — 全市常住人口情况», ['Boletín del Séptimo Censo Nacional de Población de Shenzhen, 2020, n.º 1—Estado de la Población Residente de la Ciudad'], Oficina de Estadísticas de la Municipalidad de Shenzhen, 17 de mayo de 2021.

2. Xiaoyi Wang, «Foxconn Longhua Technology Park Tour: Entering Terry Gou's Forbidden City (4)», *NetEase Science and Technology Report,* 30 de septiembre de 2009.

3. Employees, «Corporate Social Responsibility Report, 2020», Hon Hai Precision Industry Co. Ltd., 2021.

4. Wang, «Foxconn Longhua Technology Park Tour»

5. Rob Schmitz, «Foxconn's Newest Product: A College Degree», Marketplace, 26 de abril de 2019.

6. Frederick Balfour y Tim Culpan, «The Man Who Makes Your iPhone», Bloomberg News, 9 de septiembre de 2010.

7. «四川承诺帮富士康 招工:公务员被迫进厂 '顶工'» ['Sichuán promete a Foxconn que la ayudará a contratar trabajadores: funcionarios civiles obligados a trabajar en la fábrica'], Taiwan.cn, 29 de abril de 2012.

8. Eva Dou, «How the iPhone Built a City in China», *Wall Street Journal,* 3 de julio de 2017.

9. Yuan Yang, «Foxconn Stops Illegal Overtime by School-Age Interns», *Financial Times,* 22 de noviembre de 2017.

10. Chang Che y John Liu, «An iPhone Factory Needs Workers: The Chinese Government Wants to Help», *New York Times,* 18 de noviembre de 2022.

11. Helen Wang, entrevista telefónica del autor, 16 de julio de 2024.

12. Bernard Chang, Jeffrey Inaba, Rem Koolhaas, y Sze Tsung Leong, *Great Leap Forward: Harvard Design School Project on the City* (Taschen, 2001), 245.

13. Glenn Leibowitz, «Apple CEO Tim Cook: This Is the No. 1 Reason We Make iPhones in China (It's Not What You Think)», *Inc.,* 17 de diciembre de 2017.

14. Mikey Campbell, «Apple Spends $150M a Year on United Flights, Shanghai Is No. 1 Destination», *Apple Insider,* 11 de enero de 2019.

15. Charles DuHigg y Keith Bradsher, «How the U.S. Lost out on iPhone Work», *New York Times,* 21 de enero de 2012.

16. Leibowitz, «Apple CEO Tim Cook».

17. Entrevista telefónica con el autor, 18 de abril de 2024.

18. Entrevista telefónica con el autor, 29 de marzo de 2024.

19. Ben Pauker, «Epiphanies from Chris Anderson», *Foreign Policy,* 20 de noviembre de 2024.

20. Entrevista telefónica con el autor, 24 de noviembre de 2021.

21. Yuqing Xing y Shaopeng Huang, «Value Captures by China in the Smartphone GVC: A Tale of Three Smartphone Handset», *Structural Change and Economic Dynamics* 58, (2021): 256-266.

22. Simon Leys, *The Hall of Uselessness: Collected Essays* (New York Review Books, 2014), 242.

23. Brian Potter, «Ise Jingu and the Pyramid of Enabling Technologies», Scope of Work, 3 de febrero de 2023.

24. Junko Edahiro, «Rebuilding Every 20 Years Renders Sanctuaries Eternal: The Sengu Ceremony at Jingu Shrine in Ise», JFS Japan for Sustainability, 10 de septiembre de 2013.

25. «Nuclear Weapons: NNSA and DOD Need to More Effectively Manage the Stockpile Life Extension Program», Government Accountability Office, marzo de 2009.

26. Andy Grove, «How America Can Create Jobs», Bloomberg News, 1 de julio de 2010.

27. «All Employees, Manufacturing [MANEMP]», Federal Reserve Bank of Saint Louis, 10 de enero de 2025.

28. Michael Schrage, «Potato Chips vs. Computer Chips: High Technology Any Way You Slice It», *Washington Post,* 21 de enero de 1993.

29. «Chart Pack: Defense Spending», Peter G. Peterson Foundation, 3 de febrero de 2025.

30. Megan Eckstein, «US Navy Ship Programs Face Years-Long Delays Amid Labor, Supply Woes», Defense News, 3 de abril de 2024.

31. David Gelles, James B. Stewart, Jessica Silver-Greenberg, y Kate Kelly, «Elon Musk Details 'Excruciating' Personal Toll of Tesla Turmoil», *New York Times,* 17 de agosto de 2018.

32. «Chinese EV Maker BYD Profit down 42 % in 2019, under Pressure from Subsidy Cut», Reuters, 21 de abril de 2020.

33. Zhao Xinyue y Bo Yuan, «从 '年产 过千万' 看 '特斯拉效应'» ['Mirando el «Efecto Tesla» desde la «producción sobre diez millones»'], *People's Daily Online*, 16 de noviembre de 2024.

34. Yang Jie, «Tim Cook Can't Make iPhones without This Chinese Company and Its CEO», *Wall Street Journal*, actualizado el 23 de octubre de 2023.

35. Lee G. Branstetter, Li Guangwei, y Ren Mengjia, «Picking Winners? Government Subsidies and Firm Productivity in China», Working Paper no. 30699, National Bureau of Economic Research, diciembre de 2022.

36. Guangdong tiene setenta y dos, Estados Unidos tiene veintiséis, India tiene catorce, y Vietnam tiene treinta y cinco. «Apple Supplier List 2023», Apple Inc. 2024.

37. Zhang Weifu y Hu Yabei, «实体经济：经济发展的着力点和支撑点» ['Economía real: el foco y el punto de apoyo del desarrollo económico'], EOL, 13 de julio de 2023.

38. Hu Yabei y Zhang Weicun, «形成新增长引擎 将着力点放在实体经济上» ['Crear un nuevo motor de crecimiento corresponde a la economía real'], *Nanjing Daily*, 19 de julio de 2017.

39. «构建以先进制造业为骨干的现代化产业体系 —访工业和信息化部党组书记、部长金壮龙» ['Construir un sistema industrial moderno con la fabricación avanzada como columna vertebral: Entrevista con Jin Zhuanglong, secretario del Grupo de Liderazgo del Partido y ministro del Ministerio de Industria y Tecnología de la Información']. *People's Daily*, 10 de enero de 2024.

40. Andrew Batson, «China Wants Those Low-End Industries After All», Tangled Woof (blog), 4 de octubre de 2023.

41. Xi Jinping, «国家中长期经济社会发展战略若干重大问题» ['Varios problemas importantes en la estrategia nacional de desarrollo económico y social a medio y largo plazo'], *Seeking Truth*, 31 de octubre de 2020.

42. Wang Xiaodong, «A Study of the 'Industrial Party' and the 'Sentimental Party,'», Center for Strategic Translation, 1 de enero de 2011, traducido en octubre de 2023.

43. Dylan Levi King, «China's Exit to Year Zero», Palladium, 9 de abril de 2021; Zhong Qing, 刷盘子还是读书 ['¿Fregar los platos o estudiar?'] (Contemporary China Press, 2005).

44. Pseudónimo literario de Ren Chonghao.

45. Vivian Wang, «A Godfather of Chinese Nationalism Has Second Thoughts», *New York Times*, 27 de octubre de 2022.

46. Cixin Liu, *The Three-Body Problem* (Tor Publishing, 2014).

47. *Op. cit.*, p. 237

48. Eric Martin y Ana Monteiro, «US-China Goods Trade Hits Record Even as Political Split Widens», Bloomberg News, 7 de febrero de 2023, actualizado el 8 de febrero de 2023.

49. Zhao Yimeng, «Huaqiangbei Traders Trade Computer Chips for Lipsticks», *China Daily*, actualizado el 3 de febrero de 2021.

Capítulo 4: Hijo único

1. «习近平同全国妇联新一届领导班子集体谈话» ['Xi Jinping se dirige a la nueva cúpula de la Federación Nacional de Mujeres de China'], CCTV, 31 de octubre de 2013.

2. «China Wants Women to Stay Home and Bear Children», *Economist*, 9 de noviembre de 2023.

3. Thomas Hale, Wang Xueqiao, Tina Hu, y Wenjie Ding, «China's Marriage Problem: Fewer Young People, and Fewer Weddings», *Financial Times*, 13 de febrero de 2025.

4. Jacob Funk Kirkegaard, «China's Population Decline Is Getting Close to Irreversible», Peterson Institute for International Economics, 18 de enero de 2024.

5. «Minutes of Chairman Mao Zedong's Second Meeting with Nehru», Wilson Center Digital Archive, 23 de octubre de 1954.

6. Nikita Khrushchev and Strobe Talbott, *Khrushchev Remembers the Last Testament* (Bantam, 1976), 255.

7. *Selected Works of Mao Tse-Tung* (Foreign Language Press, Peking, 1967), 453.

8. *Op. cit.*, vol. 4.

9. Song Jian, «Systems Science and China's Economic Reforms», *IFAC Proceedings* 18, n.º 9 (August 1985): 1–7.

10. Susan Greenhalgh, *Just One Child: Science and Policy in Deng's China* (University of California Press, 2008), 161.

11. Song Jian, Tian Xueyuan, Li Guangyuan, and Yu Jingyuan, «关于我国人口发展目标问题» ['Sobre los objetivos de desarrollo de China'], *People's Daily*, 7 de marzo de 1980.

12. Greenhalgh, *Just One Child*, 204.

13. *Op. cit.*, 175.

14. Song Jian, «Systems Science».

15. Joel E. Cohen «Review of *Population System Control*», *SIAM Review* 32, n.º 3 (1990): 494-500.

16. Greenhalgh, *Just One Child*, 294.
17. «关于控制我国人口增长问题致全体共产党员、共青团员的公开信» ['Carta abierta a todos los miembros del Partido Comunista y de la Liga de Juventudes Comunistas respecto al control del crecimiento de población en nuestro país'], *People's Daily*, 25 de septiembre de 1980.
18. Thomas Scharping, *Birth Control in China, 1949-2000* (Routledge, 2002), 95.
19. Tyrene White, *China's Longest Campaign: Birth Planning in the People's Republic, 1949-2005* (Cornell University Press, 2018), 73.
20. Steven W. Mosher, *Broken Earth* (Free Press, 1983), 224.
21. Christopher S. Wren, «China's Birth Goals Meet Regional Resistance», *New York Times*, 15 de mayo de 1982.
22. Susan Greenhalgh y Edwin A. Winckler, *Governing China's Population: From Leninist to Neoliberal Biopolitics* (Stanford University Press, 2005), 225.
23. Congreso de los Estados Unidos, Cámara de Representantes, China: Violaciones de los Derechos Humanos y coerción en la aplicación de la política de hijo único: audiencias antes del Comité de Relaciones Internacionales, Cámara de Representantes, 108º Congr., 2ª sesión, 14 de diciembre de 2004.
24. *China Report: Political, Sociological and Military Affairs*, Foreign Broadcast Information Service, 1986.
25. Nicholas Kristof, «China's Crackdown on Births: A Stunning, and Harsh, Success», *New York Times*, 25 de abril de 1993.
26. Michael Weisskopf, «One Couple, One Child: Second of Three Articles Abortion Policy Tears at China's Society», *Washington Post*, 7 de enero de 1985.
27. Anne Henochowicz, «Translation: The Hundred Childless Days», *China Digital Times*, 4 de mayo de 2021.
28. «中共山东省委关于增补 山东省关心下一代工作委员会副主任的通知»['Aviso del Comité Provincial de Shandong del Partido Comunista de China sobre el nombramiento del subdirector del comité provincial de Cuidado de las Generaciones Futuras'], Shandong Xiehe University, 19 de abril de 2017.
29. White, *China's Longest Campaign*, 159.
30. Scharping, *Birth Control in China*, 109.
31. Scharping, *Op. cit.*, 112.
32. Weisskopf, «One Couple, One Child».
33. James C. Scott, *Weapons of the Weak: Everyday Forms of Peasant Resistance.* (Yale University Press, 1985).

34. Kay Ann Johnson, *China's Hidden Children: Abandonment, Adoption, and the Human Costs of the One-Child Policy,* (University of Chicago Press, 2017), 92.

35. Peter Hessler, *Other Rivers: A Chinese Education,* (Penguin, 2024), 52.

36. *China Report: Political, Sociological, and Military Affairs,* FBIS.

37. Scharping, *Birth Control in China,* 226.

38. Scharping, *Op. cit.,* 186.

39. *Ibid.,* 189.

40. Li Jianguo and Zhang Xiaoying, «Infanticide in China», *New York Times,* 11 de abril de 1983.

41. Nie Jingbao, «Non-Medical Sex-Selective Abortion in China: Ethical and Public Policy Issues in the Context of 40 Million Missing Females», *British Medical Bulletin* 98, no. 1 (junio de 2011): 7–20.

42. Johnson, *China's Hidden Children,* 92.

43. «Court Convicts 52 of Baby-Trafficking in China», *New York Times,* 24 de julio de 2004.

44. Sharon Lafraniere, «Chinese Officials Seized and Sold Babies, Parents Say», *New York Times,* 5 de agosto de 2011.

45. Johnson, *China's Hidden Children,* 132.

46. Bruce Porter, «I Met My Daughter at the Wuhan Foundling Hospital», *New York Times,* 11 de abril de 1993.

47. Hannah Beech, «Have Foreigners Unwittingly Adopted Victims of Baby-Selling in China?» *Time,* 11 de mayo de 2011.

48. Lafraniere, «Chinese Officials Seized and Sold Babies, Parents Say».

49. Evan Osnos, «Abortion and Politics in China», *New Yorker,* 15 de junio de 2012.

50. «我国累计收社会抚养费1.5万亿　每　年200亿罚款去向不明» ['China ha recaudado 1,5 billones de yuanes en tasas de mantenimiento social: 20 000 millones de yuanes anuales en multas sin contabilizar'], Xinhua, 9 de diciembre de 2014.

51. *2021 China Health Statistics Yearbook,* National Health Commission (China), 17 de mayo de 2023.

52. Austin Ramzy y Liyan Qi, «China's One-Child Policy Sent Thousands of Adoptees Overseas: That Era Is Over», *Wall Street Journal,* 5 de septiembre de 2024.

53. Huang Yasheng, *Capitalism with Chinese Characteristics: Entrepreneurship and the State* (Cambridge University Press, 2010), 139.

54. Greenhalgh, *Just One Child,* 179.

55. Weisskopf, «One Couple, One Child».

56. Feng Wang, Baochang Gu y Yong Cai, «The End of China's One-Child Policy», Brookings Commentary, 30 de marzo de 2016.

57. «New Research Helps Explain Why China's Low Birth Rates Are Stuck», *Economist*, 1 de junio de 2023.

58. «计划生育40余年 我国少生4亿多人» ['La planificación familiar ha reducido los nacimientos en más de 400 millones en los pasados 40 años'], *Gansu Daily*, 12 de noviembre de 2013.

59. Martin King Whyte, Feng Wang, y Yong Cai, «Challenging Myths about China's One-Child Policy», *China Journal*, 74 (julio de 2015): 144–159.

60. «只生一个好，政府帮养老»; «三个孩子就是好不用国家来养老».

61. Song Jian, «Systems Engineering and the New Technological Revolution», *People's Daily*, 5 de septiembre de 1984.

62. «Song Jian: A Leading Scientist», *China Daily*, actualizado el 25 de enero de 2011.

63. Zhao Jinzhao, Pan Rui y Wang Xintong, «In Depth: Maternity Wards Are Latest Victim of China's Falling Birthrate», *Caixin Global*, 19 de junio de 2024.

64. Edward White y Leo Lewis, «Nappy Manufacturers Shift Focus in China from Infants to Elderly», *Financial Times*, 28 de noviembre de 2021.

65. «China's High-Stakes Struggle to Defy Demographic Disaster», *Economist*, 9 de abril de 2024.

66. «十四届全国人大三次会议举行第二次全体会 议» ['La legislatura nacional de China mantiene el 2º encuentro de la sesión anual'], www. gov.cn.

67. Leta Hong Fincher, *Leftover Women: The Resurgence of Gender Inequality in China*, 1ª ed. (Zed Books, 2014), 3.

68. Hong Fincher, *Leftover Women*, 20.

69. Shen Lu y Liyan Qi, «China Is Pressing Women to Have More Babies: Many Are Saying No», *Wall Street Journal*, 2 de enero de 2024.

70. Charlotte Gao, «To Encourage More Births, Chinese Specialists Propose Birth Fund, Childless Tax», *Diplomat*, 17 de agosto de 2018.

71. «中国报道网时评:落实三孩政策 党员干 部应见行动» ['China informa sobre comentario en la red: los miembros y cuadros del partido deberían predicar con el ejemplo para implementar la política de tres hijos'], China Reports Network, 9 de diciembre de 2021.

72. Citado en Johann Chapoutot, *The Law of Blood: Thinking and Acting as a Nazi* (Harvard University Press, 2018), 343.

73. «China's Low Fertility Trap», *Economist*, 21 de marzo de 2024.

74. Ji Siqi, «China Population: County Sparks Uproar by Telling "Leftover" Women to Marry Unemployed Men», *South China Morning Post*, 28 de enero de 2022.

75. Linda Bollivar, «Ethan Michelson Highlights Gender Injustice in China's Divorce Courts», Hamilton Lugar School, Indiana University, Bloomington, 13 de julio de 2023.

76. Farah Master, «China Launches Campaign to Crack Down on Illegal Fertility Treatments», Reuters, 11 de julio de 2023.

77. «你被街道办催孕了吗?» ['¿Le ha presionado el comité vecinal de su barrio para que se quede embarazada?'], *China Digital Times,* 21 de octubre de 2024.

78. Phoebe Zhang, «Love and Marriage: China's Dali Bai Region Pledges to Help Its 33 000 Bachelors Find Wives», *South China Morning Post,* 24 de agosto de 2024.

Capítulo 5: COVID cero

1. «Foreign Concessions in China», Wikipedia, consultada el 21 de mayo de 2025.

2. Frederic Wakeman, «Licensing Leisure: The Chinese Nationalists' Attempt to Regulate Shanghai, 1927–49», *Journal of Asian Studies* 54, no. 1 (1995): 24.

3. Christian Shepherd, «Tales of Anguish Emerge from China's Locked-Down Xian, as Hospital Staffers Are Fired over Woman's Treatment», *Washington Post,* actualizado el 6 de enero de 2022.

4. Xing Yi, «Shanghai Has No Plans for City Lockdown», *China Daily,* actualizado el 24 de marzo de 2022.

5. «上海新增感染者持续高位，为何不能 '封城'？回应来了!» ['El número de infecciones de COVID continúa aumentando en Shanghái, pero esta es la razón por la que no puede confinarse'], *People's Daily Online,* 26 de marzo de 2022.

6. «关于做好全市新一轮核酸筛查工作的通告» ['Noticia referente a la implementación de una nueva ronda de tests de ácido nucleico en toda la ciudad'], Shanghai Municipal Health Commission, 28 de marzo de 2022.

7. Zhao Yusha, Chen Qingqing, y Qi Xijia, «Shanghai Enters Partial 'Pause,' Vows Sufficient Daily Supplies», *Global Times,* 28 de marzo de 2022.

8. Aaron Mak, «All the Invasive Ways China Is Using Drones to Address the Coronavirus», *Slate,* 4 de febrero de 2020.

9. Ann Cao, «Shanghai's Yangpu District Deploys Drones to Detect Violations of Covid-19 Rules, Leading to Complaints», *South China Morning Post,* 15 de agosto de 2022.

10. Rob Schmitz, «When This Shanghai Building Went into COVID Lockdown, My Wechat Message Group Blew Up», National Public Radio, 30 de abril de 2022.

11. Luo Chunhao y Yan Yucheng, «千万货车司机困在疫情里» ['Millones de camioneros atrapados por la pandemia'], *China Digital Times*, 11 de abril de 2022.

12. Henry Lau, «How 6 Hong Kong Celeb- rities Survived the Shanghai Lockdown, from Carina Lau and Gigi Lai's COVID-19 Testing Pics on Weibo, to Rain Lee's Cheerful Live-Streams», *South China Morning Post*, 20 de abril de 2022.

13. «Shanghai's Locked-Down Elite Are Joining Hunt for Groceries», Bloomberg News, 8 de abril de 2022.

14. Serenitie Wang, «Shanghai Surprise: How I Survived 70 Days Confinement in the World's Strictest Covid Lockdown», CNN, 17 de junio de 2022.

15. Jessie Yeung, «A Covid Worker Beat a Dog to Death in Shanghai after Its Owner Tested Positive», CNN, 8 de abril de 2022.

16. Brenda Goh y Engen Tham, «Shanghai Separates COVID-Positive Children from Parents in Virus Fight», Reuters, 2 de abril de 2022.

17. Stella Yifan Xie y Liyan Qi, «In Shanghai, Strict Covid Rules Separate Children from Parents», *Wall Street Journal*, 3 de abril de 2022.

18. Helen Davidson, «China: Editorial Says Communist Party Members Must Have Three Children», *The Guardian*, 9 de diciembre de 2021.

19. Natasha Khan, «Shanghai Nurse's Death Fuels Skepticism over Cost of China's Covid-19 Measures», *Wall Street Journal*, 25 de marzo de 2022.

20. Mandy Zuo, «Shanghai Lockdown: Residents in Fear of False-Positive Covid-19 Tests after Couple Who Tested Negative Hauled Off to Quarantine», *South China Morning Post*, 11 de abril de 2022.

21. «1月21日，2020年湖北省春节团拜会文艺演出在洪山礼堂圆满举办» ['El 21 de enero, se celebró exitosamente la actuación del Festival Cultural de Primavera de la Provincia de Hubei en el Hongshan Hall'], NetEase News, 23 de enero de 2020.

22. Alexander Boyd, «Translation: Weibo User Sentenced to Six Months over Wuhan Poem», *China Digital Times*, 24 de febrero de 2021.

23. Chris Buckley, «Dr. Gao Yaojie, Who Exposed AIDS Epidemic in Rural China, Dies at 95», *New York Times*, 10 de diciembre de 2023.

24. «中国疾控中心主任高福：不应对中国疫苗失去信心» ['George Gao, director del Centro para el Control y la Prevención de Enfermedades de China: «No debemos perder la confianza en las vacunas chinas»'], *Beijing Youth News*, 5 de marzo de 2019.

25. «抗疫斗争彰显中国制度优势» ['Los controles pandémicos demuestran la superioridad del sistema político de China'], *People's Daily*, 17 de septiembre de 2020.

26. Zhang Wanqing, «In Locked-Down Shanghai, Students Adapt to a Surreal New Normal», *Sixth Tone*, 30 de abril de 2022.

27. Alex Binley, «Shanghai Disney: Visitors Unable to Leave without Negative Covid Tests as Park Shuts», BBC, 31 de octubre de 2022.

28. «上海基层愤书抗疫三建议，呼吁反对官僚主义» ['Funcionarios de base de Shanghái escriben una carta airada con tres sugerencias sobre el control de la pandemia y piden que se opongan a la burocracia'], Yibao China, 2 de abril de 2022.

29. James C. Scott, *The Art of Not Being Governed: An Anarchist History of Upland Southeast Asia* (Yale University Press, 2009), 8.

30. Changhao Wei, «'State of Emergency' and Enforcement of China's 'Zero-Covid' Policy», NPC Observer, 25 de agosto de 2022; citando a Tong Zhiwe, «对上海新冠防疫两措施的法律意见» ['Opinión legal sobre dos medidas para prevenir la epidemia de coronavirus en Shanghai'], CND.org.

31. Giorgio Agamben, *Where Are We Now? The Epidemic as Politics* (Rowman & Littlefield, 2021), 8.

32. Eva Dou, «Earthquake in China's Sichuan Leads to Outcry over Covid Lockdown», *Washington Post*, 6 de septiembre de 2022.

33. Dake Kang, «Ignoring Experts, China's Sudden Zero-COVID Exit Cost Lives», Associated Press, 24 de marzo de 2023.

34. «中共中央政治局常务委员会召开会议习近平主持会议» ['Xi Jinping preside un encuentro del Comité del Politburó'], Xinhua, 5 de mayo de 2022.

35. «禁止转发未经官方证实的和负能量的内容» ['No den paso a contenido que no haya sido confirmado por las fuentes oficiales o que contenga energía negativa'], *China Digital Times*, 9 de septiembre de 2022.

36. Chris Buckley, Alexandra Stevenson y Keith Bradsher, «From Zero Covid to No Plan: Behind China's Pandemic U-Turn», *New York Times*, 19 de diciembre de 2022, actualizado el 21 de diciembre de 2022.

37. Tom Hancock, «China's Regular COVID Testing to Cost 1,8% of GDP, Nomura says», Bloomberg News, 6 de mayo de 2022.

38. «Is China Really Ill-Prepared for Its New Phase of COVID Response?», Xinhua, 20 de enero de 2023.

39. John Burn-Murdoch, «What the 'Year of Democracy' Taught Us, in 6 Charts», *Financial Times*, 30 de diciembre de 2024.

40. Hong Xiao et al. «Excess All-Cause Mortality in China after Ending the Zero COVID Policy», *JAMA Network Open* 6, n.º 8 (2023).

Capítulo 6: La fortaleza china

1. Jiayao Liu, Gao Yuan, and Zichen Wang, «Sharp Decline in the Number of Foreigners in China Demands Serious Attention», Pekingnology, 11 de junio de 2023.

2. James Kynge, «China's Super-Rich Are Eyeing the Exit», *Financial Times,* 21 de junio de 2024.

3. Liam Dillon and Cindy Chang, «This Orange County City Has the Hottest Housing Market in the Country», *Los Angeles Times,* 16 de agosto de 2024.

4. Canadá expidió 2 065 visados de residencia permanente por inversión en 2019 y 4 020 en 2023. Immigration, Refugees and Citizenship Canada (IRCC), «Canada: Permanent Residents by Country of Citizenship and Immigration Category», Open Government Portal, última actualización del 18 de mayo de 2024. Los Estados Unidos expidieron 3984 visados a inversores en el año fiscal 2019 y 7 464 en 2024. IIUSA (Invest in the USA), «EB-5 Visa Data Dashboard», última actualización del 26 de diciembre de 2024.

5. Du Shangze and Li Jianguang, «微观察· 习近 平总书记在企业和专家座谈会上 '看准了就坚定不移抓» ['Microobservación: «Una vez estés seguro, ve a por ello con firmeza», Secretario General Xi Jinping en un simposio de expertos y empresas'], *Seeking Truth, People's Daily,* 28 de mayo de 2024.

6. «网络民议 主因是什么？主因就是您啊主席！» ['Opinión pública online: ¿Cuál es la principal causa? ¡La principal causa es usted, presidente!'], *China Digital Times,* 29 de mayo de 2024.

7. Li Tianji «鲁炜忏悔 书在这场展览曝光:妻子对我完全绝望» ['Carta de arrepentimiento de Lu Wei, expuesta en esta exhibición: Mi esposa estaba desesperada conmigo'], *Sina News, Beijing Youth,* 15 de noviembre de 2018.

8. Thomas Fuller y Sapna Maheshwari, «Ex-ByteDance Executive Accuses Company of 'Lawlessness,'» *New York Times,* 12 de mayo de 2023.

9. David Bandurski, «Tech Shame in the 'New Era,'» China Media Project, 11 de abril de 2018.

10. «China Bans For-Profit School Tutoring in Sweeping Overhaul», Bloomberg News, 24 de julio de 2021, actualizado el 25 de julio de 2021.

11. Sophie Yu y Brenda Goh, «New Oriental Laid Off 60 000 Staff after China's Education Crackdown, Founder Says», *Reuters*, 10 de enero de 2022.

12. Paul Mozur y John Liu, «China Fines Didi $1.2 Billion as Tech Sector Pressure Persists», *New York Times*, 21 de julio de 2022.

13. Wu Guoguang, «Aerospace Engineers to Communist Party Leaders: The Rise of Military-Industrial Technocrats at China's 20th Party Congress», Asia Society Policy Institute, Washington, D. C, 8 de febrero de 2023.

14. Ma Chi, «Xi Jinping: A Model in Respecting Teachers», *China Daily*, 10 de septiembre de 2021.

15. Zhang Changjiang, «革命传统教育要 从娃娃抓起» ['La educación en las tradiciones revolucionarias debe comenzar desde la cuna'], *Seeking Truth, People's Daily*, 25 de junio de 2021.

16. "学纪，知纪，明纪，守纪" ['Aprende disciplina, conoce la disciplina, comprende la disciplina, obedece la disciplina'], *Seeking Truth*, septiembre de 2024.

17. «Setting the Highest Standards, Blossoming the "Fengqiao Experience" in Beijing: A Summary of the Beijing Public Security Bureau's Work in Creating "Fengqiao-Style Police Stations"», Beijing Public Security Department, 27 de noviembre de 2023.

18. «Xi Urges Accelerated Efforts to Modernize National Security System, Capacity». Xinhua, 30 de mayo de 2023.

19. Jack Wroldsen y Chris Carr, «The Rise of Exit Bans and Hostage Taking in China», *MIT Sloan Management Review*, 15 de noviembre de 2023.

20. John Ruwitch, «Why the Number of American Students Choosing to Study in China Remains Low», NPR, 13 de junio de 2024.

21. «Xi Seeks "Lovable" Image for China in Sign of Diplomatic Rethink», Bloomberg News, 1 de junio de 2021, actualizado el 2 de junio de 2021.

22. Fan Wang, «China Fines Comedy Troupe $2M for Joke about the Military», BBC, 17 de mayo de 2023.

23. Lyric Li y Vic Chiang, «No Laughing Matter: China Cancels Comedy, Citing 'Force Majeure,'» *Washington Post*, 25 de mayo de 2023.

24. Lingling Wei, «China Reins In Its Belt and Road Program, $1 Trillion Later», *Wall Street Journal*, 26 de septiembre de 2022.

25. Deloitte, «Africa Construction Trends 2021», 5 de abril de 2021.

26. Neta Cynara Anggina, «Indonesia: The High Cost of High Speed Rail», *Interpreter*, Lowy Institute, 30 de noviembre de 2023.

27. Eric Olander, «The Number of Leaders Attending China's Belt and Road Forums Has Fallen Steadily», China Global South Society, 18 de octubre de 2023.

28. Lukas Franz et al., «The Financial Returns on China's Belt and Road», Banco Mundial, Conferencia Anual Bancaria de Desarrollo Económico, 9 de julio de 2024.

29. Laura Silver, Christine Huang, y Laura Clancy, «China's Approach to Foreign Policy Gets Largely Negative Reviews in 24-Country Survey», Pew Research Center, 27 de julio de 2023.

30. Jason Douglas, Jon Emont, y Samantha Pearson, «China's Flood of Cheap Goods Is Angering Its Allies Too», *Wall Street Journal,* 3 de diciembre de 2024.

31. Molly Lempriere, «China Responsible for 95% of New Coal Power Construction in 2023, Report Says», Carbon Brief, 11 de abril de 2024.

32. «Xi's Campaign to Feed China is Turning Wasteland into Farms», Bloomberg News, 11 de julio de 2024.

33. Julia A. Wolfson y Cindy W. Leung, «Food Insecurity and COVID: Disparities in Early Effects for US Adults», *Nutrients* 12, n.º 6 (2020): 1648.

34. Semiconductor Industry Association, «Chipping Away: Assessing and Addressing the Labor Market Gap Facing the US Semiconductor Industry», julio de 2023.

35. Remco Zwetsloot, «China Is Fast Outpacing US STEM PhD Growth», Center for Security and Emerging Technology, Georgetown University, agosto de 2021.

36. Xi Jinping, «习近平关于科技创新重要论述摘编» ['Selección de discursos importantes sobre innovación tecnológica de Xi Jinping'], Oficina del Grupo Directivo para el Estudio y la Implementación del Pensamiento de Xi Jinping sobre el Socialismo con Características Chinas para una Nueva Era en el Sistema Municipal de Ciencia y Tecnología, abril de 2023.

37. Comité del Partido Comunista Chino, Ministerio de Ciencia y Tecnología, Grupo Directivo, «深化 科技体制改革 为中式现代化提供强大科技支撑"» ['Profundizar en las reformas estructurales en tecnología y proporcionar un apoyo tecnológico fuerte ayuda a la modernización de China'], *Seeking Truth,* 16 de septiembre de 2024.

38. Yu Xie et al., «Caught in the Crossfires: Fears of Chinese-American Scientists», *Proceedings of the National Academy of the Sciences* 120, n.º 27 (27 de junio de 2023).

39. Li Xiaodan, «姚洋：金融业降薪不是惩罚性的，而是降低金融业吸引力，转向发展制造业» ['Yao Yang: topar los sueldos del sector financiero no es una medida punitiva, se hace para reducir el atractivo del sector y desarrollar la manufactura en su lugar'], Sina Finances, *Economic Observer,* 18 de junio de 2024.

40. Hannah Murphy and Cristina Criddle, «Meta's Plan for Nuclear-Powered AI Data Center Thwarted by Rare Bees», *Financial Times*, 4 de noviembre de 2024.

41. John Frittelli, «U.S. Commercial Shipbuilding in a Global Context», Congressional Research Service, 15 de noviembre de 2023.

42. Ucrania puede disparar en esos dos días unas siete mil municiones. John Ismay, «Pentagon Opens Ammunition Factory to Keep Arms Flowing to Ukraine», *New York Times*, 29 de mayo de 2024. Estados Unidos, por su parte, ha producido una media de catorce mil cuatrocientas municiones al mes. Roxana Tiron y Billy House, «America's War Machine Can't Make Basic Artillery Fast Enough», Bloomberg News, 7 de junio de 2024.

43. «National Security Advisor Jake Sullivan on Fortifying the U.S. Defense Industrial Base», Center for Strategic and International Studies, 4 de diciembre de 2024.

44. Bagley, «Procedure Fetish».

45. Lucy Hornby, «China's Top Judge Denounces Judicial Independence», *Financial Times*, 17 de enero de 2017.

Capítulo 7: Aprender a amar a los ingenieros

1. Robert Caro, *The Power Broker: Robert Moses and the Fall of New York* (Knopf Doubleday, 1974).

2. Robert Caro, *Op. cit.*, 522.

3. Marc Wortman, *Admiral Hyman Rickover: Engineer of Power* (Yale University Press, 2022).

4. Blake Masters, «CS183: Startup—Peter Thiel Class Notes, Class 11 Notes Essay», Blake Masters (Tumblr), 11 de mayo de 2012.

5. «Casi la mitad de los hogares de alquiler tienen dificultades para pagarlo, y la proporción varían según la etnia», Sala de prensa de la Oficina del Censo de los Estados Unidos, 12 de septiembre de 2024.

6. En dólares de 2023, en Estados Unidos, en la Segunda Avenida, el coste es de 2500 millones/km. En Francia, la Línea Uno, es de 457 millones/km. Transit Costs Project, «What the Data Is Telling Us», última actualización del 27 de febrero de 2024.

7. «The Harris Broadband Rollout Has Been a Fiasco», *Wall Street Journal*, 4 de octubre de 2024.

8. Shannon Osaka, «Biden's $7.5 Billion Investment in EV Charging Has Only Produced 7 Stations in Two Years», *Washington Post*, 29 de marzo de 2024.

9. William Cummings, «'The World Is Going to End in 12 Years If We Don't Address Climate Change,' Ocasio-Cortez Says,» *USA Today*, 22 de enero de 2019.

10. Grant Gilmore, *The Ages of American Law* (Yale University Press, 2014), 99.

11. Xi Jinping, «习近平:中国永远是发展中国家的一员» [Xi Jinping: China siempre será miembro de los países en desarrollo], *People's Daily*, 24 de agosto de 2023.

12. Odd Arne Westad y Chen Jian, *The Great Transformation: China's Road from Revolution to Reform* (Yale University Press, 2024), 226.

Sugerencias para lecturas adicionales

La transición de Estados Unidos hacia una sociedad leguleya (aunque no es necesariamente así como el autor la describiría) se narra en Paul Sabin, *Public Citizens: The Attack on Big Government and the Remaking of American Liberalism* (W. W. Norton, Nueva York, 2021).

Una panorámica general de la cultura jurídica estadounidense puede encontrarse en la obra de Robert Kagan, *Adversarial Legalism: The American Way of Law* (Harvard University Press, Cambridge, Massachusetts, 2003).

La magnitud de la construcción en China y el funcionamiento de su economía política se analizan en Arthur Kroeber, *China's Economy: What Everyone Needs to Know* (Oxford University Press, Oxford, 2.ª edición, 2020).

Para entender cómo encaja China en la historia del crecimiento asiático, no hay ningún libro más convincente que el de Joe Studwell, *How Asia Works* (Grove Press, Nueva York, 2014).

Las ideas fundamentales del llamado Partido Industrial están expuestas en la trilogía del *Problema de los Tres Cuerpos,* de Cixin Liu (cuyos tres libros están editados en español en la colección Nova de Ediciones B).

La historia de la influencia de Song Jian la cuenta Susan Greenhalgh en *Just One Child: Science and Policy in Deng's China* (University of California Press, Berkeley, 2008).

El abandono infantil y sus desgarradoras consecuencias se abordan en Kay Ann Johnson, *China's Hidden Children: Abandonment, Adoption, and the Human Costs of the One-Child Policy* (University of Chicago Press, Chicago, 2017).

El relato más interesante sobre la vida en China durante la aplicación de la política de covid cero es Peter Hessler, *Other Rivers: A Chinese Education* (Penguin, Londres, 2024).

El libro esencial sobre resistencia y huida frente al dominio han, que abarca miles de años, es James C. Scott, *The Art of Not Being Governed: An Anarchist History of Upland Southeast Asia* (Yale University Press, New Haven, 2010).

¿Por qué debería Estados Unidos construir más? Véase *Abundance,* de Ezra Klein y Derek Thompson (Avid Reader Press, Nueva York, 2025).

Quizá el mejor libro sobre China jamás escrito sea *Invitation to a Banquet: The Story of Chinese Food,* de Fuchsia Dunlop (W. W. Norton, Nueva York, 2023).

Principal de los Libros le agradece la atención
dedicada a *A toda máquina,* de Dan Wang.
Esperamos que haya disfrutado de la lectura
y le invitamos a visitarnos
en www.principaldeloslibros.com,
donde encontrará más información
sobre nuestras publicaciones.

Si lo desea, también puede seguirnos
a través de Facebook, Twitter o Instagram
utilizando su teléfono móvil
para leer los siguientes códigos QR: